中国社会科学院国情调研丛书

CASS Series of National Conditions Investigation & Research

成果鉴定等级：优秀

中国社会科学院国情调研丛书
CASS Series of National Conditions Investigation & Research

新刑事诉讼法实施状况实证研究

冀祥德　等著

方志出版社
Publishing House of Local Records

图书在版编目（CIP）数据

新刑事诉讼法实施状况实证研究／冀祥德等著．--北京：方志出版社，2015.6

（中国社会科学院国情调研丛书）

ISBN 978-7-5144-1610-7

Ⅰ.①新… Ⅱ.①冀… Ⅲ.①刑事诉讼法—法的实施—研究—中国 Ⅳ.①D925.204

中国版本图书馆 CIP 数据核字（2015）第 128296 号

中国社会科学院国情调研丛书

新刑事诉讼法实施状况实证研究

著　　者： 冀祥德　等
责任编辑： 梅中英

出 版 人： 冀祥德
出 版 者： 方志出版社
地址　北京市朝阳区潘家园东里 9 号（国家方志馆 4 层）
邮编　100021
网址　http://www.fzph.org
发　　行： 方志出版社发行中心
电话　（010）67110500
经　　销： 各地新华书店
排　　版： 北京中文天地文化艺术有限公司
印　　刷： 北京佳艺恒彩印刷有限公司

开　　本： 787×1092　1/16
印　　张： 15
字　　数： 234 千字
版　　次： 2015 年 6 月第 1 版　2015 年 6 月第 1 次印刷

ISBN 978-7-5144-1610-7　　**定价：** 48.00 元

“国情调研成果编选委员会”名单

主　任：李慎明

副主任：武　寅　蔡　昉

成　员（按姓氏笔画为序）：

马　援　王子豪　王建朗　邓纯东　陆建德

陈　甦　陈光金　高培勇　黄　平　潘晨光

课题组顾问：

肖贤富　中国社会科学院法学研究所研究员，中国社会科学院研究生院法学系教授

王敏远　中国社会科学院法学研究所研究员、博士生导师，中国社会科学院法学研究所教授委员会主席

课题主持人：

冀祥德　中国社会科学院法学研究所研究员、博士生导师，中国社会科学院研究生院法学系常务副主任、教授，中国地方志指导小组副秘书长，中国地方志指导小组办公室副主任，方志出版社社长、总编辑

课题组成员及其分工：

祁建建　中国社会科学院法学研究所副研究员，中国社会科学院研究生院法学系副教授，负责调研活动协调

刘晨琦　法学博士，中国社会科学院法学研究所法律硕士教学管理办公室副主任，负责调研活动协调和部分调研报告初稿统稿

陈　效　中国社会科学院法学研究所博士后研究人员，负责侦查程序部分调研报告拟稿和部分调研报告初稿统稿

李　斌　中国社会科学院法学研究所博士后研究人员，北京市人民检察院第二分院检察官，负责法律监督程序部分调研报告拟稿

吕升运　北京大学法学院博士研究生，负责特别程序部分调研报告拟稿和部分调研报告初稿统稿

宋维彬　北京大学法学院博士研究生，负责审判程序部分调研报告拟稿和部分调研报告初稿统稿

冀　敏　中国社会科学院研究生院法学系博士研究生，负责辩护制度部分调研报告拟稿和部分调研报告初稿统稿

李　瑛　中国社会科学院研究生院法学系博士研究生，负责审查起诉程序部分调研报告拟稿

李晓丽　中国社会科学院研究生院法学系博士研究生，负责部分调研报告初稿统稿

邵　聪　中国社会科学院研究生院法学系硕士研究生，负责强制措施制

度部分调研报告拟稿

王嘉铭　中国社会科学院研究生院法学系硕士研究生，负责执行程序部分调研报告拟稿

朱　嵘　北京市中伦律师事务所律师，负责辩护制度部分调研报告拟稿

邓沛勇　天津市铁路运输检察院检察官，负责证据制度部分调研报告拟稿

王　宇　北京市气象局政策法规处科员，负责证据制度部分调研报告拟稿

董　洁　中国社会科学院研究生院法学系硕士研究生，负责立案程序部分和部分调研报告初稿统稿

李晓丹　北京市第三中级人民法院法官，负责侦查程序部分调研报告拟稿

宗　淙　北京新创迪科系统集成技术有限公司职员，负责特别程序部分调研报告拟稿

王思语　中国社会科学院研究生院法学系硕士研究生，负责特别程序部分拟稿和部分调研报告初稿统稿

巨野课题组成员：（主要负责调研活动组织安排）

李海鹰　中共巨野县委常委、纪委书记

程相锋　巨野县人民法院院长

周文伟　巨野县人民检察院检察长

李昌柱　巨野县公安局党委书记、局长

祝令华　中共巨野县委政法委常务副书记

姚朝磊　巨野县司法局局长

沈卫峰　中共巨野县委政法委信息网络中心副主任

解国锋　巨野县人民法院党组副书记、副院长

董文宏　巨野县人民检察院副检察长

刘兴臣　巨野县公安局党委副书记、政委

孙玉环　巨野县司法局副局长

李　龙　巨野县人民法院政研室主任

高　霞　巨野县人民检察院政研室主任

郝文静　巨野县公安局法制大队教导员

鹿新蕴　巨野县司法局法律援助中心主任

序 言

2012年3月14日，第十一届全国人民代表大会第五次会议审议通过了《全国人民代表大会关于修改〈中华人民共和国刑事诉讼法〉的决定》，新刑事诉讼法对刑事诉讼的若干程序都作了较大修改、补充和完善，以惩罚犯罪与人权保障并重为基本目标，更加强调了人权保障的理念。与1996年刑事诉讼法修改主要是考虑与世界接轨的改革开放需要不同，本次刑事诉讼法的修改立足于回应中国社会快速转型的内在需求，旨在解决中国刑事法治发展中出现的新情况与新问题。新刑事诉讼法在惩罚犯罪与保障人权方面取得了显而易见的进步，然而，“法律的生命在于实践”，新刑事诉讼法的执行情况更为法学界和实务界所关注。新刑事诉讼法的实施状况能否达到立法者期望的效果，此非研究者可以在书斋中靠想象推测得知的，需要走出书斋，向实践寻求答案。当下，已有研究者选取了新刑事诉讼法实施中的某一个或者某几个问题予以实证研究，但是，尚无对刑事诉讼法整体实施状况的系统研究，本课题的意义就在于此。

本课题组立足中国社会科学院法学研究所作为党和国家法学最高学术殿堂和国家法治智库的重要平台，本着发现问题、分析问题、解决问题的思路，通过对新刑事诉讼法实施状况进行深入系统的实证研究，为国家立法机关、执法机关、司法机关以及有关研究者提供新刑事诉讼法实施的真实状况及对策建议，以资借鉴。为此，我组织课题组于2012年申报了中国社会科学院法治国情重点调研课题并获批准立项。课题组选取S省J县为对象，全面深入调查研究该县公安机关、人民检察院、人民法院、律师事务所，自2013年1月1日新刑事诉讼法开始实施至2014年12月31日的实施情况。

本课题组由中国社会科学院法学研究所与中共S省J县政法委员会联

合J县公安局、J县人民检察院、J县人民法院、J县司法局共同成立。课题组分为社科院课题组和J县课题组，两个课题组分工明确，取长补短，密切配合，做到了法学科研机构与法律实施机关的有机结合。

课题组之所以选择S省J县为调研对象，是因为该地地处鲁、苏、豫、皖四省交接地带，具有代表性的地理环境、历史文化背景和社会经济条件。通过对J县进行“解剖麻雀”式调研，不但能够真实准确地反映出新刑事诉讼法在基层单位的实施状况，同时也是对J县有关机关及其人员素质的检验与提升。中国社会科学院法学研究所、国际法研究所联合党委书记陈甦教授充分肯定课题组在J县的实证研究，他诙谐地说，J县就是一个巨大的田野，课题组在这个巨大的田野上获得了巨大的收获。

该课题从策划立项到成果完成历经三年的时间，分为项目策划、项目启动、项目培训、项目调研、项目总结、专家论证以及成果提交与推广七个阶段。2012年9月1日至10月31日是项目策划阶段，主要完成了课题论证、课题组分工、调研提纲设计等准备工作。2012年12月1日至12月31日是项目启动阶段，中国社会科学院法学研究所与中共S省J县政法委员会联合J县公安局、J县人民检察院、J县人民法院、J县司法局于2012年12月4日在北京联合举办了“新刑事诉讼法实施状况实证研究”项目启动仪式。2013年1月1日至1月31日是项目人员培训阶段，课题组于2013年1月22日至25日赴S省J县，对J县课题组人员进行了专门培训。2013年1月1日至2014年12月31日是项目调研阶段，课题组围绕调研提纲，深入J县，在该县公安局、检察院、法院、司法局、律师事务所、看守所等相关单位，对警察、检察官、法官、律师、被羁押人员、社会公众等，分别进行了问卷调查、访谈，并阅读卷宗。2014年1月1日至2014年4月20日是项目总结阶段，由课题组按照计划分工，撰写形成《新刑事诉讼法实施状况调研报告》（讨论稿）。2014年4月21日至5月31日是项目专家论证阶段，新刑事诉讼法实施状况实证研究成果发布会暨新刑事诉讼法实施状况研讨会于2014年4月26日在法学所举行，与会专家与课题组成员对调研报告进行了研讨论证。其后，课题组又在专家论证的基础上，进一步修改完善调研报告，提交有关部门。

通过课题组两年的努力，不仅总结提炼出了新刑事诉讼法实施的J县经验，而且调查和分析了新刑事诉讼法在法律制定与法律实施方面的不足，提出了有针对性的对策建议和完善方案。《新刑事诉讼法实施状况调研报告》紧密围绕辩护制度、证据制度、强制措施制度三大制度，以及立案程序、侦查程序、审查起诉程序、审判程序、执行程序、特别程序和法律监督程序七大程序，全面、客观地总结分析了新刑事诉讼法在J县实施情况。

本课题研究的创新之处。一是研究团队的创新性。体现在国家法学专门研究机构学者与法律实施部门专家的结合。二是研究方法的创新性。本次课题研究以实证方法为主，兼顾系统研究、历史研究与比较研究方法。三是研究视野创新性。本课题既研究了新刑事诉讼法在法律制定中的问题，又研究了在法律实施中的问题；既研究了新刑事诉讼法在法律制定和法律实施中的经验，又研究了法律制定和法律实施中的教训；既研究了存在的问题与原因，又研究了解决这些问题的方法与对策。四是研究对象的创新性。在已有的新刑事诉讼法实证研究中，都是对于某一专门问题的研究，尚无对某一地域刑事诉讼法全部实施主体的系统研究。五是研究成果的创新性。以J县为范例的新刑事诉讼法实施状况研究报告，是让鲜活的事实与真实的数据说话，有较大的实用价值与可信度。

课题研究成果凝聚了课题组全体成员的智慧和汗水。需要指出的是，本课题研究成果的问世标志着本课题研究暂告一个阶段，但是，这并不意味着本课题研究的终结，我们还需要对调研中发现的问题进行更加深入的研究，也将继续关注新刑事诉讼法不仅是在J县，也包括在全国的实施情况。

本课题在实证调研中，获得了J县政法系统的全力支持与配合，在此，谨对中共J县政法委、J县公安局、J县人民检察院、J县人民法院、J县司法局、J县所有律师事务所等单位及其相关人员表示由衷的谢意。尽管课题组成员对本课题研究成果倾注了大量心血与精力，但是由于水平有限，课题研究成果仍有许多不足之处，希望在“抛砖引玉”的同时，得到法学界和法律界同仁的批评指教。

是为序。

冀祥德

二〇一五年五月三十日

目　　录

第一章　辩护制度

刑事辩护制度的思想根源在于尊重人的尊严，其发展水平标志着刑事诉讼制度的现代化进程。作为现代法治国家刑事司法制度的重要组成部分，辩护制度是近代资产阶级革命胜利的产物。就刑事辩护制度的重要性而言，首先，辩护人特别是辩护律师参与到刑事诉讼活动中来，可以更好地维护犯罪嫌疑人、被告人的合法权益；其次，辩护制度的确立和发展是保障人权的题中之意，也是程序主体性理论的外在体现；再次，辩护制度的发展与完善对于促进实现司法公正也具有重要意义。

屈指而算，中国的刑事辩护制度已恢复三十余载。作为犯罪嫌疑人、被告人最基础、最核心的诉讼权利之一，获得辩护是《中华人民共和国宪法》（以下简称《宪法》）赋予公民的重要权利，而辩护制度的发展和完善对于进一步规范诉讼程序，推动我国现代化法治进程，促进司法公正具有不可忽视的重要意义。尤其是当前我国正处于深化司法体制改革和推进依法治国的时代背景之下，由此，着力改善刑事辩护制度的立法和司法环境，进一步完善刑事辩护制度十分必要，这也是当前我国法治发展的迫切要求。

一　概述

从1979年颁行《中华人民共和国刑事诉讼法》（以下简称《刑事诉讼法》）以来，到1996年《刑事诉讼法》修正案（以下简称1996年《刑事诉讼法》），到2008年施行的《中华人民共和国律师法》（以下简称《律师法》），再到2012年《刑事诉讼法》修正案（以下简称新《刑事诉讼法》）及其相应的司法解释，中国的刑事辩护制度经历了三次大的飞跃。我国刑事辩护制度经历了从空白到新设、从粗糙简陋到逐步完善的发展历程，顺应了中国刑事诉讼制度转型的节奏，逐步推进了我国的法治化发展进程。1979 年《刑事诉讼法》的出台标志着具有中国特色的刑事辩护制度已经开始形成。1996 年《刑事诉讼法》在引入庭审对抗制的前提下辩护制度得到进一步发展，完善了辩护律师会见权、通信权和阅卷权的相关内容，并且新增了辩护律师调查取证权的规定。2008 年《律师法》中关于辩护制度的规定具有明显的进步性、科学性和前瞻性，尤其体现在关于解决实践中刑事辩护“三难”问题的相关规定、辩护律师的职责和职业豁免权以及保守职业秘密的相关规定；2012 年《刑事诉讼法》的再修改及其司法解释的出台，以辩护权扩张为主旨，不仅将“尊重和保障人权”写入总则，在具体的制度设计上也作了多处变动，包括增加犯罪嫌疑人在侦查阶段可以委托律师作为辩护人的规定、简化律师会见程序、扩大法律援助适用范围、完善辩护人的职责、增加辩护人权利等。诚然，就辩护制度的立法变动而言，新《刑事诉讼法》体现了突出的进步性，但是，法律的生命在于实施，立法变动的进步性是否在司法实践中得到全面体现？辩护制度的“三难”等老问题是否得到有效解决？在实践执行中是否又出现了新问题？这都是法学界与实务界共同关注的问题。

（一）立法和司法解释之现状

刑事辩护制度是保障被告人、犯罪嫌疑人合法权益的有力武器，新《刑事诉讼法》以保障人权为立法宗旨，在具体的制度设计上也作了多处修正，以更好地保障辩护权的有效行使，具体表现在：

一是增加了犯罪嫌疑人在侦查阶段可以委托律师作为辩护人的规定，同时规定，犯罪嫌疑人、被告人在押的，其监护人、近亲属可以代为委托辩护人。二是扩大了法律援助的适用范围。一方面，把法律援助的适用范围扩展到尚未完全丧失辨认或者控制自己行为能力的精神病人和可能被判处无期徒刑的人；另一方面，把法律援助的时间从审判阶段提前到侦查阶段和审查起诉阶段。三是完善了辩护人的职责。取消了辩护人对于被追诉人无罪、罪轻或者减轻、免除刑事责任的证明要求，将辩护人的责任从维护被追诉人的“合法权益”修改为“诉讼权利和其他合法权益”。四是完善了辩护律师的会见权。新《刑事诉讼法》规定在侦查期间，除去危害国家安全犯罪、恐怖活动犯罪、特别重大贿赂犯罪案件外，辩护律师持律师执业证书、律师事务所证明和委托书或者法律援助公函（以下简称“三证”）即可会见被追诉人，对此看守所应当及时安排会见，至迟不得超过48小时，且会见过程不被监听。辩护律师在审查起诉阶段会见被追诉人的，可以向被追诉人核实有关证据。五是完善了辩护律师阅卷权的相关规定。规定辩护律师在审查起诉阶段可以查阅、摘抄、复制本案的案卷材料。六是增加了辩护人权利。主要包括：①辩护律师向侦查机关提出意见的权利；②辩护人申请人民检察院、人民法院调取有利于被追诉人的有关证据材料的权利；③辩护人、诉讼代理人认为办案机关及其工作人员阻碍其依法行使诉讼权利向检察机关申诉或者控告的权利。七是增加了追究辩护人刑事责任的管辖规定。规定追究辩护人刑事责任案件应当由办理辩护人所承办案件的侦查机关以外的侦查机关办理。八是规定了辩护人的义务。主要包括：①辩护人接受委托后，对办理案件机关的及时告知义务；②辩护人收集的有关犯罪嫌疑人不在犯罪现场、未达到刑事责任年龄、属于依法不负刑事责任的精神病人的证据，及时告知公安机关、人民检察院的义务；③辩护律师的执业保密义务及除外规定。九是规定了办案机关应当听取辩护人意见的几种情形。

上述规定，一方面是为了解决1996年《刑事诉讼法》修改后实践中出现的辩护“三难”问题，回应辩护制度的发展需要；另一方面，是为了解决1996年《刑事诉讼法》与2008年《律师法》的衔接问题。《刑事诉讼法》修改的宗旨是通过辩护制度的完善，加强对人权保障的重视与贯彻。

经全国人民代表大会修订通过的新《刑事诉讼法》丰富并完善了辩护制度的内容，在保障被告人、犯罪嫌疑人及其辩护律师的合法权益方面取得了令人喜悦的成果，反映了时代进步对刑事司法科学化、民主性和人道、人性的新期待和新要求。[①] 但是仅仅依靠这些规定可能仍然无法解决司法实践中旧有的一些问题，还有可能会出现一些新的问题。而所有这些立法成果和社会期待，最终都必须体现于司法的整个过程之中，并由具体的执法者付诸行动。为了保障新《刑事诉讼法》在实践中得到更好的贯彻实施，新的司法解释需要对新《刑事诉讼法》中的一些具体问题做出进一步的规定与阐释。作为法律文本与司法行动纽带和桥梁的新《刑事诉讼法》司法解释，无疑承担着体现新的立法宗旨、贯彻新法基本原则和进一步细化、规范司法人员具体诉讼行为的重要使命。制定

① 参见游伟：“司法解释要体现新刑诉法时代要求”，来源于“法制网”，http：//www.legaldaily.com.cn/bm/content/2012－08/27/content_3793997.htm？node＝20735，最后访问时间2013年10月29日。

这样的司法解释，更需要做到慎重其事和细致周到。尤其是在新司法解释制定的指导思想上，必须“与法同行”，确立全新的理念。[①]

在新《刑事诉讼法》出台后，相应的司法解释均做出了新的修正，以保障新《刑事诉讼法》在实践中得到正确而有效的贯彻实施。最高人民法院于2012年12月20日公布了《关于适用〈中华人民共和国刑事诉讼法〉的解释》（以下简称《刑诉解释》），自2013年1月1日起与修改后的《刑事诉讼法》同步施行。《人民检察院刑事诉讼规则（试行）》（以下简称《刑诉规则》）已于2012年10月16日由最高人民检察院第十一届检察委员会第八十次会议通过，自2013年1月1日起施行。最高人民法院、最高人民检察院、公安部、国家安全部、司法部、全国人大常委会法制工作委员会联合发布《关于实施刑事诉讼法若干问题的规定》（以下简称《六部委规定》），自2013年1月1日起实施。修订后的《公安机关办理刑事案件程序规定》（以下简称《公安部规定》）已经2012年12月3日公安部部长办公会议通过，自2013年1月1日起施行。司法解释修正的重点着眼于保障辩护权的有效实现，限制职权机关阻碍辩护权的行使和侵犯辩护人的权利。主要表现在两个方面：一是对新《刑事诉讼法》的规定中较为抽象模糊的内容加以明确，如确定了委托辩护人的具体范围，明确了律师行使会见权的时间以及行使阅卷权的具体方式等；二是对新《刑事诉讼法》中没有做出具体规定的内容以司法解释的形式加以补充，如对法律援助以及在死刑复核程序中律师发表意见的具体操作程序做出规定。

（二）实施概况

本课题组在S省J县进行的调研中，辩护制度部分调研涉及会见权、阅卷权、律师调查取证权、法律援助、律师权利保障与救济、律师提出意见的权利几个方面。调研方法包括：①与当地刑事辩护律师、司法实务部门工作人员交流、座谈；②通过访谈、问卷方式收集材料；③查阅部分办案记录；④到实地办案部门走访、查看。从调查问卷的数据来看，J县公安司法机关对新《刑事诉讼法》的贯彻实施总体不错，主要表现在辩护律师基本上能够实现无障碍会见，会见时间和次数不会受到不合理

---

① 参见游伟：“司法解释要体现新刑诉法时代要求”，来源于“法制网”，http：//www.legaldaily.com.cn/bm/content/2012－08/27/content_3793997.htm？node＝20735，最后访问时间2013年10月29日。

限制；辩护律师能够有效行使阅卷权，阅卷没有遇到不合理收费，可以采取复印、拍照等多种阅卷方式；辩护律师在侦查阶段发挥更大的作用，等等。但其中也有不尽如人意的地方，如辩护律师在侦查阶段提出意见的采纳比率比较低，法律援助发挥作用有限等等。

1. 刑事辩护总体情况

为了解新《刑事诉讼法》实施后S省J县的刑事案件辩护率情况，课题组分年份对已办结刑事案件的辩护情况进行统计。经统计，在2013年结案的150件案件中，共有6件法律援助案件，26件案件的当事人及其近亲属委托了辩护人，辩护率达到21.3%。在2014年结案的103件案件中，共有3件法律援助案件，29件案件的当事人及其近亲属委托了辩护人，辩护率达到31.1%，较2013年辩护率增长了近十个百分点。

在2013年抽取样本中26件委托辩护人的案件，大部分由犯罪嫌疑人、被告人的近亲属委托，其中，25件案件的受委托人是执业律师，只有1件案件的受委托人为被告人的母亲。就委托辩护人所处的诉讼阶段而言，26件案件中1件在侦查阶段委托辩护人，7件在审查起诉阶段委托辩护人，18件在审判阶段委托辩护人。从辩护律师介入案件所处诉讼阶段的比例上分析，在有律师辩护的案件中，律师在审判阶段介入的占69.23%，在审查起诉阶段介入的占26.92%，在侦查阶段介入的为3.85%。（需要说明的是，因为抽取样本为2013年法院审结案件，新《刑事诉讼法》实施以来立案、侦查阶段律师介入的情况在此数据中难以得到直观体现。）在抽取样本中的6件法律援助案件，其中，3件在审判阶段由当事人申请法律援助，3件在审判阶段由当地人民法院指派辩护律师，此外，还有1件案件被告人在审判阶段申请法律援助，但是因为不存在法律援助的法定情形未被准许。

在2014年抽取样本的29件委托辩护人的案件中，委托人全部是犯罪嫌疑人、被告人的近亲属，受托人全部是执业律师。就委托辩护人所处的诉讼阶段而言，29件案件中2件在侦查阶段委托辩护人，11件在审查起诉阶段委托辩护人，16件在审判阶段委托辩护人。从辩护律师介入案件所处诉讼阶段的比例上分析，在有律师辩护的案件中，律师在审判阶段介入的占55.17%，在审查起诉阶段介入的占37.93%，在侦查阶段介入的为6.90%。抽取样本中的3件法律援助案件中，其中，1件在审判阶段由当事人申请法律援助，2件在审判阶段由当地人民法院指派辩护律师。

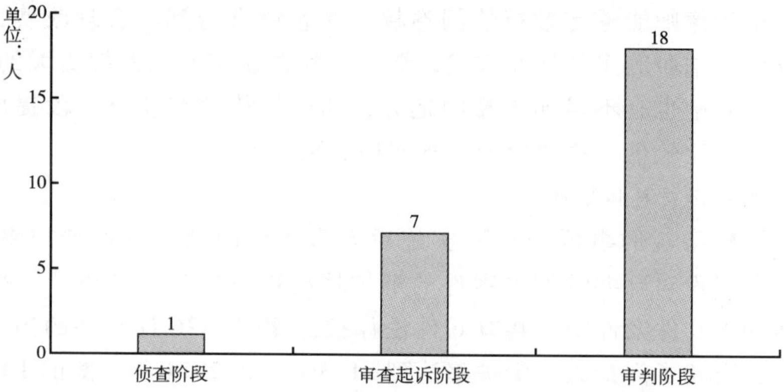

图 1　2013 年 J 县抽样案件中委托辩护人数量在各诉讼阶段分布图

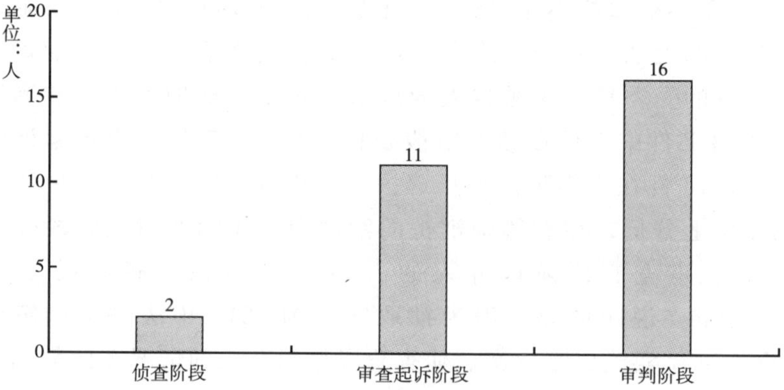

图 2　2014 年 J 县抽样案件中委托辩护人数量在各诉讼阶段分布图

2. 法律援助情况

2013 年 J 县法律援助中心共受理刑事法律援助案件 20 件，其中，法院指派 14 件，检察院指派 1 件，公民申请 5 件。受援人情况为盲、聋、哑人 6 人，案由为盗窃（4 件）、抢夺（2 件）；未成年人 5 人，案由为盗窃（2 件）、故意伤害（3 件）；经济困难被告人 9 人，案由为故意伤害（3 件），隐瞒、掩饰犯罪所得（4 件），盗窃（2 件）。J 县承办法律援助案件的律师均为在 J 县执业、执业时间 5 年以上、具有一定刑事辩护经验的律师。

2014 年 J 县法律援助中心共受理刑事法律援助案件 36 件，其中，法院指派 15 件，检察院指派 15 件，公民申请 6 件。受援人情况为盲、聋、

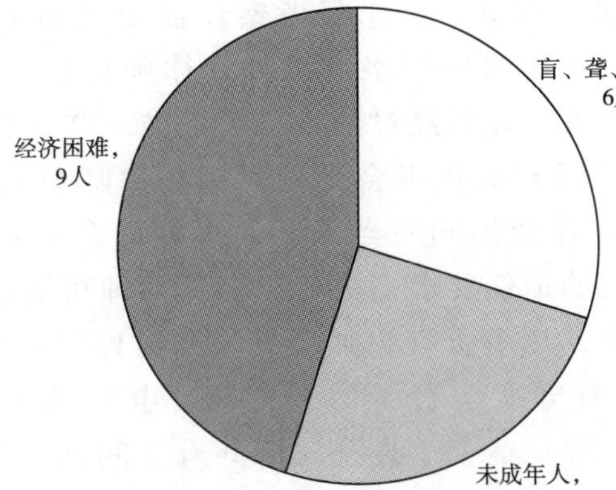

图 3　2013 年 J 县法律援助中心受理刑事法律援助案件受援人情况图

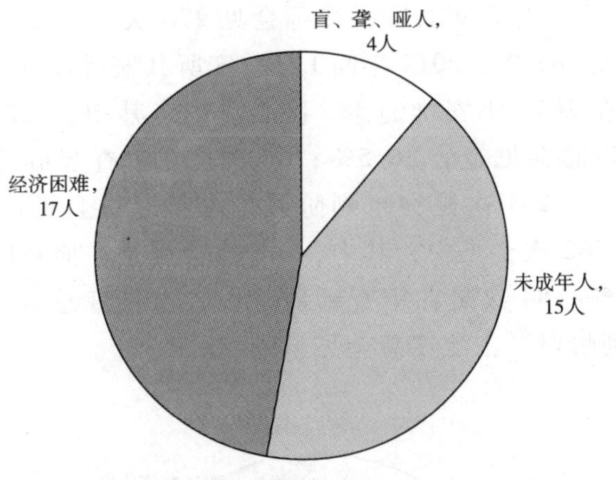

图 4　2014 年 J 县法律援助中心受理刑事法律援助案件受援人情况图

哑人 4 人，案由为盗窃（3 件）、抢夺（1 件）；未成年人 15 人，案由为盗窃（9 件）、故意伤害（4 件）、抢劫（2 件）；经济困难被告人 17 人，案由为抢夺（1 件）、抢劫（2 件）、交通肇事（4 件）、盗窃（10 件）。J 县承办法律援助案件的律师均为在 J 县执业、执业时间 7 年以上、具有一定刑事辩护经验的律师。

3. 辩护律师会见情况

为了更好地了解辩护律师会见权的落实情况，课题组成员走访了当地看守所，实地查看会见场所，了解会见流程，并翻阅了会见记录。辩护律师会见权的落实情况如下：①经考察，自新《刑事诉讼法》实施以来，除1件特别重大贿赂犯罪案件以外，律师凭借“三证”即可会见犯罪嫌疑人、被告人，无须经过侦查机关批准。②从会见记录的记载看来，律师会见的时间和次数不会受到限制，律师会见时间一般都在40分钟左右，同一律师会见同一当事人的次数最多的达到7次。③对会见律师没有数量上的最低要求，只要1名律师即可要求会见。④除1件重大贪污贿赂案件，几乎所有律师会见均当时即安排见到被会见人，没有时间间隔。J县看守所实行了网上预约、电话预约等会见预约形式。⑤就会见场所来看，整个J县看守所共有2间独立的律师会见室，会见室建有隔离设备；在经过律师同意的情况下，可以暂用审讯室；律师会见过程中没有侦查人员在场，会见过程会被录像，录像保存时间为45天。

在2012年J县看守所共安排律师会见278次，2013年间J县看守所共安排律师会见483次，2014年间J县看守所共安排律师会见582次，增长趋势明显。在2013年安排的483次会见中，其中，128次会见是在侦查阶段，占年度总会见量的26.5%；64次是在审查起诉阶段，占年度总会见量的13.3%；291次是在审判阶段，占年度总会见量的60.2%。在2014年安排的582次会见中，其中，146次会见是在侦查阶段，占年度总会见量的25.1%；84次是在审查起诉阶段，占年度总会见量的14.4%；352次是在审判阶段，占年度总会见量的60.5%。

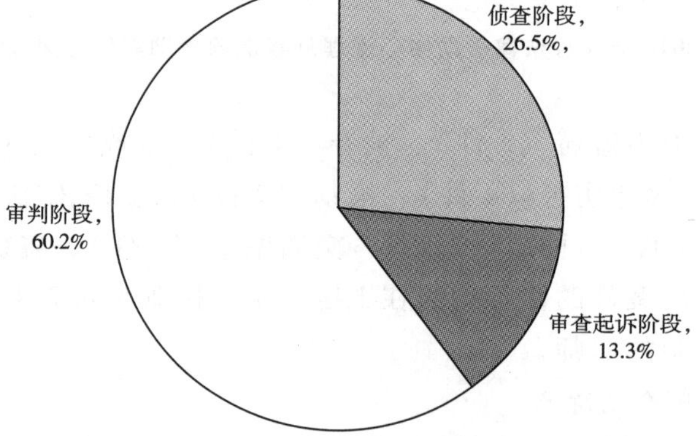

图5　2013年J县各诉讼阶段律师会见量分布比例图

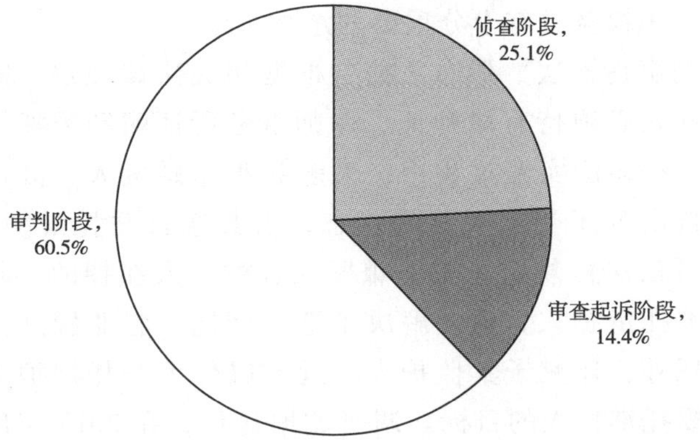

图 6　2014 年 J 县各诉讼阶段律师会见量分布比例图

4. 辩护律师阅卷情况

J 县在落实新《刑事诉讼法》过程中，对辩护律师阅卷权的落实情况如下：①律师阅卷无须经过提前申请，阅卷时间和次数不受限制；②律师阅卷可以采取多种形式，拍照、复印等均不受限制；③J 县没有统一的律师阅卷收费标准。以拍照的方式阅卷均不收费，以复印的方式阅卷，检察院不收费，法院收取成本费，不存在变相高价收费的情形；④就阅卷范围而言，当地法院、检察院不设障碍，辩护律师能够查阅到与案件有关的诉讼文书、技术性鉴定材料与证据材料等，没有任何办案机关拒绝律师行使阅卷权的情况，案卷中既包含了对犯罪嫌疑人不利的证据，也包含了对犯罪嫌疑人有利的证据。

二　J 县经验及实施工作的肯定之处

课题组在对 S 省 J 县新《刑事诉讼法》辩护制度进行的实际调研中发现了很多值得肯定并推广之处。

（一）委托辩护人更加及时、易操作

律师在侦查阶段的地位和作用一直是刑事诉讼中的争议热点问题，1996 年《刑事诉讼法》中对侦查阶段介入诉讼的律师地位的规定非常模糊。新《刑事诉讼法》中明确了侦查阶段律师介入诉讼具有辩护人的地位。新《刑事诉讼法》第 33 条明确规定：“犯罪嫌疑人自被侦查机关第一次讯问或者采取强制措施之日起，有权委托辩护人。”在侦查阶段赋予律师辩护人地位，有利于辩护律师及时、有效行使辩护权，对于保障犯

罪嫌疑人的合法权益具有十分重要的意义。

在新《刑事诉讼法》颁布之前，根据相关法律规定，律师会见被羁押的犯罪嫌疑人必须持有律师证、律师事务所证明和委托书，但是委托书从何来呢？在司法实践过程中，大多数犯罪嫌疑人、被告人是被羁押的，其人身自由处于受到限制的状态，由其亲自委托辩护人并不现实。而新《刑事诉讼法》规定了犯罪嫌疑人、被告人在押的，其监护人和近亲属也可以委托辩护人，这便解决了这一问题。犯罪嫌疑人在押的，除可以自行委托外，还赋予其监护人、近亲属代为委托辩护人的权利，以此实现有效委托辩护人的目标。调研数据显示，在 2013 年所有委托辩护律师案件中，通过其监护人、近亲属代为委托辩护人的比例达到了 98%；在 2014 年所有委托辩护律师的案件中，通过监护人、近亲属代为委托辩护人的比例达到了 100%。

（二）律师会见限制明显减少

会见是辩护人实现有效辩护的重要手段，会见权是辩护制度的重要组成部分。新《刑事诉讼法》从多个角度对会见问题的相关规定进行修订，完善了会见权的保障和实现机制，以解决司法实践中的“会见难”问题。就解决辩护律师会见难问题而言，新《刑事诉讼法》吸收了《律师法》的相关内容，规定了除危害国家安全犯罪案件、恐怖活动犯罪案件、特别重大贿赂犯罪案件以外，律师凭借“三证”即可会见犯罪嫌疑人、被告人，无须经过侦查机关批准，并规定会见的内容以及会见过程不得被监听；新《刑事诉讼法》关于会见权“四十八小时”的规定预防了看守所对于会见申请“软磨硬泡”、找理由不予配合等问题，用规定时间上限的方式为律师会见权的行使上了一道“保险栓”。这一系列新修正对于保障辩护律师会见权的行使具有十分重要的意义。

1. 律师无障碍会见权

新《刑事诉讼法》第 37 条规定，辩护律师可以同在押的犯罪嫌疑人、被告人会见和通信。其他辩护人经人民法院、人民检察院许可，也可以同在押的犯罪嫌疑人、被告人会见和通信。辩护律师持“三证”要求会见在押的犯罪嫌疑人、被告人的，看守所应当及时安排会见，至迟不得超过四十八小时。该规定实际上取消了侦查机关和看守所对于会见活动的双重审批权，为辩护律师与犯罪嫌疑人、被告人的无障碍会见扫清了制度阻碍。在调研期间内，除 1 件重大贪污贿赂案件，几乎所有律师会见均当时即安排见到，没有时间间隔。

2. 会见时间、次数不受无理限制

根据调阅看守所工作记录及与律师的直接访谈，我们得知，律师会见当事人平均每次为40分钟，平均每个案件会见的次数为1~2次，甚至有的案件律师会见达到7次。看守所对会见时间、会见次数并无限制。这有助于促使他们及时、有效地交流案情，进而保障辩护质量。

3. 会见内容不被监听

新《刑事诉讼法》第37条第4款："辩护律师会见犯罪嫌疑人、被告人时不被监听。"该规定实际上包含了两层次的要求：一是不得通过任何技术性手段监听会见时的谈话内容，二是不得在会见时派员在场。该规定是对办案机关提出的禁止性行为准则，它意味着辩护律师与犯罪嫌疑人、被告人的会谈内容不受限制，会见中的有效、自由交流得到法律保障。

笔者实地考察了看守所律师会见室，发现各会见室均安装有电子监控设备。经了解，为保护律师人身安全，防止意外情况发生，在律师会见过程中，电子监控设施的录像功能正常运作，同时考虑到会见环境的安全性和隐私性，设备的录音功能处于关闭状态，录像保存时间为45天。此外，笔者经过调研发现，辩护律师会见犯罪嫌疑人过程中没有侦查人员在场。上述做法可以为辩护律师与犯罪嫌疑人、被告人的会见提供相对安全、封闭、不被打扰的环境，有助于辩护律师充分掌握案件信息与资料、更好地了解案情，以保障辩护权的充分行使，保障犯罪嫌疑人、被告人的合法权益。

4. 多渠道会见预约方式的开通

J县看守所的工作人员介绍，为了更快、更及时地保障辩护律师会见到犯罪嫌疑人、被告人，J县看守所开通了律师会见网上预约平台，律师也可以通过电话、QQ等形式进行会见预约。虽然目前会见预约的需求不大，但是多渠道律师会见预约方式的开通，对于看守所及时、有序地安排律师会见具有重要意义。

（三）律师阅卷更加便捷

卷宗在诉讼中可以起到记载诉讼进行情况、固定相关材料的作用，也对形成案卷材料的诉讼机关具有一定的约束作用。查阅卷宗，可使辩护律师及其他辩护人及时了解有关案件信息，提前做好抗辩准备，是保障犯罪嫌疑人、被告人获得公正实体判决的基本前提。确保辩护人及时全面查阅案件卷宗，是刑事辩护制度的重要内容之一。新《刑事诉讼法》围绕辩护人行使阅卷权作了一定的修改：扩展了辩护律师在审查起诉阶段阅卷的范围，规定自将案件移送审查起诉之日起，辩护律师即可以查阅、复制、摘抄案件的案卷材料，这有利于辩护人有效行使阅卷权，使法官审判时“兼听则明”，听取控辩双方的意见，公正地做出案件判决。

事实上，据我们调查并与律师核实，当地法院、检察院在阅卷方面基本不设障碍，辩护律师能够查阅到与案件有关的诉讼文书、技术性鉴定材料与证据材料等。在S省J县的实地调研中，所有案件的辩护人行使阅卷权的平均次数为1次，不存在任何办案机关拒绝律师行使阅卷权的情况。阅卷材料包括诉讼文书、技术性鉴定材料、证据材料，案卷中既包含了对犯罪嫌疑人不利的证据，也包含了对犯罪嫌疑人有利的证据。辩护律师行使阅卷权可以采用复印、拍照、抄写等多种方式。调查发现，J县公安、司法机关不存在任何利用辩护律师行使阅卷权巧立名目乱收费的情况，其中，检察机关对于律师阅卷不收取任何费用，法院对于复印案卷收取成本费。

（四）法律援助覆盖范围更广

法律援助制度作为世界各国普遍采用的，由国家对经济困难、无力支付律师费用的当事人或者有特殊事由的当事人提供免费法律援助的司法救济方式，是国家对社会成员履行的责任，也是公民的一项基本权利，有利于正确认定案件事实、保障司法程序的公正。新《刑事诉讼法》将1996年《刑事诉讼法》规定的指定辩护制度拓展为法律援助制度，并将法律援助从审判阶段提前到侦查和审查起诉阶段。从职责角度看，根据1996年《刑事诉讼法》，法院可以直接指定承担法律援助义务的律师担任辩护人，而新《刑事诉讼法》则修改为公检法机关通知法律援助机构为犯罪嫌疑人、被告人指派律师提供法律援助，从而明确了法律援助机构在刑事诉讼中的职责。

2013年J县法律援助中心共受理刑事法律援助案件20件，承办律师均为在J县执业时间5年以上、具有一定刑事辩护经验的律师。到2014年，J县法律援助中心受理刑事案件增长到36件，承办律师均为在J县执业时间7年以上、具有一定刑事辩护经验的律师。法律援助制度在该地的落实无论从数量还是质量都显示出进步姿态。

三　新法在立法及司法实践中存在的问题

在新《刑事诉讼法》实施过程中，S 省 J 县公安司法机关在司法实践中总结出了具有当地特色的经验，但是，与进步并存的还有一些不尽如人意之处，主要表现在：

（一）旧障碍仍未肃清

第一，刑事辩护“三难”问题没有得到彻底解决。新《刑事诉讼法》在立法层面上为律师行使辩护权扫除了诸多障碍，但是笔者通过调研发现刑事辩护“三难”在司法实践中还有一些遗留问题。例如，就会见权而言，一方面，律师与当事人会见过程中看守所会以电子设备全程监控，会见室中间设置了隔离设备，当事人的位置上有束缚器具；另一方面，案件“过渡期”的会见难以得到保障。就阅卷权而言，一方面，立法上没有规定统一的收费标准，各个机关各自为政；另一方面，传统的阅卷方式费事、费力，电子阅卷没有得到有力推行。而律师的调查取证权，由于法律没有规定在证人或者其他有关单位和个人不配合律师行使调查取证权利的救济机制，因此在司法实践中难以得到落实。

第二，刑事律师在诉讼中地位低下，职业风险高，被视为异己力量。首先，我国现行法律没有规定辩护律师的执业豁免权，其次，目前我国的司法实践中尚存在单纯打击犯罪的理念，控辩双方平等武装、平等对抗、平等合作的诉讼结构上不完备，执法者的价值观取舍没有兼具人权保障和打击犯罪的双重理念，甚至有的办案人员将律师介入案件处理视为妨碍侦查的行为，进而妨碍律师有效辩护，犯罪嫌疑人及其被告人的权利难以得到有效保障。

第三，法律援助范围狭窄，经费不足。新《刑事诉讼法》将提供法律援助提前至侦查和审查起诉阶段，并将应当提供法律援助的对象范围进一步扩大，但是就推进法治而言，现行法律援助对象的范围依旧太窄，至少应当将其主体扩展到限制行为能力人。此外，法律援助经费非常有限，S 省 J 县为提供法律援助的律师提供的补助在 300 元左右，高的达到 500 元。在课题组组织的座谈活动中有律师反映提供法律援助很多情况都需要自己贴钱，经费不足严重影响了法律援助质量。

（二）新问题浮出水面

第一，“三类案件”（特别重大贿赂、危害国家安全、恐怖活动案件）的界定成瓶颈，侦查机关拒绝安排会见有借口。新《刑事诉讼法》在修正时保留了“三类案件”会见审批制度，虽然障碍口径得到很大缩减但着力点仍在，律师“会见难”没有得到有效解决。新《刑事诉讼法》规定了辩护律师行使会见权需要经过批准的三类特殊案件，然而除《刑诉规则》中界定了“特别重大贿赂案件”外，其他司法解释均未对“三类案件”作出界定。这显然为批准会见的机关留下了较大的自由裁量空间，很容易导致有关机关扩大适用此规定，在司法实践中界定这些案件必然会为批准机关拖延、搪塞辩护律师的会见申请提供借口，批准机关的自由裁量权过大容易引起辩护律师“会见难”的情形发生。

第二，会见基础设施短缺凸显。根据《看守所建设标准》的规定，讯问室容量为平均每25至30人一间，会见室容量为平均每50人一间，而我国大部分看守所的会见室设置未能达到这一要求。目前，全国各看守所，大多数都存在会见位置少的问题。笔者J县调研过程中看到，就会见场所来看，J县看守所在新《刑事诉讼法》颁行以来做了翻修扩建，再建后共有2间独立的律师会见室，在经过律师同意的情况下，可以暂用审讯室，其会见设施建设规模距《看守所建设标准》的要求相差甚远。

第三，律师发表意见率低。根据新《刑事诉讼法》的规定，在侦查期间辩护律师可以发表意见，此外，辩护律师可以参与批捕过程并发表辩护意见。但是根据此次调研中对S省J县办案机关发放的调查问卷数据统计，辩护律师在侦查终结前发表辩护意见的比例仅为9.8%，辩护律师在批捕程序中发表辩护意见的比例为39.7%。在翻阅案卷的过程中，笔者发现，2013年有辩护律师书面意见附卷的案件数量为0，到2014年有辩护律师书面意见附卷的案件数量为15件，落实情况依旧不尽如人意。

第四，律师申诉控告权缺乏制度保障。新《刑事诉讼法》中新增规定了辩护人在侦查、审查起诉期间申请人民检察院、人民法院协助调查取证的权利，这可以以公权力的影响力来保障辩护人有效收集案件证据，从而更好对抗控方指控力量，以保障刑事辩护权的切实、有效行使，进而将犯罪嫌疑人、被告人的利益保障落到实处。但是从S省J县调研反馈的数据看来，2013年全年所有委托辩护人的刑事案件中，在审前阶段没有任何一件案件申请法院、检察院协助调查取证，在进入审判阶段后共有三件案件向法院申请调查取证，法院认为证据已经充分，没有必要调取新的证据。而 2014 年全年辩护人申请法院、检察院调查取证的案件共有两件，该两件案件的辩护律师均在审判阶段提出申请，J 县法院均同意调取。

四　对立法及相关司法制度的完善建议

（一）刑事辩护律师准入制度在整个刑事诉讼过程中的确立

根据 1996 年《刑事诉讼法》的规定，中国的刑事辩护分为自我辩护和委托辩护两种。就我国国情而言，大部分公民的法律知识尚不完备，进行自我辩护的效果非常有限，加之在人身自由受限制的情况下进行自我辩护也不方便，因此为了更好地保障人权，需要在立法上规定委托辩护。诚然，在现实生活中辩护律师充分展现自身风采的要案、名案给我们展现了中国刑事辩护发展的积极姿态，但是，这依旧不能掩盖中国的刑事辩护质量较低的事实。在中国，刑事辩护制度的构建和发展依然受到诸多因素的挑战，律师辩护质量问题依旧是我国刑事法治最脆弱的一环，广大社会公民对辩护律师不信任的态度依然没有改变。我国要推进刑事法治进程，不仅仅要加强辩护律师队伍建设，提高辩护律师的业务素质，尽快在整个刑事诉讼阶段建立起刑事辩护准入制度也是十分必要的。

1979 年《刑事诉讼法》制定时，规定一定的非律师可以作为辩护人，主要是考虑到当时的律师数量较少，难以满足被追诉人委托辩护的需要，所以可以委托监护人、亲友、人民团体或者所在单位推荐的人帮助辩护。这一规定，在当时的历史背景下，是有积极意义的。经过 30 多年的发展，我国的律师数量已由 1979 年时的几百人增加到现在的 17 万多人，而且，实践中，非律师辩护人因比例越来越低，辩护质量较差，发挥的作用也越来越小。加之，如同只有取得医师资格证才能给病人看病一般，辩护也是一种专业性极强的法律活动，从提高辩护质量，进一步保障被追诉人人权的角度考虑，有必要对 1996 年《刑事诉讼法》第 32 条作出修改，规定只有律师才能作辩护人。

此外，很显然在司法实践中不同的刑事案件其情况往往差别较大，就刑事辩护人的专业水准和辩护经验而言不同的刑事案件其标准也各不相同，因此，针对律师参与刑事辩护的准入标准问题相关法律作出“一刀切”的相同规定是不合理的，我们应当综合考虑相关资源的合理配置，具体问题具体分析，针对刑事案件的不同情形对律师参与刑事辩护的标准进行详细划分和区别规制。鉴于司法实务中控制和减少死刑案件的走向，对死刑案件应该特殊对待，提高参与死刑案件的律师的准入标准和条件。例如规定：一是要从事死刑案件的辩护，必须有参与中级人民法院审理案件辩护活动的五年以上执业经历，并且经过专门的死刑案件辩护培训考试或者考核合格。此外，要从事中级人民法院审理的其他刑事案件的辩护，必须有参与基层人民法院审理案件辩护活动的三年以上执业经历，并且经过相关培训考试或者考核合格；二是要从事基层人民法院审理的刑事案件的辩护，必须有三年以上律师业务经历，并且获得刑事辩护专业资格。①

（二）扫除律师会见障碍

第一，新《刑事诉讼法》从立法上消除了看守所拒绝安排会见的各种借口，但是并没有规定在看守所不履行这项职责的情形下辩护律师可以采取什么措施进行权利救济，也没有规定这种行为会产生怎样的法律后果，这无疑会在实践中成为放纵公安机关不及时安排会见的立法短板。也许，建立一种类似于西方国家“预审法官”或者“侦查法官”的司法裁判官员，使其按照令状主义的要求，对涉及限制犯罪嫌疑人基本权利和自由的侦查行为进行司法授权，并负责为辩护方提供司法救济，将是未来解决该问题的可能出路。但是笔者建议在第37条第2款中增加规定看守所不在规定的时间内安排会见事宜时的不利后果，例如规定，如果看守所没有按照法律规定履行职责的话，侦查机关所获得的不利于犯罪嫌疑人的言辞证据不得作为指控证据使用。

第二，48小时的安排会见时间无疑过长，使得辩护人与被追诉人无法及时交流案情，从而无法保障辩护权的充分行使。为了保障辩护人与被追诉人及时交流案情的需要，笔者建议将48小时的安排会见时间进一步缩减，对此笔者认为设定为12小时更为合理可行，这一安排一方面不会太过仓促，造成看守所行动秩序混乱、缺乏准备时间，同时又能在可接受的等待时间周期内满足辩护人与被追诉人交流案情的需要。

第三，实践中有关机关在接到会见申请后的确及时“安排会见”，但是安排得以实现的时间却是遥遥无期，这一立法语言表述上的漏洞为有

① 参见冀祥德：《再论刑事辩护准入制度的建立》，载《法学杂志》，2008年4期。

关机关拖延辩护律师与被追诉人的会见时间提供了可乘之机，严重侵犯了被追诉人的合法权益，鉴于这一情形，应当将“安排会见”的语言表述作出修改，对此笔者建议改为“保证会见实现”。

第四，应当进一步明确“不得监听”的含义。新《刑事诉讼法》明确规定辩护律师会见犯罪嫌疑人、被告人时不被监听。在司法实践中，如果侦查机关在律师会见时可以听到其谈话内容，那么犯罪嫌疑人、被告人就会顾虑重重，不敢对律师讲案件的真实情况。为保障辩护权的充分行使，辩护律师与犯罪嫌疑人、被告人之间的谈话应当在保密的状态下进行，其谈话内容不能为第三方知悉。这里的“监听”，既包括设备上的监听，也包括他人的旁听，即有关机关不得派员在场，不得通过其他任何方式监听律师会见时的谈话内容，更不得对律师的会见进行秘密录音。另外，需要注意的是，这一规定并不禁止有关机关基于安全上的考虑，对律师会见犯罪嫌疑人、被告人的过程进行必要的监视，但这种监视必须以不侵犯律师与犯罪嫌疑人、被告人谈话内容的保密性为前提。该规定是贯彻国际条约精神的一种体现，为律师与犯罪嫌疑人、被告人充分、自由地交流铺平了道路。现代法治国家的刑事立法对于会见的场所和环境问题的规定已经日渐成熟，并在实践运行过程中得到检验和肯定，联合国的相关国际刑事司法文件对此也作出了比较科学完备的规定，对我国关于这一问题的刑事立法具有重大的参考价值。针对这一问题的立法，笔者建议参考联合国《关于律师作用的基本原则》第8条的内容，即辩护律师在会见犯罪嫌疑人、被告人的时候应当在执法人员看得见、听不到的范围内进行，任何单位或者个人都不得打扰。

第五，近年来法学界一直热烈讨论的律师在场权也应在此处考虑引进。一方面，辩护律师行使在场权有利于防止犯罪嫌疑人、被告人被刑讯逼供，是避免在侦查阶段发生司法不公情形以及规范侦查讯问行为的重要预防机制；另一方面，律师在场权的行使有利于固定犯罪嫌疑人的口供，可以监督侦查行为的合理性与合法性，防止侦查人员非法取证，故建议在此处规定律师在场权。

（三）推进律师及时、便捷阅卷

第一，根据我国法律规定，检察机关审查起诉的时间最长为一个半月的时间段。根据新《刑事诉讼法》的规定，律师阅卷的权利自审查起诉之日起启动，也就是在这特定的一个半月的时间段内启动，将程序的启动时间点规制为某个时间段，这显然是不合理的。根据这一规定，办案机关则既可以在审查起诉之初安排律师阅卷，也可以在审查起诉的最后阶段安排律师阅卷，这都合乎法律的规定，但是毫无疑问，办案机关更多情况下不会在审查起诉伊始便安排律师阅卷，反而会将这一法条的内容作为拖延为律师安排阅卷的借口和托词，使得辩护律师无法及时掌握案件的相关信息，这显然不利于“阅卷难”问题的解决，不利于辩护权的切实落实，对此，笔者建议将律师阅卷的权利启动时间规定为自律师提出阅卷申请之日起三日以内。

第二，新《刑事诉讼法》没有提及在人民检察院阻碍了辩护律师行使阅卷权的情况下，对辩护方有怎样的救济条款，笔者建议应当增加相关内容。例如，在新《刑事诉讼法》第 38 条新增一款规定：“人民检察院应及时通知辩护律师该项权利，并且将通知的内容以书面形式送达，将送达回证附卷备查。人民检察院未履行书面通知义务，致使辩护律师未能阅卷的，或者未在法律规定的时间内安排辩护律师阅卷的，人民法院应当责令人民检察院安排辩护律师阅卷。”①

第三，推行电子阅卷，提高办案效率。随着科学技术的发展，电子阅卷这一新举措改变了查阅、复制纸质案卷费时、费力的状况，为促进辩护律师阅卷权的行使带来了新的动力，全国很多地方都在探索这一司法实践。律师进行电子阅卷，可以及时与案件承办人交流自己对该案事实和证据所持有的意见，极大地提高了律师的工作效率。

（四）完善律师申请调查取证权相关规定

第一，2008 年施行的《律师法》对律师调查取证权有着明确的规定，规定受委托律师在案情需要的情况下有申请人民检察院、人民法院调查取证的权利，律师要想自行调查取证无须经过批准许可等程序，只需要凭借律师执业证书和律师事务所的证明即可，但是新《刑事诉讼法》仍然规定辩护律师进行调查取证还要经过对方的同意，并没有吸纳《律师法》的相关内容，存在一定程度的滞后性。

新《刑事诉讼法》规定辩护律师行使调查取证权需要经过对方同意，如此一来，辩护律师在行使该项权利时便会受到很大的限制和制约，这

---

① “中国社会科学院研究生院法学系刑事诉讼法修改课题组关于刑事诉讼法修正案的修改建议稿”，来源于“中国法学网”，http：//www.iolawjm.org/Item/2052.aspx，最后访问时间 2012 年 4 月 5 日。

在司法实践中是很难落到实处的，这一规定无疑成为辩护律师进行辩护活动的“绊脚石”。另外，该法也没有规定在证人或者其他有关单位和个人不配合律师行使调查取证权利的情形下的救济机制。而在现实生活中，大部分证人或者其他单位或者个人不愿意跟刑事诉讼活动扯上关系，宁可“退避三舍”不愿“助人为乐”，因此律师在行使调查取证权时要得到对方的配合并不容易，显然这一规定不利于保障辩护律师该项权利的确切落实，在实践中缺乏可操作性。为了解决以上所述问题，笔者建议吸收《律师法》在这方面的规定，允许辩护律师只需要凭借律师执业证书和律师事务所的证明即可以进行调查取证，不需要再经过证人或者其他有关单位和个人的同意。

第二，新《刑事诉讼法》虽然赋予了辩护律师申请协助调查取证的权利，但并未规定在证人或者其他有关单位和个人不配合律师行使调查取证权利时的救济机制。笔者建议在法条中取消对辩护律师调查取证的种种限制，规定辩护律师调查取证时，有关单位和个人应当积极协助、配合，并增加规定在相关人员不配合辩护律师调查取证的情形下，赋予辩护律师申请强制调查取证的权利。要求法院在接到律师请求后应在一定期限内向律师发出授权调查书，律师持有该调查书向有关单位或个人调查取证时，被调查单位和个人有义务接受调查，如果无正当理由拒绝律师调查，应承担一定法律责任，以解决因被调查人不同意、不愿意提供证据导致律师无法取证的问题。

而且，因辩护人的调查取证权不具有强制力，辩护人在行使调查取证权时经常会遇到阻碍；另外，如果公安机关对于被告人罪轻的陈述或者有反复的供述根本就没有记录，这时法院也难以调取相关材料。新《刑事诉讼法》赋予了辩护律师申请调查取证的权利，但并未规定针对该项权利的救济机制，这使得有关机关在不配合辩护人行使该项权利方面有了漏洞可钻，使得辩护权的有效行使难以得到保障，也使得原本就处于弱势地位的辩护方更加被动，不利于控辩平等地实现。因此，刑事诉讼法应当明确办案机关没有应辩护人的申请提交有关证据或隐瞒证据的违法性以及其应当承担的法律后果。例如，可以将人民检察院、人民法院没有正当理由却不予调取有利于被告人一方的证据的，吸收为被告人可以申请再审的理由。

（五）完善法律援助制度

法律援助经费是法律援助有效落实的命脉，只有把法律援助经费落到实处才能保障法律援助案件的数量与质量。对此，设立法律援助基金不失为一个可行之策。法律援助制度作为世界各国普遍采用的由国家对经济困难、无力支付律师费用的当事人或者有特殊事由的当事人提供免费法律援助的司法救济方式，是国家对社会成员履行的责任，也是公民的一项基本权利，有利于正确认定案件事实和保障程序的公正。目前我国的法律援助制度存在覆盖范围狭窄、社会力量吸纳不足、经费保障欠缺等突出问题。笔者建议，一方面立法上应当进一步扩大法律援助对象和法律援助主体的范围，动员社会力量；另一方面将法律援助纳入政府购买服务范围，依据确定的年度购买服务事项，同步编制政府购买法律援助服务事项资金预算，纳入政府采购范围。此外，应将法律援助相关信息及时、完整、准确、全面地向社会公布，最终达到降低服务成本，提升法律援助工作效率和服务质量，提高财政资金绩效的目的。

（六）修正律师伪证罪相关规定

关于律师伪证罪的规定，新《刑事诉讼法》将1996年《刑事诉讼法》中“辩护律师和其他辩护人”的表述修改为“辩护人或者其他任何人”，该规定关于行为主体的变化存在进步意义，但是其进步性很有限。新法条虽然将行为主体从辩护人一方扩展到参与到刑事诉讼活动中来的各方，但是仍旧将“辩护人”做了突出规定，没有彻底消除立法表述对辩护人这一身份的“歧视”的嫌疑。就刑事司法的公正理念而言，实际上在刑事诉讼过程中，控辩双方应该保持地位平等、权利对等的状态，侦查机关、控诉一方、辩护一方、审判机关的行为都要严格遵守刑事诉讼的法律规定开展，其中任何一方的行为存在问题是都要受到追究，而仅仅将辩护人作为立法上的“出头鸟”这是明显的立法瑕疵。针对这一问题，笔者建议在语言表述上消除对辩护律师的“歧视”之嫌，直接表述为“任何人”。

新《刑事诉讼法》明确了在辩护人涉嫌犯罪的情况下办理案件的侦查机关，但是对于律师涉嫌犯罪案件的办案时间却没有规定。辩护人涉嫌犯罪的案件属于典型的“案中案”，辩护人是否存在违法行为只有在法院对其代理的案件的证据做出最终评价后，才会有一个明确的结论。在其代理的案件尚未终结前，就启动对辩护人的调查，未免操之过急。司法解释应该规定在辩护人代理的案件终结后，才能启动对其犯罪行为的侦查活动。因此，建议司法解释应进一步明确辩护人涉嫌犯罪案件的办案时间，以保证诉讼活动的顺利进行。

除此之外，辩护律师的执业豁免权并没有在2012年《刑事诉讼法》的修改中得到确立，在我国现行的刑事诉讼模式之下，辩护律师在诉讼角色的定位上与公检法三机关之间存在一定程度上的对抗意味，只有以立法的形式赋予辩护律师刑事辩护豁免权，才能为从事刑事案件辩护的律师提供足够的执业安全感，在诉讼过程中敢于发表自己的看法与见解，尽可能维护犯罪嫌疑人、被告人的合法权益。联合国《关于律师作用的基本原则》中第20条针对这一内容做出了比较详尽的规定，笔者建议在我国立法时可以将其作为参考，规定刑事辩护律师对其所发表的书面的或者口头的辩护或者依法履行正当职务的行为，享有民事上和刑事上的豁免权，以消除律师从事刑事辩护工作的恐慌心理，保障辩护律师的合法权益，同时这也有助于辩护律师在法庭上放心大胆地发表自己的看法和意见，反驳控方的证据和观点，促使法庭在充分听取控辩双方意见的基础之上发挥自由裁量权，这对推动刑事诉讼活动的顺利开展有重要意义。

（七）保障辩护人申诉控告权行使

只有建立起配套的法律责任制度才能推动法律得到有效实施。然而，新《刑事诉讼法》原则性地规定了辩护人的救济规则，但是对于具体的责任内容却无有涉及。如何进一步保障辩护人、诉讼代理人诉讼权利的行使，需法律监督机关进一步细化此类申诉控告的处理办法，健全完善现有控告申诉工作机制。[①] 有的学者甚至提出，新《刑事诉讼法》第47条有悖于法的确定性原则，有悖于法的统一性原则（与新《刑事诉讼法》第115条的规定前后不一致），缺乏相关部门自查自纠措施。

笔者建议，刑事诉讼法应进一步保障辩护律师的申诉控告权，使其申诉控告成为一种准诉讼行为。在司法实践中，存在着公安机关、人民检察院、人民法院及其工作人员阻碍辩护人、诉讼代理人依法行使诉讼权利的情况，这些做法不仅仅阻碍了辩护人、诉讼代理人依法行使诉讼权利，更重要的是损害了犯罪嫌疑人、被害人的诉讼权利和合法权益，影响了案件的正确处理和司法的公正。《刑诉规则》中明确列举了辩护人、诉讼代理人认为公安机关、人民检察院、人民法院及其工作人员阻碍其依法行使诉讼权利，可以向同级或者上一级人民检察院申诉或者控

① 参见“建议完善申诉控告工作机制”，来源于“搜狐”，http：//roll. sohu. com/20120924/n353792485. shtml，最后访问时间2013年11月1日。

告的具体情形。此外《刑诉规则》和《六部委规定》中均明确对控告和申诉进行审查的时间为10日以内，这些规定具有一定的进步性，但是均未涉及问题的根本，辩护人、诉讼代理人在执业过程中经常会遇这到种情况，由于救济途径的缺乏，这些不合理甚至不合法的行为很难得到纠正。

五　小结

日本的田口守一教授曾经提出一个著名的论断，即刑事诉讼法发展的历史就是辩护权扩张的历史。刑事辩护制度就像一把双刃剑，它在发现有利于被指控人的事实真相，特别是在确保有罪判决的可靠性，防止罪及无辜方面有着积极作用。然而，对于揭露不利于被指控人的事实真相，打击犯罪而言，有时可能起到妨碍作用。① 因此，我们一方面要积极保障辩护权充分有效地实施，另一方面又要对辩护权加以合理地规制，以免辩护权过度扩张而影响司法公正。我国新《刑事诉讼法》的颁布及其司法解释的出台顺应司法体制改革的客观需要，充分展现出扩张辩护权的立法趋势，对于更好地保障犯罪嫌疑人、被告人的合法权益，进而促进司法公正的实现有着明显的进步意义。

“一只木桶，最短的一板决定其容量；一条锁链，最弱的一环决定其强度”。刑事司法制度是法治的“软肋”，而刑事辩护又是刑事司法制度这条“软肋”上最脆弱的一环。纵观全局，刑事辩护制度对于我国的法治发展进程具有重要意义，要有效推进刑事法治的现代化进程必须全力补足刑事辩护制度这一“短板”。新《刑事诉讼法》的颁布以及相关司法解释的修正对于中国刑事辩护制度的发展意义非凡。诚然，其内容还有一些尚不完备之处，或是诸多尚未达到我们期待之处，但是“冰冻三尺非一日之寒”，这一系列问题并非一朝一夕即可解决的，还需要我们不断去探索，不断去创新。

---

① 参见邓娟：“论刑事辩护制度”，来源于“中国法院网”，http：//old. chinacourt. org/public/detail. php？ id = 167124，最后访问时间 2013 年 10 月 30 日。

第二章　证据制度

从狭义上讲，证据制度是指证据制度的类型；从广义上来讲，证据制度指规定证据收集、提供、审查、运用以及证据形式等的规范总和。历史上，证据制度经过了神示证据制度、法定证据制度、自由心证的证据制度的发展过程。中国刑事诉讼证据制度建立在辩证唯物主义认识论的基础上，贯穿着“实事求是”的原则。证据制度在刑事诉讼中有着重要的地位，是公安、司法机关进行立案、侦查、审查起诉和审判的基础。新《刑事诉讼法》第 48 条第 1 款规定“可以用于证明案件事实的材料，都是证据”。证据顾名思义就是证明的材料，即用已知的事实来证明未知的事实。证据的种类主要有物证、书证、证人证言、鉴定结论等。

一　概述

自 1996 年修改《刑事诉讼法》后，我国法治进程不断深化，法学界和实务界都逐渐意识到我国刑事证据立法内容单薄，简单的条文难以满足我国刑事司法实践的要求。2010 年最高人民法院、最高人民检察院、公安部、国家安全部和司法部五机关联合颁布了《关于办理死刑案件审查判断证据若干问题的规定》（以下简称《办理死刑案件证据规定》）和《关于办理刑事案件排除非法证据若干问题的规定》（以下简称《非法证据排除规定》）两个有关刑事证据的重要司法解释。新《刑事诉讼法》在重点吸收这两个司法解释的基础上，对我国刑事证据制度作了较大的修改。

新《刑事诉讼法》自 2013 年 1 月 1 日起实施，至今已实施了两年多。新《刑事诉讼法》及其司法解释关于证据制度的相关规定在司法实践中的实施状况如何？其在司法实践中有哪些进步之处？在实施中仍存在哪些问题？这是法学界和实务界所普遍关注的问题。

（一）新《刑事诉讼法》关于证据制度的修改及完善

1996年的《刑事诉讼法》共有8个条文涉及刑事证据制度，新《刑事诉讼法》修改了5条，增加了8条，3条未作修改。和辩护与代理章、强制措施章等相比较，证据章主要是围绕着人权保障这一主线，这不仅与我国加入的国际公约的基本要求一致，而且也是《宪法》“国家尊重和保障人权”条款在刑事诉讼法中的具体落实。[①]

修改及完善之处主要体现在以下几个方面：一是重新界定了证据的概念，对证据的种类予以完善；二是增加了“不得强迫任何人证实自己有罪”的规定；三是解释了“证据确实、充分”的含义；四是明确了非法证据排除规则及操作程序；五是明确了证人、鉴定人应当作证的情形、证人出庭作证的保障措施、警察出庭作证的义务、强制证人出庭作证及其例外；六是规定控辩双方可以申请法庭通知有专门知识的人出庭，就鉴定人做出的鉴定意见提出意见。

1. 增加证据种类

（1）将辨认笔录、电子数据纳入法定证据种类

辨认是指侦查机关根据案件侦查活动的需要，在侦查人员的主持下，由证人、被害人或者犯罪嫌疑人对与案件有关的物品、尸体、犯罪场所以及犯罪嫌疑人进行识别、确认的一项侦查措施。[②] 原《刑事诉讼法》没有规定辨认笔录能否作为证据使用以及辨认的程序规则；1998年最高人民检察院《刑事诉讼规则》及公安部《公安机关办理刑事案件程序规定》，对辨认的程序作了较为粗略的规定，包括辨认的组织者、辨认主体、辨认客体等；2010年最高人民法院联合最高人民检察院等五部门颁布了《办理死刑案件证据规定》，其中部分条款对刑事辨认的证据能力进行了完善。实践中，公安司法机关普遍将辨认笔录作为证据使用。新《刑事诉讼法》将辨认笔录列入了法定的证据种类，而后，《公安部规定》明确了辨认的程序。

电子数据作为一种超越传统证据形式的新型证据，是指以电子数据

---

① 参见陈卫东：《刑事证据制度修改的亮点与难点》，载《证据科学》，2012年第20卷第2期。

② 参见陈光中主编：《〈中华人民共和国刑事诉讼法〉修改条文释义与点评》，人民法院出版社，2012年版，第49页。

形式存在并可以用于证明案件事实的材料。[①] 具体表现诸如电子邮件、网络博客、电子聊天记录、手机信息、电子签名、域名、电子公告数据等。在以往的司法实践中，如出现手机短信这样的证据，司法工作人员通常以纸质版的形式将短信中的内容呈现出来，虽然其不符合书证的要求，但由于电子数据在侦破案件中起到至关重要的作用，也只能勉为其难地如此运用。此次刑事诉讼法的修改，将电子数据增设为法定证据种类之一，不仅符合了时代发展的需要，而且更适应了刑事诉讼在司法实践中出现的新情况和新需要，丰富和完善了法定证据的种类，摆脱了以往司法实践中对电子数据运用的两难境地。

（2）将鉴定结论修改为鉴定意见

鉴定意见，即鉴定人的意见，是由鉴定人接受委托或者聘请，运用自己的专门知识和现代科学技术方法，对诉讼中涉及的专门性问题进行检测、分析判断后，所出具的鉴定性书面意见。[②] 作为法定的证据种类，鉴定意见在刑事诉讼中可以发挥多方面的作用。在当前司法实践中，法官往往过分依赖、甚至迷信鉴定结论，将鉴定结论视为最终定案的依据，而忽视鉴定结论的质证、认证的过程，认为鉴定结论是不可动摇的关键定案依据。一方面是因为“结论”带有确定性、客观性、权威性的意思。将鉴定人的鉴定结果称之为“鉴定结论”，法官容易对这种鉴定结果的证明价值产生误解，认为鉴定人的鉴定结果是最权威、最客观的，从而容易轻信鉴定人的鉴定结果，这必将导致冤假错案的发生。[③] 另一方面，鉴定结论运用范围广泛，不仅在自然科学领域，人文科学、社会科学也适用，如有些会计、金融、古董鉴别等分析检验项目，其鉴定结论不仅用到了专业知识，而且用到了专业经验，这些经验具有探索性、不成熟性，故不能将鉴定结论一概而论。新《刑事诉讼法》将鉴定结论改为鉴定意见，这个改动的主要目的是强调鉴定仍然只是一种证据，没有高于其他

---

① 参见张军主编、胡云腾副主编：《〈中华人民共和国刑事诉讼法〉适用解答》，人民法院出版社，2012 年版，第 190 页。

② 参见陈光中主编：《〈中华人民共和国刑事诉讼法〉修改条文释义与点评》，人民法院出版社，2012 年版，第 49 页。

③ 参见龙宗智、夏黎阳主编：《中国刑事证据规则研究》，中国检察出版社，2011 年版，第 392 页。

证据证明力的价值。[①] 鉴定只是鉴定人运用自己专门的知识对案件的专门性问题发表自己意见和看法的活动，鉴定人表达出来的这些意见和看法并非事实本身，也绝非完全无误的科学结论。将鉴定结论改为鉴定意见，可以消除法官对鉴定结果的盲目依赖，使法官能够对鉴定结果进行严格的审查判断。

2. 完善证人、鉴定人的相关规定

证人证言在刑事诉讼中具有广泛性、不可替代性的特点，“没有证人就没有诉讼”的理念越来越体现在司法实践中。[②] 证人在刑事诉讼中起到了至关重要的作用。原《刑事诉讼法》关于证人出庭、证人保护、证人补偿等制度没有作出规定，这是导致我国证人出庭率低的一个重要原因。然而不管是大陆法系国家，还是英美法系国家，都极为重视对证人出庭作证制度的规定。例如：1984 年美国颁布了《证人安全改革法案》，对出庭作证的证人的保护进一步加强；德国也制定了单独的证人保护法。新《刑事诉讼法》为了提高我国证人出庭作证率，提升审判质量，具体修改如下：

第一，明确了证人、鉴定人应当出庭作证的情形。新《刑事诉讼法》第 187 条第 1 款、第 3 款规定：“公诉人、当事人或者辩护人、诉讼代理人对证人证言有异议，且该证人证言对案件定罪量刑有重大影响，人民法院认为证人有必要出庭作证的，证人应当出庭作证。”“公诉人、当事人或者辩护人、诉讼代理人对鉴定意见有异议，人民法院认为鉴定人有必要出庭的，鉴定人应当出庭作证。”

第二，增加了证人保护制度。新《刑事诉讼法》增加第 62 条，专门规定了对于危害国家安全罪、恐怖活动犯罪、黑社会性质组织犯罪、毒品犯罪等案件，证人、鉴定人、被害人因在诉讼中作证，本人或者近亲属的人身安全面临危险的，人民法院、人民检察院和公安机关应当主动采取保护措施以保护证人、鉴定人、被害人及其近亲属；同时，还规定了证人、鉴定人、被害人认为因在诉讼中作证、本人或者其近亲属的人身安全面临危险的，可以向人民法院、人民检察院、公安机关提出申请，请求人民法院、人民检察院、公安机关采取措施予以保护。

第三，增加了证人经济补偿制度。新《刑事诉讼法》增加第 63 条，

① 参见张卫平、汪建成、何家弘：《诉讼法修改与证据制度的完善》，德恒论坛，2011 年 12 月德恒证据学论坛第 80 讲整理稿。

② 参见王保帅：《证人保护及证人补助制度研究》，载《法制与社会》，2013 年第 1 期。

规定了证人因履行作证义务而支出的交通、住宿、就餐等费用，应当给予补偿。此外，本条还建立了对证人补偿制度的财政保障机制，将证人作证的补助列入司法机关业务经费，并由同级政府财政予以保障，同时规定，证人的工作单位不得因证人作证而损害其合法利益。

3. 增设专家辅助人制度

由于鉴定意见本身可能存在错误或者局限性，以及鉴定人自身的知识结构和对科学知识的理解可能存在不足，导致出具的鉴定意见可能会存在错误和偏差。近几年，在我国司法实践中，出现的如佘祥林案、杜培武案等冤假错案，或多或少都与法院错误采信鉴定意见有关系。[①] 为此新刑事诉讼法增加了专家辅助人制度。专家辅助人制度的确立有利于准确认定案件事实，提高诉讼效率。

新《刑事诉讼法》第192条第2款规定："公诉人、当事人和辩护人、诉讼代理人可以申请法庭通知有专门知识的人出庭，就鉴定人作出的鉴定意见提出意见。"因此专家辅助人参与诉讼的范围仅限于出庭，其权利仅限于对对方提供的鉴定意见协助本方提出意见，对该证据的真实性与关联性等实体内容进行质证。

4. 建立非法证据排除制度

非法证据排除规则通常指采用非法手段所获得的证据不得作为证明不利于犯罪嫌疑人、被告人的事实的根据。[②] 1996《刑事诉讼法》第43条规定严禁刑讯逼供和以威胁、引诱、欺骗以及其他非法的方法收集证据，但是并未规定非法取证的排除规则和法律后果，因此该法条仅具有宣言意义而不具有可操作性。[③] 2010年《非法证据排除规定》中，进一步规定了非法证据的范围、排除程序及其法律后果，初步建立了非法证据排除的程序框架，但实践中仍存在不足。新《刑事诉讼法》明确规定了非法证据排除规则适用的范围、具体程序以及证据责任，使非法证据的排除有一套可运行的程序。排除非法证据，可以更好地制约侦查人员非法取证的行为，符合现代社会保障犯罪嫌疑人、被告人人权这一个人

---

① 参见刘广三、汪枫：《论我国刑事诉讼法专家辅助人制度的完善》，载《中国司法鉴定》，2013年第2期。

② 参见陈光中：《刑事证据制度改革若干理论与实践问题之探讨——以两院三部〈两个证据规定〉之公布视角》，载《中国法学》，2010年第6期。

③ 参见龙宗智、夏黎阳主编：《中国刑事证据规则研究》，中国检察出版社，2011年版，第1页。

类文明发展的大趋势。[①] 具体修改如下：

第一，非法证据排除的范围。言词证据：对于犯罪嫌疑人、被告人的言词证据仅排除以刑讯逼供取得的证词；被害人、证人等，排除以暴力和威胁取得的证词。物证、书证：要求不符合法定程序，影响司法公正且不能补正或者作出合理解释的予以排除。

第二，非法证据排除的证明责任。首先，被告方承担初步的举证责任。被告人申请排除以非法方法取的证据，应提供相关线索或者材料。其次，公诉方承担证据收集合法性的证明责任。法庭对证据收集的合法性进行调查的过程中，人民检察院应当证明证据收集的合法性。最后，法庭对非法证据有主动调查核实的义务。法庭对于确认或者不能排除以非法方法收集证据的，应当将该证据予以排除。

第三，非法证据排除的证明标准。在被告方初步证明存在以非法方法取得证据后，控方便承担不存在非法取证情形的举证责任，且必须达到确实、充分，使法庭确定该证据系合法取得。

第四，非法证据排除的适用阶段。我国非法证据排除主要是由侦查部门、检察机关和法院排除，且在侦查、审查起诉、审判阶段均可以对非法方法取得的证据予以排除。

5. 明确证明标准

证明标准，又称之为证明要求，是指公安、司法机关工作人员运用证据证明案件事实应当达到的程度。[②] 原《刑事诉讼法》将“证据确实充分”作为证明标准，但长期以来，法学界和实务界对何为证据确实充分的理解却莫衷一是，造成刑事诉讼中证明标准过于抽象，运作起来也令办案人员无所适从。[③] 为此，新《刑事诉讼法》明确了这一证明标准。

第一，新《刑事诉讼法》将“证据确实充分”修改为“证据确实、充分”。此处的修改只是在相关术语使用上需要保持一致性的考虑，无实质性的变化。[④]

第二，对“证据确实、充分”作进一步明确的解释。在原《刑事诉

① 参见张智辉：《刑事非法证据排除规则研究》，北京大学出版社，2010 年版，第 34 页。

② 参见王敏远主编：《中国刑事诉讼法教程》，中国政法大学出版社，2012 年版，第 161 页。

③ 参见冀祥德主编：《最新刑事诉讼法释评》，中国政法大学出版社，2012 年版，第 48 页。

④ 参见陈光中主编：《〈中华人民共和国刑事诉讼法〉修改条文释义与点评》，人民法院出版社，2012 年版，第 65 页。

讼法》对何谓“证据确实、充分”没有规定时，在法学界一般将其解释为“唯一性”“排他性”，即根据现有的证据只能得出被追诉人就是犯罪人的结论。还有人主张使用“排除合理怀疑”“内心确信”“确定无疑”等。[①] 为此，新《刑事诉讼法》从三个方面对何谓“证据确实、充分”进行了解释。一是要求定罪量刑的事实都有证据证明，这是对证据量的要求。二是据以定案的证据均经法定程序查证属实，即对证据质的要求。三是综合全案证据对所认定事实已排除合理怀疑，即要求对所认定的事实达到排除合理怀疑的程度。

（二）实施概况

课题组在S省J县进行的调研中，对证据制度部分调研内容主要是围绕着证据的法定种类、证人、鉴定人出庭以及非法证据排除等几个方面展开的。调研方法主要有：①与当地司法实务部门工作人员座谈；②通过司法实务部门填写的问卷收集所需的数据；③到实地办案部门走访并查阅部分办案记录。从2013年、2014年调研涉及的案件可以看出，J县公安司法机关对新《刑事诉讼法》的贯彻实施效果总体不错，主要表现在：办案中强化证据意识，实现证据定案；重视证据收集，保证证据收集的程序性与规范性；推进证人出庭工作，保护当事人合法权利；严格贯彻落实非法证据排除制度，等等。但其中也有不尽如人意的地方，如出庭作证比例较低、缺少证人出庭的保障机制，等等。

1. 证人出庭作证情况

据统计，本次证据制度部分的问卷共收回486份，可用486份。问卷涉及的486件案件中，有100件案件涉及证人出庭作证问题，其中，只有10件案件有证人出庭作证，证人的出庭作证率仅为10%。这10件中8件系被告人申请证人出庭作证，2件系被害人申请证人出庭作证。

2. 证人出庭作证的保障情况

调研中涉及证人出庭的10件案件中，没有证人申请证人保护，公安司法机关也未对证人采取保护措施。此外，在这10件案件中，6件案件中证人的相关出庭作证费用得到了J县法院的补偿，2件案件中证人的相关出庭作证费用得到了J县检察院的补偿。证人的出庭作证补偿率为80%。

---

① 参见陈光中、李玉华、陈学权：《诉讼真实与证明标准改革》，载《政法论坛》，2009年第2期。

3. 非法证据排除情况

在课题组调研涉及的486件案件中，有10件涉及非法证据排除，均发生在审查起诉阶段，并且非法证据排除均是由辩方提出的。涉及非法证据排除的案件占总案件数的2.06%。

4. 其他情况

在课题组调研涉及的486件案件中，377件案件中有证人证言；45件案件中有电子证据；60件案件中有辨认笔录；185件案件中有鉴定意见。办理的刑事案件中，警察出庭作证的案件为0件，鉴定人出庭的案件为0件，不存在证人申请警察、鉴定人出庭作证的情况。

二　J县经验及实施工作的肯定之处

通过课题组的实际调研发现，S省J县法院在证据制度的实施过程中有很多值得肯定的地方，其中有些经验值得推广。

（一）强化证据意识，实现证据定案

1996年《刑事诉讼法》实施16年至今，公检法三机关在刑事诉讼中依赖口供来定罪的做法仍然比较普遍，"口供为王"的证据意识虽然经过司法改革的一再摒弃，但是仍然牢固地盘踞在司法工作人员心中。新《刑事诉讼法》将证据定义为"证明案件事实的材料"，并重新界定了八种法定证据种类。2013年1月1日起，办案人员需要凭材料说话，在新《刑事诉讼法》规定"不得强迫自证其罪"的法律要求下，在规范侦查行为日益严格的情况下，J县司法工作人员意识到只有树立全面搜集证据、先物证、后口供的证据意识，实现八种证据共同发挥作用的全新证据格局，才能适应新《刑事诉讼法》的要求，切实保证办案效率。

为此J县司法机关通过开展集中学习、民警自学，以考试考核的方式学习新《刑事诉讼法》，并规定办案民警切实转变侦查思路，坚持以收集证据作为侦查活动的中心，实现侦查办案由"抓人破案"向"证据定案"的目标转变。

（二）重视证据收集，保证证据收集的程序性与规范性

新《刑事诉讼法》自正式实施以来，J县公安司法机关严格贯彻执行了新法有关辨认笔录的规定，不断完善辨认的程序，确保辨认笔录能够作为合法的证据使用。一是辨认笔录全面记录。J县公安机关的侦查部门认为，从列队辨认和照片辨认方式上看，照片辨认和列队辨认的证明力

存在区别，照片辨认的证明力较之列队辨认更弱。所以，列队辨认和照片辨认不应当具有同等位阶，而应当有先后顺序之分。J县公安机关的侦查部门在进行辨认时，把列队辨认排在照片辨认前面，在无法组织列队辨认的情形下才考虑使用照片辨认。二是犯罪嫌疑人进行辨认时，对辨认程序进行全程录音录像。三是建立了专门辨认笔录室。

电子数据的收集，采取及时、全面收集的原则。证据收集最基本的要求是及时性和全面性，这在电子数据这种特殊证据收集上体现得尤为突出。J县公安机关切实认识到及时收集电子数据可有效解决电子数据收集难的问题，只有及时收集才能避免有价值的电子数据永久灭失，所以，其在案件中收集证据时都是以最高效率获取电子数据的。数据收集的全面性对于保证电子数据的客观性和真实性也起到了十分重要的作用。J县公安机关也切实认识到了全面收集电子数据的重要性，因此，其在收集电子数据时，都是尽最大努力去获取全部资料的。

（三）推进证人出庭工作，保护当事人合法权利

课题组在S省J县回收的调研问卷共涉及了法院审理的486件刑事案件，其中，377件有证人证言。在有证人证言的案件中，10件有证人出庭，8件系被告人申请证人出庭，2件系被害人申请证人出庭。证人出庭工作的贯彻实施，有利于查明案件事实，增强法官对案件的了解，使法官做出更加公正的判决。

在新《刑事诉讼法》出台前，J县法院关于证人出庭的案件寥寥无几。新《刑事诉讼法》实施后，在J县法院的刑事案件中，被告人、被害人申请证人出庭的比例明显增大，该地方法院为保证当事人的合法权益，进一步查清案件事实，只要法院接到当事人的申请，均同意了证人出庭。

（四）落实非法证据排除，保障被追诉人合法权利

以非法方法收集证据，不仅会损害被追诉人的个人利益，而且也有损于司法权威。采取刑讯逼供等非法手段获取证据，一方面是可能因证据失实，容易导致错案的发生；另一方面是严重违反了我国《宪法》关于尊重与保障人权的规定。因此，在现代法治国家，都明令禁止以非法的手段收集证据。我国新《刑事诉讼法》增加了非法证据排除的相关规定，以保障刑事诉讼制度的民主化和法治化。

本次调研问卷涉及的486件案件中，10件案件在审查起诉阶段启动了非法证据排除程序，检察官在调取相关证据后，查明了10件案件中并不存在非法取证的行为。10件案件均系检察官在讯问犯罪嫌疑人过程中，犯罪嫌疑人供述其在侦查阶段受到了侦查人员的刑讯逼供，并简略地描述了刑讯逼供的时间。检察院立即要求办理此案的侦查人员提供相应的证据证明其取证的合法性，侦查人员通过提供讯问犯罪嫌疑人的同步录音录像、入所体检报告（犯罪嫌疑人进入看守所前，由看守所对其身体健康情况进行的体检）以及对犯罪嫌疑人的亲属进行询问，排除了侦查阶段存在违法取证的可能性。J县公安司法机关注重加强对犯罪嫌疑人、被告人权利的保护，严格贯彻执行非法证据排除制度，既杜绝了非法证据的存在，又保障了犯罪嫌疑人、被告人的合法权益。

J县检察院严格贯彻执行新法有关非法证据排除的规定，在提请审查批捕、审查起诉等各个环节，加大对证据合法性的审查力度。对提请审查批捕的案件，及时与公安机关沟通，强化对公安机关侦查取证行为的法律监督，确保了逮捕案件的质量，杜绝以非法方法取得的证据，加强对被告人权利的保障。

审查起诉环节中，J县检察院在每个案件中都会询问犯罪嫌疑人“侦查机关是否对其采用了刑讯逼供、威胁、引诱、欺骗等非法方法获取口供”，如存在，会进一步询问犯罪嫌疑人有关侦查机关非法取证的人员、时间、地点、方式、内容等情况，并记入《调查笔录》，交由犯罪嫌疑人签名；做好调查工作后，承办检察官发现本案可能存在刑讯逼供等非法取证行为的，会制作《要求说明取证合法性通知书》，并送达相应的公安机关，要求公安机关就犯罪嫌疑人供述的非法取证情况做出说明，同时要求该公安机关提供同步录音录像、入所体检证明等证据证明其取证的合法性；审查处理工作，承办的检察官对公安机关做出的《情况说明》及相关证据进行严格审查，根据查明的事实、证据，依法作出是否排除非法证据的决定。确认公安机关采用刑讯逼供等非法方法收集口供的，或者不能排除存在刑讯逼供等非法获取口供的，又或公安机关未按时做出《情况说明》的，对该证据予以排除，并将有关情况向公安机关纪检监察部门通报，然后对案件的其他证据进行审查判断。

三　新法在立法及司法实践中存在的问题

J县公安司法机关在新《刑事诉讼法》实施过程中，虽然存在很多值得肯定之处，但同样存在一些问题，这些问题的出现有多方面的原因。

（一）证人出庭

新《刑事诉讼法》对证人出庭制度进行了较大修改，目的是为了改变我国刑事诉讼中证人出庭率低的现状，提高法院的审判质量和效率，确保诉讼职能和辩护职能充分发挥，从而维护被告人的合法权利。要使证人证言这一证据的证明力得到充分的发挥，保证法庭准确无误地查明案情，证人直接出庭作证就显得非常必要了。

1. 证人出庭作证的现状

课题组通过对J县的实地调研发现，在调研期间内，公诉部门向法院移送案件时提交的证据目录中存在证人名单，但证人名单只是形式性地列明了证人的姓名、住址、工作单位、联系电话等，而法院在审理案件过程中也主要依靠公诉人移送的证人名单以及案卷材料对证人证言进行书面审查，证人参与审判的形式只由一份书面证言来体现。

（1）出庭作证比例较低

通过在S省J县的调研发现，在486件案件中，只有10件有证人出庭作证的情况，其中，8件系被告人申请证人出庭，2件系被害人中请证人出庭。

（2）出庭作证质量不高

在司法实践中，存在很多证人证言不真实的情形。以J县为例：有10名证人出庭作证，其中3名证人当庭的证言与其在公安、检察机关的证言相矛盾，且与其他证人证言、相关书证相矛盾，法院判决未予以采信。而且有的证人因面对法庭情绪紧张，表达能力下降，导致其陈述前后矛盾。

（3）证人出庭作证后易受打击报复

在某故意伤害案件中，被害人申请了证人出庭作证，该证人在法院里就受到了被告方家属的威胁与恐吓。不难看出，虽然新《刑事诉讼法》规定了对证人的保护措施，但是由哪个机关去保护，保护的具体程序以及人员安排等都是实践中面临的问题。

2. 原因分析

课题组通过对刑事诉讼立法的分析和对S省J县的司法实践的考察，将证人出庭作证率低的原因总结为以下几点：

（1）立法原因

新《刑事诉讼法》对证人出庭作证制度的修改不够彻底。刑事诉讼法对原有制度的“小修小补”，不可能从根本上解决证人出庭率低的问题。证人不愿出庭作证的原因是多方面的，完善立法只是从一个方面解决了制约证人出庭的问题，但并没有从根本上改变现行司法制度，也没有触及造成证人出庭难问题的深层次原因。

（2）司法原因

在司法实践中，公诉人一般不会向法院申请证人出庭作证，而法官也缺乏证人出庭的心理准备。① 一方面表现在法庭有迷信证言笔录的心理，法官认为证言笔录完全可以取代证人出庭作证；另一方面也表现在法官对侦诉程序的过分依赖，认为证人出庭作证多此一举。这无疑都是导致证人出庭作证率低的重要原因。

（3）社会原因

儒家文化中的“中庸之道”“仁义”“忍让”“以德报怨”思想根深蒂固，深深地影响着现代生活中的每一个人，也成为大多数人的处世之道。在纠纷发生后，不愿意将纠纷诉诸法庭解决，更不愿出庭作证。从中国传统的生活方式来看，人与人之间处于相对封闭的状态，人口流动性不强，许多人长期都生活在一个村子，当发生犯罪后往往不是寻求司法救助，而是“私了”，作为证人，更是由于邻里关系、打击报复等方面的考虑不愿出庭作证。

（二）证人保护

新《刑事诉讼法》增加了关于对特殊案件的证人采取特殊保护措施的规定，这一新增规定确认了对于危害国家安全犯罪、恐怖活动犯罪、黑社会性质的有组织犯罪、毒品犯罪等案件的证人，可以根据案件需要，采取不公开真实姓名、住址和工作单位等个人信息，不暴露外貌、真实声音，禁止特定的人员接触证人及其近亲属，对其人身和住宅进行专门保护等措施。证人因在上述四种特殊案件中作证，本人或者其近亲属的人身安全面临危险的，人民法院、人民检察院和公安机关应当采取必要的保护措施。证人认为因作证面临危险的，可以请求予以保护。上述四种特殊案件具有极为严重的社会危险性和危害性，规定公检法机关应对证人及其近亲属采用特殊措施予以保护的做法意义重大，不仅有利于切

---

① 参见陆而启：《叶公好龙：形式证人出庭的一个寓言》，载《证据科学》，2008 年第 16 卷第 1 期。

实保障证人及其近亲属的合法权益，而且还有利于保障诉讼活动的顺利进行。

1. 证人保护的现状

证人保护措施在实践中难觅其踪。课题组通过调研发现，J县法院在诉讼活动中对证人采取保护措施的比例非常低。在收到的关于该问题的有效回答的问卷中，没有任何一件案件对证人采取了保护措施。

2. 原因分析

通过对立法现状以及司法实践的分析，将其原因总结为以下几点：

（1）缺乏可操作性的证人保护的法律规定

尽管新《刑事诉讼法》第61条规定了对证人及其近亲属的保护，第62条规定了关于特殊案件中对证人采取特殊保护措施，第63条规定了证人作证补助制度等，看似规定了全面的证人保护制度，但在具体操作方面，仍只是“人民法院、人民检察院、公安机关依法采取保护措施，有关单位和个人应当配合”，三机关在保护证人的职责划分上并没有明确的分工，证人保护机关并不明确，这极易引起三个机关之间互相踢皮球，难以实现对证人的保护。

（2）保护的主体范围过于狭窄

关于证人保护的主体，新《刑事诉讼法》明确规定证人保护的范围仅包括证人及其近亲属，而与证人有密切关系的人如证人的恋人、未婚妻、证人的朋友等，并不在保护范围之内。而且刑事诉讼法规定的保护范围很窄，当证人及其近亲属因为作证而受到不法分子的打击报复时，如果不构成刑法上的犯罪，那么不法分子至多被处以治安管理处罚。同时，现行法律侧重于对证人人身安全的保护，对财产、名誉、隐私等其他权利的保护力度不够。因此，一些不法分子利用法律的漏洞，损毁证人的名誉，侵犯证人财产安全，这也对证人作证造成了强大的压力。

（3）证人保护的时间滞后

在司法实践中，对证人采取保护措施往往是在证人受到打击报复后，此时采取保护措施或者对实施打击报复者进行处罚为时已晚。为了提高证人的出庭作证率，相关法律应当尽快明确对证人采取保护措施的情形和时间。

（三）警察出庭

新《刑事诉讼法》对警察出庭作证作出了规定，其目的是为了改变我国刑事诉讼中警察出庭作证率低的现状，以保障被告人的对质权，从而维护被告人的合法权利。众所周知，要让证人证言这种证据的证明力得到充分完整的发挥，要保证法庭更准确地查明案情，警察作为证人直接出庭作证就显得非常必要了。

1. 警察出庭作证的现状

警察出庭作证尚待破冰。课题组通过调研发现，在J县法院的审判中，警察作为证人出庭作证的比例较低。在收到的有效回答的问卷中，没有一份问卷回答了有警察出庭作证的情况，警察出庭作证的比率为0。

2. 原因分析

（1）立法原因

首先是适用的范围狭窄。根据新《刑事诉讼法》第187条第2款规定“人民警察就其执行职务时目击的犯罪情况作为证人出庭作证”。从本条可以看出人民警察出庭作证的条件是：①要在执行职务的时候，排除了其他场景作证的可能性；②必须为目击的犯罪情况。以上两个条件同时具备警察才能出庭作证，这在一定程度上限定了警察出庭作证的范围。而在美国，警察出庭作证非常普遍，只要案情需要，警察就必须出庭作证；在英国，司法界有句著名的箴言：“警察是法庭的公仆。”其次是没有明确警察不出庭作证或作伪证的法律责任。新《刑事诉讼法》规定了警察可以作为证人出庭作证的情形，对人权的保障具有重要的意义，但其没有规定警察不出庭作证或作伪证的法律责任。义务的履行如果不加以相应的责任，履行义务就成了可有可无的行为，那么谁还愿意履行义务呢？在美国，警察出庭作证要像普通证人一样宣誓，然后接受辩方的讯问和质证。如果宣誓后说谎，将构成伪证罪；如果置法院的通知于不顾，则可能构成妨害司法罪。

（2）司法原因

对警察出庭作证的准备工作没有提及。警察虽然也是证人之一，但是由于所从事职务的特殊性，其出庭作证前应有充分的准备。庭前准备工作是否充分，直接影响到警察作证的效果，而我国新《刑事诉讼法》对于警察出庭作证前的准备事项并没有单独作出规定。美国对于警察出庭作证的前期准备作了详细的规定，主要有：了解庭审的程序步骤；了解刑事证据规则；准备要在法庭上陈述的要点，并且所陈述的内容必须是本人亲身感受，而不是事先精心安排的“照本宣读”。

（四）鉴定人出庭

新《刑事诉讼法》新增了鉴定人出庭作证的规定，其目的是为了维护被告人的合法权益。

1. 鉴定人出庭作证的现状

鉴定人出庭作证罕见。课题组通过调研发现，在J县法院的审判中鉴定人出庭率较低。在收到的有效回答的问卷中，没有一份问卷回答了有鉴定人出庭作证的情况，鉴定人出庭率为0。

2. 原因分析

（1）鉴定人出庭的成本较高

随着社会的发展，各种案件对司法鉴定的需求日益旺盛。而在司法行政部门的严格管理下，司法鉴定人的准入门槛相对其他行业而言是比较高的。在市场供不应求的情况下，技术水平高、声誉好的鉴定人业务繁忙，常常一天就要承担几个案件的鉴定，如果参与出庭则会耽误大量的时间，那势必会影响鉴定人正常鉴定工作的开展，不利于保障工作效率。而且鉴定人履行出庭义务，除了耽误了正常鉴定工作外，还要自行承担交通费、差旅费，而这些费用并非所有法院都会予以报销的。繁忙的业务以及高昂的出庭成本挫伤了鉴定人出庭的热情，导致很多鉴定人接到通知后都拒绝出庭作证。

（2）鉴定人人身安全常受到威胁

司法鉴定的意见往往会涉及当事人的利益，鉴定人若在毫无保护措施的情况下出庭作证，易遭受因法官采信鉴定意见而承受损失的一方当事人的打击报复。在人身安全无法得到保障的情况下，鉴定人自然会选择不出庭作证。

（3）部分鉴定人在质证中失利

有些鉴定人由于种种原因，在对鉴定意见质证的过程中失利。究其原因，有的是因为操作不规范或技术水平不高，有的则是因为出庭作证技巧不足而失利。为了避免这种不利情况的发生，鉴定人大多会拒绝出庭作证。

四 对立法及相关司法制度的完善建议

针对新《刑事诉讼法》规定的证据制度在实施中存在的问题，应当从以下几个方面进行完善：

（一）完善证人出庭制度

完善证人出庭制度，提升证人出庭的积极性。虽然新《刑事诉讼法》对证人出庭制度已经进行了相当大的改进，但是全面贯彻证人出庭制度依然是不现实的。我国立法、司法机关需要立足现实情况，逐一解决困扰证人出庭的各种问题，才能保障证人出庭制度的有效运转。

1. 转变司法人员的观念

转变司法人员的观念，才能逐渐增加证人出庭比例。法庭上宣读证人证言作为法官采信证据的主要方式之一，可以将证人出庭制度作为此方式的有效补充，以保证诉讼的公平、公正，防止冤假错案的发生，并且保证一定数量的证人出庭作证。正如谷口安平所指出的那样："程序正义的观念即使不是赋予审判正当性的唯一根据，也应当被认为是其重要根据之一。"① 因此，司法人员应当以司法的公平、公正理念为指导，积极贯彻公平与效率并重的现代司法理念，对证人出庭做到不排斥、不阻碍，甚至主动要求证人出庭，以实现程序正义，而不能在牺牲公平的前提下片面追求诉讼效率。司法人员只有充分认识到证人出庭作证的重要性，才能彻底转变以往排斥证人出庭作证的观念。②

2. 建立证人出庭的考评机制

司法机关内部的考评机制决定了司法人员的现实利益，也间接决定了司法机关所采取的诉讼模式。③ 因此建立科学、合理的考评制度是司法机关贯彻执行新《刑事诉讼法》的重要任务。例如，在考评公安机关的破案率时，将破案的标准调整为一审判决被告有罪，而不是目前的犯罪嫌疑人被逮捕。那么，公安机关的工作重心就会一直延续至审判阶段，对审查起诉环节、审判环节中检察院、法院提出的证据要求才会不遗余力地完成。在考评检察院的"无罪率"时，将证人出庭翻供而导致被告人被判无罪的情形，不列入"无罪率"的考评内容，那么就免除了检察官对证人出庭翻供会导致案件无罪的担忧。在考评法官每年的结案率时，将证人出庭作证案件与证人不出庭作证案件分类考评，就可以减少法官

---

① ［日］谷口安平：《程序的正义与诉讼》，王亚新、刘荣军译，中国政法大学出版社，1996年版，第11页。

② 参见周国均：《刑事案件证人出庭作证制度研究》，载《中国刑事法杂志》，2002年第2期。

③ 参见何莉：《新刑事诉讼法视角下证人出庭制度失灵问题的解决建议》，载《河北法学》，2013年6月第31卷第6期。

对结案率不高的忧虑。诸如此类考评标准的改变，才能切实保障证人出庭制度的有效实施，否则任何制度都会在现实利益面前化为泡影。

3. 细化证人经济补偿制度

法律规定证人出庭作证是其必须履行的法定义务，根据诉讼权利与诉讼义务对等原则，证人因为作证而支出的费用和减少的收入，应享有获得补偿的权利。如果证人得不到及时、有效、合理的经济补偿，必然会打击证人作证的积极性。国外的立法大都规定了对证人要给予合理的经济补偿，补偿费的来源根据“谁要求，谁举证”“谁举证，谁付费”的法律精神分不同的情况予以确定。新《刑事诉讼法》第63条新增了对证人予以经济补偿的规定，证人作证的补助列入司法机关的业务经费，并由同级政府财政予以保障。但是对于补偿的标准、方式和程序等关键性的问题并未明确规定，可操作性不强。因而，必须以法定的方式将经济补偿制度的相关内容予以细化，才能将经济补偿制度落到实处，从而提升证人作证的积极性和出庭作证率。考虑到证人在不同诉讼阶段作证的情形有所不同，应当规定补偿分别由不同的机关分不同的阶段负责支付，即证人在侦查、审查起诉或者审判阶段因作证而支付的合理费用，分别由公安机关、人民检察院和人民法院给予经济补偿，补偿费用由财政支出。①

（二）细化证人保护内容

细化证人保护内容，力促证人作证有备无患。我国刑事诉讼法加大了对出庭作证证人的人身、财产权益的保护，但仍不全面，实践中未能充分体现出应有的功效，构建完善的刑事诉讼证人保护制度可以从以下几个方面努力：

1. 构建证人保护体系

我国关于证人保护的相关法律条文规定模糊，可操作性差，导致我国司法实践中证人作证率偏低，“据调查，全国三大类诉讼中90%的案件证人是不出庭的，只是宣读证人证言。比如上海，刑事案件证人出庭率5%左右。”② 并且，证人在整个刑事诉讼过程中都有可能遭到打击报复，而目前我国较注重事后保护，等到证人已经付出代价后再行救济将无法

① 参见冀祥德：《最新刑事诉讼法释评》，中国政法大学出版社，2012年版，第56页。

② 陈光中：《关于刑事证据立法的若干问题》，载《南京大学法律评论》，2000年第1期。

弥补证人的损失。因此，立法机关需要制定专门的证人保护机制，建立证人保护机构或者明确规定证人保护的机关，规定具体的保护条件和保护措施，规定证人保护的程序，以及证人保护的时间范围，完善证人保护制度。

2. 扩大证人保护范围

新《刑事诉讼法》对证人保护的主体范围相当狭小，仅限证人及其近亲属。著名学者何家弘认为，报案人和举报人，如有保护之必要，可以准用刑事诉讼证人保护的有关规定。我国台湾“证人保护法”所保护的主体为证人或与其有密切利害关系人、检举人、告发人、告诉人或被害人的生命、身体、自由或财产。构建完善的证人保护制度，我们首先应当明确保护范围，把与证人有密切关系的人，如证人的恋人、未婚妻(夫)、亲密朋友等纳入保护范围中，即我国的证人保护范围应包括证人的近亲属及与证人有密切利害关系的人。长期以来，我们在对证人保护的权利范围上，主要侧重于保护证人的人身安全，而很少关注证人的名誉、财产等其他权利，对证人权利的保护是不完整的，这是刑事诉讼证人保护制度的一大缺陷。因此，我们应将证人的名誉、财产等权利明确写入法律条文中，使证人的合法权利得到全面的保护。

（三）明确警察出庭作证义务

明确警察出庭作证义务，规范警察侦查行为，为了解决司法实践中警察出庭作证率偏低的情况，提出如下几点建议：

1. 放宽警察出庭作证的条件

在香港，法庭审理案件时，凡参加案件侦破的警察都要被传唤出庭作证。在大陆的司法实践中，警察在执行职务时目击的犯罪情况很少，如果将其出庭作证的条件仅限于执行职务时所目击的犯罪，那么警察出庭作证将受到很大的限制，而对于警察在其他场合知悉犯罪情况的则没有规定其出庭作证的义务。放宽警察作证的条件，并不意味着警察对所有案件都出庭作证。警察出庭作证大体上应限于两类案件：一是被告人不认罪或控辩双方有争议的案件；二是控辩双方有一方要求警察出庭的案件。

2. 明确警察不出庭作证或作伪证的法律责任

警察不履行出庭作证的义务或者不正确履行出庭作证的义务应承担相应的责任，这一点上，可以借鉴国外的做法，主要表现在以下几个方面：一是妨害司法罪。对于那些不愿意出庭作证的警察，影响司法公正的，可以定为妨害司法罪。二是扰乱法庭秩序罪。对于那些不切实履行出庭作证义务，仅把出庭作证看成是一种形式上义务的警察，可以定为扰乱法庭秩序罪。三是伪证罪。对于那些虽然出庭作证但却作伪证的警察，可以定为伪证罪。只有责任明确，才能更好地实现司法的公正，而不使警察出庭作证的规定流于形式。

3. 规定对出庭作证的警察的保护措施

保护证人是公安司法机关的职责，证人不应因为出庭作证而受到伤害。警察作为特殊的证人，对其人身安全性尤其需要采取特殊保护措施，如在一定时间内不安排警察外事活动，以减少其遭受伤害的危险性，或者经其同意进行岗位交换，使其从事其他岗位的工作等。可以以事前保护和事后保护相结合的方式，保障警察及其家属的人身财产安全，从而解除警察出庭作证的后顾之忧，更好地发挥好警察出庭作证的效能。

（四）提升鉴定人出庭保障

提升鉴定人出庭保障，保证案件公正审理。为了解决司法实践中鉴定人出庭作证的比例偏低的情况，提出如下几点建议：

1. 设立专项资金

虽然鉴定人出庭作证是其应承担的一项法律义务，但同时也不应忽略其出庭作证的成本以及各种费用。所以笔者建议设立鉴定人出庭作证资金，先行支付鉴定人因出庭作证所受到的经济损失。对于刑事案件，则由地方财政设立专项资金以保障鉴定人出庭作证；对于民事案件，则由败诉方向法庭缴纳这笔费用。只有设立专项资金，给予鉴定人一定的经济补偿，才能使鉴定人切实地履行好出庭作证的义务。

2. 建立人身保障机制

人身安全得不到保障，是困扰鉴定人出庭的主要原因。因此，建立人身保障机制显得极为必要。对此，可以在鉴定人作证的过程中，庭审法官根据作证的具体情况，决定是否对鉴定人采取保护措施以及采取何种保护措施，以避免鉴定人遭到当事人的打击报复。在危害国家安全犯罪、恐怖活动犯罪、黑社会性质的组织犯罪、毒品犯罪等案件中，应当对鉴定人采取特殊的保护措施，如，不暴露鉴定人的相貌、不公开鉴定人及其单位的相关信息。在特殊的情况下，可考虑进行庭外质证。

3. 加强监督管理

鉴定人在进行鉴定过程中操作不规范、鉴定水平不足，主要是因为司法行政部门对鉴定机构和鉴定人的监督管理存在漏洞。为了防止鉴定权的滥用，保证鉴定结论的公正性，应当加强对鉴定机构和鉴定人的监督管理，建立高效运行的监督机制。同时，应当建立鉴定人诚信监督制度，加强对鉴定人的监管。对证据确凿的违规鉴定机构与鉴定人，应当依据法律相关规定给予严肃处理。

五　小结

证据制度作为刑事诉讼案件处理过程中证据收集和审查的依据，对于刑事诉讼案件的公正审理具有重要作用。侦查人员收集证据的全面性、真实性、公正性会直接影响到检察机关对案件的认可程度，进而影响到人民法院的审判结果。新《刑事诉讼法》对证据制度的完善，对解决我国近年来屡屡出现的冤假错案问题和公民人权保障问题都具有深远的意义。

美国大法官卡多佐曾经说过："如果根本不知道道路会导向何方，我们就不可能智慧地选择路径。"① 通过此次调研，课题组成员发现，虽然我国新《刑事诉讼法》在证据制度的规定上有了很大的进步，但仍存在不少问题与缺陷，只有正视这些问题与缺陷，我国证据制度才能逐步走向成熟和科学化，而这就是我们所应智慧选择的正确路径。

---

① ［美］卡多佐：《司法过程的性质》，苏力译，商务印书馆，1998 年版，第 63 页。

第三章　强制措施制度

作为刑事诉讼的重要组成部分，刑事强制措施的规定和适用是否科学、合理，直接关系到国家能否在控制犯罪与保障人权之间达成应有的平衡。新《刑事诉讼法》对强制措施部分进行了部分修改，修改的整体思路是在保证刑事诉讼顺利进行的基础上，更着重加强对犯罪嫌疑人、被告人权利的保护。然而，新《刑事诉讼法》颁布以来现实的实施情况如何，仍有待通过对作为“动态法律”的司法实践进行实证研究来发现。为此，有必要进行科学、严谨的实证调研，以期透视司法实践中实实在在的进步，以及仍然存在的问题和不足。

一　概述

本次调研针对强制措施制度部分，主要采用了查阅卷宗、报表分析、问卷调查和开放性访谈等研究方法：其一，文献资料研究，主要通过翻阅 2013 年、2014 年两年内 S 省 J 县法院审判案件的相关案卷，统计有关强制措施采取的精确定量数据；其二，查阅公检法机关的 2013 年、2014 年年度总结报告，对报告中的数据进行分析；其三，问卷调查，通过给公、检、法、律师发放调研问卷，调查强制措施领域可能存在的改进与问题；其四，开放性访谈，通过对警察、检察官、法官和律师进行访谈，获取对相关问题的定性认识。

（一）新《刑事诉讼法》及相关司法解释的修改

1. 拘传

（1）延长拘传的最长时限

拘传的最长时限，由 1996 年《刑事诉讼法》的 12 小时，延长到了新《刑事诉讼法》的“特殊情况”下24小时。1996年《刑事诉讼法》第92条规定：“传唤、拘传的时间最长不得超过十二小时。”新《刑事诉讼法》第117条第2款规定：“传唤、拘传持续的时间不得超过十二小时；案情特别重大、复杂，需要采取拘留、逮捕措施的，传唤、拘传持续的时间不得超过二十四小时。”

（2）增加保障饮食与休息的规定

被限制人身自由24小时，对于一个普通人，尤其是初次接受讯问的嫌疑人来说，无疑是漫长而难熬的。因此，在允许将拘传时间延长到24小时的同时，新《刑事诉讼法》也增加了“应当保证犯罪嫌疑人的饮食和必要的休息时间”的规定，以期对长时间讯问进行限制。增加保证被拘传人的饮食与休息时间的规定，以避免长时间疲劳讯问的发生，对被拘传人合法权利的保护无疑具有重要意义。

2. 取保候审

（1）扩大取保候审的适用范围

新《刑事诉讼法》第65条对取保候审的适用对象规定了四种情形，增加了“患有严重疾病、生活不能自理，怀孕或者正在哺乳自己婴儿的妇女”“羁押期限届满，案件尚未办结”的两种情形。这一修改，吸收了2012年《刑事诉讼法》修改前司法解释和行政规章的内容，把原来可适用取保候审的两种情况扩充为四种，扩大了取保候审的适用范围。

（2）扩大保证人的责任范围

在保证人的相关规定方面，将对保证人的责罚事由从“未及时报告”修改为“未履行保证义务”。由于保证人的法定义务包括监督被保证人遵守相关规定与报告被保证人违反规定的行为两项，因此在实质上扩大了保证人的保证责任。

（3）细化被取保候审人应遵守的义务

在被取保候审人应当遵守的规定方面，增加了住址、工作单位和联系方式发生变动须在24小时内向执行机关报告的要求，以及公安司法机关可以根据案情责令被取保候审人遵守不得进入特定场所，不得与特定人员会见或通信，不得从事特定活动，将护照等出入境证件、驾驶证件交执行机关等规定。

3. 监视居住

（1）区分监视居住与取保候审的适用对象

1996年《刑事诉讼法》对监视居住规定了与取保候审相同的适用对

象与条件，导致监视居住与取保候审适用时的混同，不利于犯罪嫌疑人、被告人权利的保护。有鉴于此，新《刑事诉讼法》规定，对符合逮捕条件的犯罪嫌疑人、被告人，但同时存在患有严重疾病、生活不能自理；怀孕或者正在哺乳自己婴儿的妇女；系生活不能自理的人的唯一扶养人；因为案件的特殊情况或者办理案件的需要，采取监视居住措施更为适宜之情形的；羁押期限届满，案件尚未办结，需要采取监视居住措施的，可以监视居住，从而对监视居住与取保候审作出了区分。新《刑事诉讼法》还规定，对符合取保候审条件，但不能提出保证人，也不交纳保证金的犯罪嫌疑人、被告人，可以予以监视居住。

（2）明确监视居住的执行场所

新《刑事诉讼法》明确规定，监视居住原则上应当在犯罪嫌疑人、被告人的住处执行，对无固定住处的，可以在指定的居所执行；对涉嫌危害国家安全犯罪、恐怖活动犯罪、特别重大贿赂犯罪的犯罪嫌疑人、被告人，在其住处执行可能有碍侦查的，经由上一级人民检察院或公安机关批准，也可以在指定的居所执行，但不得在羁押场所、专门的办案场所执行。

（3）增加对指定居所监视居住情况通知家属的义务

新《刑事诉讼法》明确规定，适用指定居所监视居住的，除无法通知的以外，应当在执行后24小时以内，通知被监视居住人的家属。这是立法的明显进步，关于由谁来通知，是决定机关还是执行机关，通知的具体内容又是什么，并没有详细规定。这无疑给负通知义务的机关以进行选择性、部分性通知的机会。

4. 拘留

（1）增加拘留后立即送看守所的规定

新《刑事诉讼法》第83条明确规定，拘留后执行机关应立即将被拘留人送往看守所羁押，至迟不得超过24小时；并且规定送押后讯问犯罪嫌疑人只能在看守所内进行。鉴于司法实践中，拘留后送看守所前这段时间是刑讯逼供与各种侵害人权行为主要发生的时段，新《刑事诉讼法》增加了拘留后立即送看守所的规定无疑有利于人权的保障。

（2）细化通知家属的规定

1996年《刑事诉讼法》规定，执行拘留后，除有碍侦查或者无法通知的情况以外，应将拘留的原因和羁押的处所在24小时内通知被拘留人的家属或其所在单位。新《刑事诉讼法》将“有碍侦查”的情况进行了进一步规定，细化为涉嫌危害国家安全犯罪、恐怖活动犯罪二类案件，并明确规定当有碍侦查的情形消失以后，应立即通知被拘留人的家属。

5. 逮捕

（1）细化逮捕的条件

1996年《刑事诉讼法》将“不足以防止发生社会危险性而有逮捕之必要”作为逮捕的三个必要条件之一，但对“社会危险性”没有作出具体规定。新《刑事诉讼法》对其进行了细化规定，列举了“社会危险性”的具体情形，即：可能实施新的犯罪的；有危害国家安全、公共安全或者社会秩序的现实危险的；可能毁灭、伪造证据，干扰证人作证或者串供的；可能对被害人、举报人、控告人实施打击报复的；企图自杀或者逃跑的。此外，新《刑事诉讼法》还增加“有证据证明有犯罪事实，可能判处十年有期徒刑以上刑罚的，或者有证据证明有犯罪事实，可能判处徒刑以上刑罚，曾经故意犯罪或者身份不明的”为绝对适用逮捕之事由。

（2）完善了审查批准逮捕的程序要求

新《刑事诉讼法》对审查批捕程序进行了改进，规定：人民检察院审查批准逮捕，可以讯问犯罪嫌疑人；对于存在对是否符合逮捕条件有疑问的、犯罪嫌疑人要求向检察人员当面陈述的、侦查活动可能有重大违法行为情形的，则应当讯问犯罪嫌疑人。此外，人民检察院在审查批捕时，可以询问证人等诉讼参与人，听取辩护律师的意见；若辩护律师提出要求的，则应当听取辩护律师的意见。

（3）增加检察院进行羁押必要性审查的规定

新《刑事诉讼法》第93条增加规定：“犯罪嫌疑人、被告人被逮捕后，人民检察院仍应当对羁押的必要性进行审查。对不需要继续羁押的，应当建议予以释放或者变更强制措施。有关机关应当在十日以内将处理情况通知人民检察院。”这一规定有利于监督侦查机关依法适用逮捕措施，及时发现犯罪嫌疑人、被告人被错误羁押或不当羁押的情况并予以纠正。

（二）实施概况

此次调研活动中，课题组翻阅了S省J县于2013年和2014年结案的所有案件的全部卷宗，并抽取了其中 532 名被告人（因有些被告人被采取强制措施的时间是跨年份的，所以该数字并不等于下列数字之和）的情况进行调查，其中 139 名被告人于 2012 年被决定采取强制措施（以下均简称为“2012 被告人”），257 名被告人于 2013 年被采取强制措施（以下均简称为“2013 被告人”），105 名被告人于 2014 年被采取强制措施（以下均简称为“2014 被告人”），得出各类强制措施适用总体情况统计如下：

1. 拘传适用情况

J 县公安机关在 2013 年拘传 22 人次，2014 年拘传 40 人次，拘传人次与立案总数的比例都比较低。通过调研得知，相比于拘传，司法实践中普遍采用的是传唤这一手段。地方公安干警普遍反映，拘传最长时限不得超过 24 小时的规定与侦查需要相矛盾，因此实践中倾向于采用刑事拘留来实现侦查目的。在与警察、检察官、律师的开放性访谈中，他们还反映，由于 24 小时的拘传时限不够用，在遇到短时间内无法取得口供突破的难题时，存在超越 24 小时拘传时限的可能性。

2. 取保候审适用情况

取保候审比例 2012 年与 2013 年基本持平，2014 年大幅下降，见表 1。2012 年取保候审适用比例为 51.8%，2013 年为 50.2%，2014 年为 29.5%。

影响是否采取取保候审的因素，除了法定的四种情形外，还有以下几点：①被告人的性别；②被告人的居住地域，即是否为 J 县当地人；③被告人是否已经与被害人达成谅解协议书，并且可能被判处缓刑；④检察院是否批准逮捕。

女性取保候审率高于男性。不管是对于“2012 被告人”“2013 被告人”还是“2014 被告人”，女性嫌疑人的取保候审比例均高于男性。

在 2012 年，134 名男性被告人中，共有 69 人被采取取保候审，适用取保候审的比例为 51.50%，5 名女性被告人中，共有 3 人被采取取保候审，适用取保候审的比例为 60%；在 2013 年，244 个男性被告人中，共有 121 人被采取取保候审，适用取保候审的比例为 49.60%，13 名女性被告人中，共有 8 人被采取取保候审，适用取保候审的比例为 61.50%；在 2014 年，100 名男性被告人中，共有 29 人被采取取保候审，适用取保候审的比例为 29%，5 名女性被告人中，共有 2 人被采取取保候审，适用取保候审的比例为 40%。

在2012年，101名被采取强制措施的本县被告人中，共有59人被采取取保候审，适用取保候审的比例为58.42%，38名被采取强制措施的外地被告人中，共有13人被采取取保候审，适用取保候审的比例为34.21%；在2013年，110名被采取强制措施的本县被告人中，共有55人被采取取保候审，适用取保候审的比例为50%，51名被采取强制措施的外地被告人中，共有13人被采取取保候审，适用取保候审的比例为25.50%。居住于本县的被告人取保候审率显著高于外地人。在2013年审结的286件案件，316名被告人中，通过对强制措施均适用于2012年的被告人与强制措施均适用于2013年的被告人的分别统计，可以发现本县被告人适用取保候审的比例均比外地被告人采取取保候审的比例高出二十多个百分点。相比于外地被告人，显然J县公检法机关更倾向于对本县被告人采取取保候审的措施。

判处管制、拘役或独立适用附加刑的可能性与谅解的达成是决定取保候审的重要考量因素。通过对286份结案案卷的不完全的统计以及与对公检法人员进行的访谈，发现最后判处缓刑、管制或拘役并且与被害人达成谅解协议书，积极赔偿被害人损失的被告人，绝大部分都适用了取保候审的强制措施。对此，公安人员的答复认为对此类被告人基本适用取保候审的原因在于：其一，被告人认识到自身刑事责任不大，且已经达成谅解，脱保的概率很小；其二，已达成谅解协议，采取取保候审措施后，被害人上访要求逮捕被告人的可能性较小。而检察院侦监部门的答复则是，对于最后可能判处管制和拘役的案件，公安机关即使申请逮捕，侦监部门一般不批准逮捕，因为S省H市检察院侦监科的内部考核条例规定——若侦监科批准逮捕后，嫌疑人最后被判处管制和拘役，批捕检察官将最终面临年终考核扣分的惩罚。

不批捕而取保候审亦是重要原因。而对于检察院不予批捕的嫌疑人，侦查机关一般在刑事拘留结束后都会采取取保候审的措施。因此，检察院不予批捕的一纸文书也是取保候审的重要原因之一。

3. 监视居住适用情况

监视居住的适用比例经历了一个下降又回升的过程，见表1。“2012被告人”监视居住的适用比例为9.4%，“2013被告人”监视居住的适用比例为4.3%，而“2014被告人”监视居住的适用比例又重新上升到8.6%。

指定居所监视居住适用比例高。J县公安机关在2013年共对11名嫌疑人采取了监视居住的强制措施。而本次调研共取得了8人的具体适用信息，其中5人为指定居所监视居住，占比62.5%。而2014年采取监视居住的32名嫌疑人中，有29人是指定居所监视居住，占比90.6%。

指定居所监视居住场所选择随意性较大。在取得的2013年被适用指定居所监视居住的5名嫌疑人的监视居住通知书中，可发现仅有2人在宾馆被监视居住。而通过与公安干警和律师的访谈获得的信息是，由于地方办案经费较少，公安机关无法承受宾馆的高额费用，因此一般在机关大队的某些闲置房产处采取监视居住。

4. 拘留适用情况

2012年、2013年、2014年三年的刑事拘留比例近乎相同，都为75%左右，见表1。其中，“2012被告人”的拘留比例为74.8%，“2013被告人”的拘留比例为76.3%，“2014被告人”的拘留比例为74.3%。

5. 逮捕适用情况

逮捕比例2012年与2013年持平，2014年大幅上升，见表1。“2012被告人”的逮捕比例为54.7%，“2013被告人”的逮捕比例为55.3%，而“2014被告人”的逮捕比例大幅上升到了73.3%，比2013年上升18个百分点。

6. 强制措施的变更情况

逮捕变更为取保候审的比例2012年、2013年均为9.5%左右。强制措施均适用于2012年的被告人中，有76人被逮捕，其中，7人在逮捕后又变更为取保候审，逮捕变更为取保候审的比例为9.2%。强制措施均适用于2013年的被告人中，有142人被逮捕，其中，17人在逮捕后又变更为取保候审，逮捕变更为取保候审的比例为12.0%。而强制措施均适用于2014年的被告人中，有77人被逮捕，其中，7人变更为取保候审，变更比例为9.1%。

2013年，羁押必要性审查仅有1例。H市检察系统于新《刑事诉讼法》实施后曾展开关于羁押必要性审查的实践经验交流会。会前J县检察院主动进行了1次羁押必要性审查。2014年，J县检察院进行了5次羁押必要性审查。总体来说，J县的羁押性必要审查实践仍处于初步探索阶段。

2013 年、2014 年 J 县审结案件强制措施适用情况概览表

表 1　　　　单位:人

年份 强制措施种类	2012 年 被告人	2013 年 被告人	2014 年 被告人
取保候审	72	129	31
监视居住	13	11	9
拘　　留	104	196	78
逮　　捕	76	142	77
总　　计	139	257	105

说明：总计为该年被采取强制措施的被告人总人数，由于实践中 1 人可适用多种强制措施，故总计数字可能小于该年各项强制措施适用人数之和。

二　J 县经验及实施工作的肯定之处

（一）强制措施适用中的改进与经验总结

1. 注重保障女性权利

在司法实践中，女性的取保候审率明显高于男性。通过对强制措施均适用于 2012 年、2013 年和 2014 年的被告人的分别统计，女性被告人的取保候审比例均比男性被告人的取保候审比例高，其中，2012 年高出 8.5%，2013 年高出 11.9%，2014 年高出 11%。J 县公安干警一般认为，女性犯罪嫌疑人社会危险性与脱保可能性都小于男性嫌疑人，适合取保候审。另外，最重要的是女性犯罪嫌疑人被关押在看守所中容易受心理和生理的刺激而易受伤害。出于保护女性嫌疑人权益的考虑，公安干警更倾向于对女性采取取保候审的强制措施。

2. 非羁押性强制措施适用普遍化

以 J 县 2013 年与 2014 年适用取保候审的比例为例，强制措施均适用于 2012 年的被告人取保候审比例为 51.8%，强制措施均适用于 2013 年的被告人取保候审比例为 50.2%，而均适用于 2014 年的被告人取保候审比例为 29.5%。综上，2012 年、2013 年与 2014 年的平均取保候审率为 43.8%。其中，2012 年的样本中取保候审 72 人，逮捕 76 人，取保与逮捕的对比值为 0.95；2013 年取保候审 129 人，逮捕 142 人，取保与逮捕的对比值为 0.91；2014 年取保候审 31 人，逮捕 77 人，取保与逮捕的对比值为 0.40，综合三年的平均值为 0.75，见表 2。

2012 年、2013 年、2014 年 J 县取保候审与逮捕人数及对比值一览表

表 2

年份＼人数	取保候审数（人）	逮捕数（人）	对比值	平均对比值
2012 年	72	76	0.95	0.75
2013 年	129	142	0.91	
2014 年	31	77	0.40	

有学者统计了我国 Z 市 2003 至 2009 年的平均取保候审率，为 28.03%。[①] 又有学者统计了我国 Y 市 2004 年共取保 393 人，逮捕 996 人，取保与逮捕的对比值为 0.39；我国北方 Q 市 H 区自 2005 年 7 月至 2006 年 6 月共取保 251 人，逮捕 556 人，取保与逮捕的对比值为 0.45。[②]

与其他学者统计的数据比较来看，虽然数据取自不同的年份，但是 J 县不管是平均取保候审比率，还是取保与逮捕的对比值，均高出许多。可见，非羁押性强制措施的适用正向着常态化的目标迈进。

3. *指定居所监视居住未遭滥用*

在新《刑事诉讼法》实施以后，J 县适用监视居住的比例都在 10% 以下。其中，"2013 被告人" 监视居住的适用比例为 4.3%，"2014 被告人" 监视居住的适用比例为 8.6%。而考虑到监视居住措施中还存在小部分的非指定居所监视居住，所以实际上 2013 年、2014 年两年的指定居所监视居住适用比例要比上述数字更小。通过这一数据可以发现，指定居所监视居住在司法实践中的适用率不高，并未被大规模滥用。在新《刑事诉讼法》中，对指定居所监视居住作出了多项内容的修改，引起了法学界的诸多争议。有些学者认为指定居所监视居住适用范围广、持续时间长，缺乏外部监督，很可能在具体实践中被扩大适用、歪曲适用，甚至异化为类似 1996 年《刑事诉讼法》修改前的收容审查制度。而从 J 县当前的实施情况来看，指定居所监视居住并没有被泛用、滥用，因此，并没有出现法学界所担忧的情况。

---

① 参见刘兴军：《取保候审判处缓刑案件实证调研报告》，载《中国刑事法杂志》，2011 年第 4 期。

② 参见宋英辉、何挺：《我国取保候审制度之完善——以加拿大的保释制度为借鉴》，载《法学评论》，2007 年第 5 期。

（二）强制措施适用中的改进与经验原因分析

从2013年上半年的实施情况来看，J县将拘传时间大部分控制在十二小时以内，在扩大取保候审方面进步巨大，初步探索了指定居所监视居住的适用，并且在通知被羁押的犯罪嫌疑人、被告人家属方面迅速、得当，仔细分析其中的原因，主要有以下三点：

1. 新《刑事诉讼法》与司法解释的完善

区分监视居住与取保候审的适用对象，缩小监视居住适用范围。1996年《刑事诉讼法》中取保候审与监视居住适用条件混同，导致监视居住大量不规范适用的情况。新《刑事诉讼法》规定，对符合逮捕条件的犯罪嫌疑人、被告人，但同时存在下列情形之一的可以监视居住，如：患有严重疾病、生活不能自理；怀孕或者正在哺乳自己婴儿的妇女；系生活不能自理的人的唯一扶养人；因为案件的特殊情况或者办理案件的需要，采取监视居住措施更为适宜之情形的；羁押期限届满，案件尚未办结，需要采取监视居住措施的，可以监视居住，从而对监视居住与取保候审作出了区分。新《刑事诉讼法》还规定，对符合取保候审条件，但不能提出保证人，也不交纳保证金的犯罪嫌疑人、被告人，可以予以监视居住。这实际上是将监视居住界定为高于取保候审而低于逮捕的强制措施，并缩小了监视居住的适用范围。①

1996年《刑事诉讼法》并未对指定居所监视居住适用的案件类型作出限制，一定程度上也导致了现实情况中指定居所监视居住的泛用和滥用。新《刑事诉讼法》明确区分了普通监视居住与指定居所监视居住，并将指定居所监视居住严格限定为“三类案件”和“无固定住处”的情况，无疑对限制指定居所监视居住的适用起到了重要作用。

2. J县各级领导的高度重视

J县政法系统各级领导与工作人员，对于贯彻新《刑事诉讼法》立法精神秉持着非常重视的态度。在实地调研中，当课题调研组于J县进行调研、访谈时，提出了新《刑事诉讼法》关于指定居所监视居住的重大争议，了解到J县在过去几年中监视居住适用比例较高，适用过程也有

① 全国人大常委会法制工作委员会刑法室解释道，“经过反复研究，认为根据监视居住对人身自由的限制程度和实际执行情况，将监视居住措施定位于羁押的替代措施更为妥当，并单独规定和进一步严格了监视居住的适用条件，减少了适用范围……”参见王尚新、李寿伟《〈关于修改刑事诉讼法的规定〉释解与适用》，人民法院出版社，2012年版，第83页。

诸多问题。在政法系统各级领导的高度重视下，在公检法工作人员的共同努力下，经过短短一年时间，监视居住适用比例大幅度下降，适用过程也更为规范。

3.“隐形刑事诉讼法”的同步改进

机关内部的考核条例，虽然在刑事诉讼法条文中并不可见，但是却无时无刻不影响着办案人员的思维、判断和行为，堪称“隐形刑事诉讼法”。严格逮捕适用条件，降低羁押率，是新《刑事诉讼法》的重要立法精神之一。而严格逮捕适用条件，离不开检察院侦监科的严格审批。在与受访人员的访谈中，了解到S省H市自新《刑事诉讼法》颁行以来，已经同步修改了检察机关的内部考核条例，增加了凡是嫌疑人批捕后判处管制、拘役刑的，负责批捕的检察官在年终绩效考核时都要面临扣分的惩罚。类似考核条例的同步改进，无疑对于贯彻严格批捕、降低羁押的精神具有重要意义。

三　新法在立法及司法实践中存在的问题

（一）强制措施适用中的问题与不足总结

1. 拘传的采取有超越法定期限之嫌

新《刑事诉讼法》第117条第2款规定：“传唤、拘传持续的时间不得超过十二小时；案情特别重大、复杂，需要采取拘留、逮捕措施的，传唤、拘传持续的时间不得超过二十四小时。”但通过与公安干警及律师的开放性访谈中获得的信息是，在司法实践中，因24小时内难以突破嫌疑人的心理防线，取得所需要的口供，拘传持续时间超过24小时的情况难以避免。

2. 指定居所监视居住场所随意化

2013年J县执行指定居所监视居住的嫌疑人中，有5名能够通过《监视居住决定/执行通知书》获取关于指定居所监视居住场所的信息。其中2人在宾馆被监视居住，而剩下3人均在非宾馆场所执行。在与公安干警和律师的访谈中，获得的反馈也是由于地方办案经费有限，公安机关无法承受宾馆的高额费用，因此一般在机关大队的某些闲置房产处监视居住。而《监视居住决定/执行通知书》反映的情况是，这5名嫌疑人分别在5个不同的场所被执行监视居住。在司法实践中，这些场所究竟能否具备正常的生活、休息条件？有无采光通风条件和保暖设施？是在人声鼎沸的闹市还是在人迹罕至的荒郊？5名嫌疑人分别在5个不同场所执行，有无固定的指定居所监视居住场所，还是均为临时指定场所？这诸多疑问的背后，隐藏着的是指定场所随意性大，缺乏监管和约束的问题。

3. 普通监视居住流于形式

这里所说的普通监视居住，是指非指定居所监视居住。针对普通监视居住，新《刑事诉讼法》第76条规定，执行机关可以采取“电子监控、不定期检查”的监督方式以及对嫌疑人的“通信进行监控”。然而，在与公安干警、律师的开放性访谈中获悉，普通监视居住在实际执行中，往往既无电子监控，亦无定期检查，也没有通信监控，甚至没有任何“监视”措施。被监视居住的嫌疑人，完全处于被放任自流的状态。

4. 羁押必要性审查仍未有效开展

新《刑事诉讼法》第93条规定：“犯罪嫌疑人、被告人被逮捕后，人民检察院仍应当对羁押的必要性进行审查。对不需要继续羁押的，应当建议予以释放或者变更强制措施。有关机关应当在十日以内将处理情况通知人民检察院。”这一法律规定赋予了检察机关进行羁押必要性审查的义务。但是，由于羁押必要性审查工作量大，对被逮捕人进行逐一的审查并不可行，审查程序仍不成熟等原因，2013年度J县检察院仅进行了1例实验性的审查，2014年也仅有5例，这一法律义务仍未有效展开。

（二）强制措施适用中的问题与不足原因分析

1. 程序规范与人权保障的观念不够深入

基于工作便利的需要，法律规定被让渡。在1996年《刑事诉讼法》中，规定了“传唤、拘传持续的时间最长不得超过12小时”。虽然新《刑事诉讼法》将拘传的最长时限延长至特殊情况下的24小时，但是侦查机关在采取拘传措施后，如果在24小时内无法取得侦查讯问的突破，往往根据侦查的需要而进一步延长拘传时间，突破24小时的法定时长。新《刑事诉讼法》新增加了第93条规定，但主动对逮捕进行后续审查，必定会大大增加检察院的工作量，这也是检察院在实践中“消极监督”的重要原因。以上情况均反映出基层司法实践部门从程序规范的角度对新法的贯彻落实以及人权保障尤其是对犯罪嫌疑人、被告人权利保护观念有待进一步深入。

2. 新《刑事诉讼法》权利救济规定缺失

法律仅作了相应规定，但并未明确给予当事人相应的救济权利，也未规定有关单位违背法律规定应承担的后果。“没有权利就没有救济”，而“没有后果，则违法将无处不在”。

比如，《公安部规定》仅规定了“拘传持续的时间不得超过十二小时；案情特别重大、复杂，需要采取拘留、逮捕措施的，经县级以上公安机关负责人批准，拘传持续的时间不得超过二十四小时”。但是如果拘传时间超过 24 小时，当事人应当如何行使救济权，法律并无规定；侦查机关应承担什么后果，也无明确说明。又如，新《刑事诉讼法》规定了犯罪嫌疑人若无违反第 69 条规定之行为，可在取保候审结束时“凭解除取保候审的通知或有关法律文书到银行领取退还的保证金”。但是，如果无法凭正常途径取回保证金，被取保候审人应当如何救济，公安机关该当何责，立法仍是空白。

3. 新《刑事诉讼法》规定模糊

新《刑事诉讼法》第 73 条规定指定居所监视居住“不得在羁押场所、专门的办案场所执行”。《公安部规定》进一步规定指定的居所应当“（一）具备正常的生活、休息条件；（二）便于监视、管理；（三）保证安全”并且“不得在羁押场所、专门的办案场所或者办公场所执行监视居住”。新《刑事诉讼法》及《公安部规定》这种排除式和限制式的叙述方式，仅仅对指定居所监视居住的场所作出了模糊的制约，而对于执行场所的地理位置、生活和休息条件等并未作细化规定，这是导致司法实践中执行场所指定随意化的最重要原因。

羁押必要性审查缺乏可操作的规定。新《刑事诉讼法》仅仅赋予了检察机关进行羁押必要性审查的义务，但是对于审查的机关、周期、程序等并未作出细致规定。《刑诉规则》也未对此进一步规范，这导致了羁押必要性审查目前仍处于探索阶段，并未得到普遍运用。

四 对立法及相关司法制度的完善建议

（一）探索以取保候审为原则，以羁押为例外的道路

我国长期以来走的是“以羁押为原则，以取保候审为例外”的道路，导致羁押率居高不下，看守所人满为患。反观法治发达国家，羁押率都是比较低的。英国自《1976 年保释法》实施以后，羁押候审的比例大幅度下降，1990 年降至 10%，其后虽有一定程度的回升，但最高年份 2000 年也只有 14%。而我们的邻国日本，在 2002 年的逮捕率实现了低于 20%

的界限，降到了19.8%。以羁押率为视角来比较中国与各法治发达国家，不难发现其中仍存在的巨大差距。J县2012年~2014年的平均取保候审率为43.8%，与法治发达国家相去甚远。继续扩大取保候审的适用，在中国的土壤上探索出一条以取保候审为原则，以羁押为例外的道路，无疑是中国强制措施领域未来必须要走的道路。

（二）细化羁押必要性审查的规定

我国《宪法》规定，人民检察院是国家的法律监督机关。当前中国实行的人大领导下的“一府两院”体制，决定了检察机关是与法院并列的司法机关，不管是其广泛的监督权，还是对逮捕的批准和审查批准逮捕的延长权，都宣示着中国检察院的“司法性质”。在这种特殊的制度下，通过检察监督来加强对于逮捕适用的限制，就成了重要的选择。新《刑事诉讼法》第93条的规定无疑对于加强检察监督具有重要意义，但是第93条对于羁押必要性审查的形式与时间均未作出规定，容易导致在司法实践中成为一纸空文。由于审查程序尚属于探索阶段，J县的羁押必要性审查并未广泛开展。因此，笔者建议在第93条中加入“每隔一月”需进行一次羁押必要性审查的规定，一般采用书面审查方式，被羁押人主动要求时可采用有检察机关与嫌疑人、被告人本人、家属或委托律师及公安机关三方参与的听证形式来进行审查。

五　小结

通过实证调研，在J县司法实践中发现的，不管是取保候审的普遍适用，还是指定居所监视居住的严格限用，其进步无疑都是令人欣喜的。但是，拘传时限的屡屡突破，羁押必要性审查的现实缺位，指定居所决定的随意性等，仍然是需要面对的问题。面对这“硬币”的两面，笔者希望能够本着学术调查研究应有的客观态度，在总结经验的同时，去发现真正的问题，研究务实的对策，为新《刑事诉讼法》在全国范围内更好地贯彻实施提供有力的数据支撑、纵深的实情分析和对症的完善建议。

第四章　立案程序

刑事诉讼中的立案，是指公安机关、人民检察院发现犯罪事实或者犯罪嫌疑人，或者公安机关、人民检察院、人民法院对于报案、控告、举报和自首的材料，以及自诉人起诉的材料，按照各自的管辖范围进行审查后，判明是否有犯罪事实并需要追究刑事责任，依法决定是否作为刑事案件交付侦查或审判的一种诉讼活动。刑事诉讼中的立案包括自诉案件的立案和公诉案件的立案，公诉案件的立案根据立案机关的不同又可以分为公安机关的立案和检察机关的立案。立案程序是整个刑事诉讼程序的开端，在刑事诉讼程序中具有独特的地位和作用。只有经过立案，其他诉讼阶段才能依次进行，相关司法活动才有法律依据，才能产生法律效力。①

一　概述

我国1979年《刑事诉讼法》便将立案程序作为刑事诉讼一个独立的诉讼阶段，单列一章予以规定；1996年修订的《刑事诉讼法》，对立案程序做了进一步的补充和完善，增加了关于立案监督的规定。关于我国的立案程序存在很多质疑和建议，法学界和实务界都期待新刑事诉讼法在修订时能重塑或完善刑事立案程序，但2012年《刑事诉讼法》修改时对刑事立案未做任何修订，依然保留了原有的刑事立案程序要求。2012年新的《刑诉规则》和《公安部规定》也只是在原有规定的基础上进一步增加了一些更具体的程序性的规定。新《刑事诉讼法》关于立案程序

① 参见陈光中、徐静村主编：《刑事诉讼法学》，中国政法大学出版社，2002年版，第214页。

没有做出修改，但这并不意味着立案程序就已经比较完善，其在立法上仍存在一些缺陷，在实践中更是有着诸多问题。

（一）实施概况

“新刑事诉讼法实施状况实证研究”课题立案部分的具体实施包括以下内容：一是研究并设计立案部分的调查问卷和访谈提纲；二是选定S省J县作为调研地区，在该地区的公安机关、检察院、法院进行问卷填写，典型案件追踪和相关人员的访谈工作；三是针对立案部分的有关问题进行回访并回收问卷，分析相关数据。

该课题立案程序部分的调研目的主要是为了系统和深入地了解新《刑事诉讼法》在立案程序方面的相关规定实施的效果和经验，明确其在实践中存在的问题，探讨立法进一步完善的可能性。在调研过程中，我们采取了实地调查、问卷调查、访谈、数据分析等方法，具体而言，我们根据课题要求分别设计了立案程序的客观和主观问卷：立案程序客观问卷主要分为立案决定、立案审查与救济、撤案等部分，共设计23个问题；主观问卷设计5个问题。立案程序客观问卷主要是由J县的公安机关、检察院和法院的办案人员填写，采取附卷的形式。在课题的具体实施过程中，我们还进行了实地考察，与相关工作人员进行交流和访谈，详细了解新《刑事诉讼法》立案程序的实施状况。本章的主要内容就是新《刑事诉讼法》立案程序相关规定在J县的实施效果、J县方面的经验以及存在的问题，根据研究的结果提出的相应完善建议等。

（二）2013～2014年J县各机关立案的总体情况

2013年，J县法院无自诉案件，立案数量为0件。2014年J县法院自诉案件立案数量为17件。

2013年，J县公安机关共立案1434件，其中，已破案720件，已撤案7件，已结案232件，已移交1件，其他474件。2014年，J县公安机关的立案件数845，其中，已破案298件，已撤案1件，已结案105件，已移交0件，其他441件。

2013年，J县检察院共立案24件，其中，反渎案件6件，反贪案件18件；撤案案件0件。2014年，J县检察院共立案17件，其中，反渎案件3件，反贪案件14件；撤案案件3件。

二　J县经验及实施工作的肯定之处

2013年，新《刑事诉讼法》实施以来，J县的公检法机关严格遵守新《刑事诉讼法》关于立案程序的规定，规范地开展立案审查、初查、不立案、撤案、立案监督等工作。另外，J县有关机关主动、积极地探索有效提高立案质量、效率等的方式和途径，并取得了一定的成效。

（一）立案及时

J县有关机关对立案程序比较重视，大部分案件都能及时立案。这有利于刑事诉讼程序的及时开启，使得刑法保护社会秩序的功能充分发挥，也避免了其他一些不必要因素对立案程序的干扰。犯罪往往具有突发性、紧急性、复杂性等特点，J县的刑事立案工作基本上做到了“迅速反应”和“灵活机动”，没有在立案环节中浪费太多的时间和资源，符合了现代社会有效地打击犯罪、控制社会治安形势、维持良好社会秩序的必然要求，也符合我国当前社会治安形势下有效地查控、追究犯罪的现实要求。

（二）严格遵守关于不立案程序的规定

2013年，J县检察院有0件作出不立案决定的案件，公安机关有5件。2014年，J县检察院有4件作出不立案决定的案件，公安机关有17件。

J县有关机关能够切实遵守新《刑事诉讼法》关于不立案程序的规定，基本上不存在不立案程序不规范操作的情况。在不立案的情况下，有关机关全部制作了不立案决定书、不立案通知书，并且都同时通知了受害人。不立案程序的规范操作有利于被害人权益的保护，也使有关人员能够及时通过其他途径，如针对不立案决定书提起复议等，来使自身受损权利得到救济。

（三）严格遵守关于撤案程序的规定

2013年，J县检察院共有0件撤案案件，J县公安机关共有7件。2014年，J县检察院共有3件撤案案件，J县公安机关共有1件。J县有关机关一方面能够严格按照法律法规的有关规定，不任意撤案，基本上不存在因为行政干预导致撤案的情况；另一方面在撤案之后，有关机关也能做到及时解除强制措施，充分保护了有关人员的人身权利等合法权益。

（四）积极开展立案及撤案监督工作

J县检察院能积极主动进行立案监督，2013年，J县检察院对公安机关立案监督的案件有10件，撤案监督案件4件，4件进行撤案监督的案件全部是诈骗案，其中1件是骗取贷款案件。要求撤案的理由全部是因为这些案件属于经济纠纷，不存在犯罪事实。J县检察院的立案监督也严格执行了相关程序，都要求公安机关作出了立案理由的说明，也都出具了相关的审查意见书。2014 年，J 县检察院对公安机关立案监督的案件有 3 件，撤案监督案件 10 件。要求撤案的理由有：公安机关插手经济纠纷；案件属于行政案件，不属于刑事案件；情节显著轻微不能以犯罪论处等。

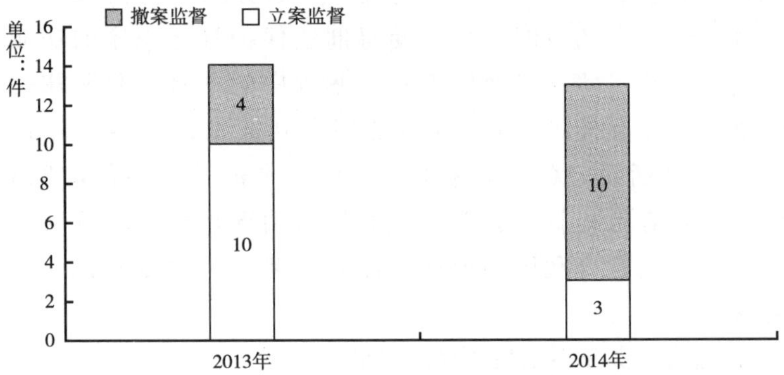

图 7　2013 年、2014 年 J 县检察院立案及撤案监督情况图

（五）注重提高立案工作的技术含量

新《刑事诉讼法》实施以来，J 县公安机关非常注重提高立案工作的技术含量，他们充分合理地利用网络资源，推广了 S 省网上办案系统——警务综合平台，对所有案件都实现了从立案开始的办案工作的全过程录入；实行领导网上审批，对刑事办案流程加以动态监督，在杜绝不如实立案方面起到了一定的作用。各办案单位对“110”转办，其他部门移交，公民扭送、报案、控告、举报，工作中发现或者犯罪嫌疑人自首的案件，严格按照“谁办理、谁立案、谁录入”的要求，在 48 小时内制作规范的询问笔录和法律文书，及时完成录入、上传和审批流程，并按照案件回访工作规定，作好当事人的回访。

（六）注重提高立案工作的效率

J 县公安机关新成立了警务指挥模式改革办公室，接警员、分管局长、技术人员、法制科人员、信息研判人员、图侦人员等集中在指挥中心，一块办公，一起研判所有警情，这对于提高 J 县立案工作的质量和效率具有重要作用。

（七）重视立案统计工作

J 县有关机关也比较重视立案统计工作，相关人员对立、破案数认真收集和核对，也认真制作立案统计册，认真填报相关数据，这为相关工作的开展提供了非常有价值的资料，也使得J县有关机关能够在此基础上对本县的治安等情况进行分析，更好地制定出维护本地治安秩序，保护公共安全和利益的决策。

（八）加强对相关执法人员的教育培训

J县有关机关在提高立案工作能力，解决立案工作存在的问题等方面进行了很多努力。新《刑事诉讼法》颁布以来，人权保障的理念逐渐为J县有关机关领导所重视。J县有关部门多次组织了教育整顿、执法培训等活动，通过这些活动加强了执法人员的程序意识、人权意识及自律能力。

（九）完善执法考评制度

J县公安机关按照公安系统的有关要求，完善了执法考评制度，开展了案卷执法质量考评等活动，积极接受上级公安部门组织的执法质量评议、检查，也认真对待上级公安部门从刑事案件的受理、立案直至侦查终结进行的全过程检查、监督，并及时发现问题，按要求限时整改。这对于防止立案不当的发生、提高执法民警的执法能力、转变执法观念、避免人为滥用立案权发挥了积极作用。

三　新法在立法及司法实践中存在的问题

我国刑事诉讼法关于立案程序的规定存在很多问题，如立案条件、标准不够合理，立案审查的性质不够明确，立案与后续侦查程序衔接不当，立案监督机制存在漏洞等。立法的缺陷导致立案程序在实践中也出现了诸多问题，例如，立案程序被虚置，一些案件该立不立，不该立而立；公安机关未经立案程序就进行侦查；地方行政权力干预公检法机关刑事立案活动；立案的法律监督在实践中得不到落实等。通过此次调查，新法关于立案的有关规定在J县的实施过程中存在的问题主要包括以下几个方面：

（一）立案审查期限问题

我国立法对于有关机关的立案审查期限并没有明确的规定，该缺陷容易造成司法实践中的如下问题。其一，公安司法机关对于何时决定立案或者不立案具有相当大的裁量空间，导致有关机关对于报案、控告、举报和自首的材料长时间内不作出立案或者不予立案的现象出现，这有可能会助长司法人员的徇私舞弊甚至是贪赃枉法行为；其二，审查立案期限的不明确也不利于督促有关机关及时侦查取证，从而有可能影响涉案人员或单位的正常活动；其三，检察院对于公安机关的立案监督以公安机关不立案为前提，对于这种长时间既不做出立案决定又不做出不予立案决定的行为，检察机关又无法进行监督。

J县有关机关在受理案件之后基本上都能及时审查并作出立案或不立案的决定，但也存在少数不能及时作出立案或不立案决定的情况。2013年，J县公安机关共有100件案件已经受理但未作出立案或不立案的决定。2014年，J县公安机关共有60件案件已经受理但未作出立案或不立案的决定。

J县公安机关对于一些案件受理但未作出立案或不立案决定的原因比较复杂，其中大部分是因为案件需要，例如，盗窃案中有很多受害人不能提供有效信息导致无法做出立案或不立案决定，故意伤害案中需要伤害鉴定结论出来之后才能决定是否立案等。还有一部分是因为地方案件比较多，但基层公安机关警力紧张，有些案件不能得到及时审查。

（二）立案监督问题

立案监督是检察院对公安机关应当立案的案件没有依法立案，不应当立案侦查而立案的，以及刑事立案活动是否合法所进行的法律监督。立案监督是刑事诉讼法律监督的首要环节，对于保障刑事诉讼顺利进行具有重要意义。

经过调研发现，J县在立案监督方面存在以下问题：其一，基层检察院立案监督的数量较少，2013年J县检察院立案监督的案件只有10件，2014年则只有3件；其二，检察机关的立案监督无法落到实处，执行效果较差等。造成以上问题的原因主要有：其一，现行立法对刑事立案监督的规定不够全面，内容也较空泛，导致实践中立案监督的实际操作性较差；其二，立法中缺乏对公安机关违反立案监督行为的法律责任规定，检察院对公安机关的立案监督权不具有强制性，公安机关不愿接受监督，不积极配合；其三，检察机关有明确刑事立案监督工作开展程序的法律文件，但是公安机关却没有相应的程序规定，这导致双方在具体操作中面临程序规定不衔接、不一致的问题；其四，基层刑事立案监督的信息渠道不畅，检察机关对公安机关的立案活动缺乏知情权，发现问题的渠道过于单一。

（三）撤案问题

撤案与立案相对，刑事撤案是指侦查机关发现不应当对犯罪嫌疑人追究刑事责任或者有其他法定理由时，依法终结侦查并终止刑事诉讼的一项制度。有关机关的撤案是否正确关系到犯罪嫌疑人能否及时摆脱不正确的追诉以及被害人的权益能否得到保障，不正确的撤案有可能导致被害人权益受损。

经过调研发现，在司法实践中，案件的撤案率是衡量侦查工作的负面指标。一些办案人员认为，撤案意味着错案，意味着当初立案是错误的，因此对于撤案比较抵触。这就有可能会导致办案机关为了确保立案的准确率，对经侦查认定符合撤案条件的案件，不及时办理撤案手续，甚至采取取保候审等变通的做法或超期羁押来拖延案件的终结，这有可能侵犯犯罪嫌疑人的合法权益以及影响刑事诉讼程序的公正。

我国《刑事诉讼法》对立案监督、侦查监督都有规定，但检察机关对公安机关的撤案监督却没有法律依据，这导致刑事案件的撤案活动一般都处于检察机关法律监督之外。经调研发现，在司法实践中，对于已被批准逮捕的犯罪嫌疑人，公安机关可以在不征得原批准检察机关同意的情况下，单独行使案件撤销权，而在犯罪嫌疑人未被逮捕的情况下，检察机关对公安机关撤销案件的情况更是无从得知。由于撤案监督在整个检察监督的司法实践中所占比例相对较小，检察机关在对公安机关撤案活动的法律监督实践中有可能出现非规范运行的情况。

四 对立法及相关司法制度的完善建议

（一）完善立案条件和标准

刑事诉讼的启动程序可以分为随机型和程序型这两种启动模式，随机型模式不需要经过特别的案件处理程序如立案程序，程序型启动模式排斥侦查程序在启动上的随机性而强调程序性。我国的刑事诉讼启动程序是一种“程序型启动”，即在有关机关内部必须履行必要的刑事立案申请、审批手续，才能做出是否刑事立案的决定。[①] 有很多人对我国《刑事诉讼法》中的立案程序作为独立诉讼阶段的合理性提出了质疑，但是在我国目前的现实条件和法治状况下，取消立案程序不具有可行性。因为在我国，刑事立案程序被视为整个刑事诉讼程序的“过滤器”，刑事立案

① 参见韩立峰、孙广义：《刑事侦查立案制度的理性反思》，载《中国人民公安大学学报（社会科学版）》，2008 年第 3 期。

程序发挥着对案件的审查把关作用，既负责案件的输入，又负责程序的分流。另外，我国侦查程序受行政干预比较大，也缺少法律监督，若取消立案程序，则其过滤的作用将缺失，这将不可避免地会导致大量的案件进入刑事诉讼程序内，将不利于公民权利的保障。

立案程序只是刑事诉讼的第一道程序，其目的在于进一步查清案件全部事实，包括是否追究刑事责任，进而为此后的诉讼程序打下基础；立案标准不需要太高，立案条件也可以更加宽泛一点。实践中，一些公安机关为了提高刑事案件侦破率，往往拖延立案，人为地设立较高的立案条件和标准，该立不立、不破不立。

综上，建议保留立案程序，并在此前提下降低立案标准，将立案条件改为“认为有犯罪事实”这一标准，只要公安、司法机关通过审查立案材料和各种调查行为，掌握一定的证据，认为有犯罪事实存在，就可以启动侦查程序。这样规定更有利于及时追诉犯罪，符合诉讼及时性原则，也可大大缓解立案审查手段的有限性和现实需要之间的矛盾。

（二）完善初查制度

立案需要对立案材料进行审查，在立案审查过程中，侦查机关可以自行调查、收集证据，必要时可以采取勘验、检查、查询、鉴定和询问知情人等一般调查方法。在立案阶段侦查机关可以行使初查的权利，对立案材料进行必要审查，允许询问知情人，调取书证、物证，进行现场勘验、检查，传唤犯罪嫌疑人到指定地点协助调查，但不得对被审查对象采取强制措施，不得查封、扣押、冻结被查对象的财产。初查在本质上属任意性侦查行为，“法无规定得行使，法有规定更得行使”，因此，立案和初查之间并不矛盾，初查程序具有合法性，初查中所获证据具有证据能力。①

综上，建议立法明确赋予立案机关在决定立案前可以进行一定的初查行为，案件经过初查，发现有犯罪事实的，需要进行立案。明确初查和正式侦查的界限，明确侦查行为与侦查程序是两个不同的概念。

（三）完善刑事撤案制度

如果撤案制度不完善，那么侦查机关便极易违法任意启动刑事诉讼程序，之后又通过侦查环节随意撤销案件来消化这些不当启动刑事诉讼的行为；或者将对本应该继续追诉的案件由于案外原因作了撤案处理，

① 参见万毅、陈大鹏：《初查若干法律问题研究》，载《中国刑事法杂志》，2008 年第 4 期。

这势必有损于司法公正和当事人的合法权益，从而损害国家的根本利益。

综上，建议加强检察机关对侦查机关刑事撤案的监督，完善立法关于撤案监督的有关规定。另外，国家应当完善国家赔偿制度，对因为错误启动刑事诉讼程序而受追诉的犯罪嫌疑人的人身和财产受到的损害进行赔偿。

（四）完善刑事立案与移送处理的衔接制度

我国有关立法对刑事立案与行政案件受理之间相互转化衔接的问题没有作具体规定；同样，我国行政诉讼法也没有规定行政执法部门如何将执法过程中发现的涉嫌犯罪的案件移交公安司法机关的具体方式。

综上，建议在刑事诉讼法修订中细化对于刑事撤案后如何处理的法律途径，如规定对于当事人不需负刑事责任但需要承担行政责任的，立案机关应及时将案件证据、卷宗等材料移送行政主管机关，由其依据行政法律法规对其作证据转换、程序转换，从而做出相应的行政处理决定。同样行政诉讼法也应对行政机关如何向公安司法机关移交刑事案件做出与刑事诉讼法相对应的具体规定。

（五）明确规定立案审查期限

无论是新《刑事诉讼法》还是《公安部规定》或者《刑诉规则》，对于公安机关以及检察机关的立案期限都没有明确的规定。根据2005年公安部颁布的《公安机关办理经济犯罪案件的若干规定》第6条的规定，公安机关接受涉嫌经济犯罪线索的报案、控告、举报、自首后，应当进行审查，并在7日以内决定是否立案，特殊情况下可延长，但这也仅仅是针对经济犯罪的立案审查期限所作的规定。立案审查期限的不明确会造成实践中的一些问题产生，关于此问题，前文已经阐述过，此处不再赘述。

通过对J县公检法机关的办案人员的访谈，很多办案人员认为不能对立案审查期限一概而论。有些办案人员认为，有的案件疑难复杂或出于侦查策略考虑，需要较长时间再正式立案，另外，还有的案件性质不明，短时间内无法判断是否应立为刑事案件。有的办案人员提出，立案又是刑事诉讼的启动程序，为了涉案人员权益的保障，立案决定应当经过认真的审查，如果立案审查期限较短，有可能会导致有关机关仓促做出立案决定。

综上，建议立法对立案审查期限加以明确，具体时间可参考2005年公安部颁布的《公安机关办理经济犯罪案件的若干规定》第6条的规定，考虑到办案机关实际办案的需要，此审查期限不宜过短，且需要明确规定不同情况下的延长时间。

（六）增强检察监督职能

检察机关对侦查机关的侦查活动监督的比较多，但对立案活动、撤案活动的监督力度较小，实践中，该立不立、不该立而立、立而不侦等现象仍然存在；在立法上完善立案监督的有关问题十分必要。根据我国新《刑事诉讼法》的规定，检察机关具有立案监督权，但是却没有相关规定保障检察机关的立案知情权，这导致检察机关无法及时、准确地了解刑事案件立案的有关情况，也就无法及时有效地行使立案监督权。另外，现行立法也无相关规定保障检察机关立案监督权的强制性和权威性，这往往导致检察机关的立案监督权在实践中得不到有效执行。

综上，建议由检察机关内部设立的专门的法律监督部门，对公安机关、法院及其自身整个立案过程进行监督，尤其是对限制、剥夺公民人身、财产权利的强制措施是否合法主动进行审查，对不符合法定条件的强制措施，应依法对立案机关提出整改意见，限期予以答复。另外，建议通过立法赋予检察机关对侦查机关立案活动的知情权，如规定备案审查制度，由侦查机关将其在立案活动过程中形成的受理案件、立案、不立案、撤案等的法律文书报检察机关备案；或是赋予检察机关调卷权，规定检察机关有权向侦查机关调取和审查立案主体的案卷材料，有权审查立案主体的立案、不立案和撤案决定书，有权对刑事立案活动中的违法行为作进一步了解、调查与核实，侦查机关必须配合。[①]

（七）明确立案工作的独立性

在中国这样一个熟人社会里，侦查机关立案时不可避免地受到人情、关系等因素影响，有可能导致应当立案的刑事案件得不到立案。不能及时立案在一定程度上不利于对违法犯罪行为的惩治，也不利于对被害人权益的保护。立案工作还存在行政干预等问题，突出的表现就是公安机关的立案活动受到地方党委和政府的干预。为了保障立案机关依法进行刑事立案活动，必须要确保立案工作的独立性。

综上，建议进一步明确公安机关内部各部门的职责划分，使公安机关的立案工作也保持相对独立性，从而更好地摆脱行政干预，保证立案程序的独立运行。

（八）扩大立案公开

刑事立案公开是公众知情权与政府信息公开义务的要求。公安机关

---

① 参见陶建旺、元明：《完善刑事立案监督的立法构想》，载《人民检察》，2008 年第 3 期。

向诉讼参与人乃至公众公布不涉及秘密的立案信息，满足了公众的知情权，反而有利于国家安全、公共安全、经济安全和社会稳定；我国刑事执法监督的现实需求也要求扩大立案公开；公开部分刑事立案信息，接受当事人、检察机关乃至社会公众的监督，还可以保证公权力的良性运转。[①] 因此，建议通过立法对立案公开的相关问题进行规定，进一步扩大立案公开。

五　小结

刑事立案程序被作为独立的诉讼程序规定在我国刑事诉讼法中，从立法和司法实践的角度来看，发挥了刑事诉讼启动程序的作用，在整个刑事诉讼中具有独特的地位和价值。通过调研，我们发现J县有关部门充分认识到了立案工作在刑事诉讼程序中的作用，一方面基本上做到了遵守相关法律法规，另一方面也采取了一系列的措施提高立案工作的执法能力，保障立案工作的顺利进行。当然，立案程序的操作在实践中还存在很多问题，有观念上的问题，执法能力上的问题，但更多的还是体制和立法的缺陷问题。当前我国立案方面的法律规定存在不少缺陷，但此次新《刑事诉讼法》并没有予以修改。有关立法部门应当重视对刑事立案程序的研究，改革与完善刑事诉讼立案程序，使其能够在实践中规范科学地运行，以充分发挥其在刑事诉讼程序中的重要作用。

① 参见高一飞、高健：《论公安机关刑事立案公开之改革》，载《中国人民公安大学学报（社会科学版）》，2012年第5期。

第五章 侦查程序

侦查程序，顾名思义，就是侦查机关行使侦查权力，实施侦查行为的整个过程。侦查程序是刑事审前程序的重要组成部分，至少担负着三个方面的诉讼使命：查清犯罪事实、抓获犯罪嫌疑人，实现程序的分流以及保障人权。[①] 由此，新《刑事诉讼法》第二编第二章所规定的侦查机关享有的拘传、拘留、逮捕、搜查、扣押及通缉等对人或者对物的强制处分权，以及讯问犯罪嫌疑人、询问证人、勘验、检查、鉴定、侦查实验等搜集或者固定证据的侦查方法，都是由侦查的任务也即上述第一个使命所决定的；然而不是所有的刑事案件都会交付法庭审理，通过上述侦查方法的运用和侦查程序的不断推进，侦查的第二个使命即程序的分流便有可能实现；与此同时，为查获犯罪，侦查机关所使用的强制手段往往涉及公民的各种权利，如果缺乏有效的制约机制或程序性保障措施，侦查权的运作就可能成为“达摩克利斯之剑”，随时威胁公民的人身财产等合法权益，尤其是刑事诉讼中处于被追诉地位的犯罪嫌疑人，其诉讼权利与合法权益更是极易受到侵犯。[②] “诉讼是一个不可分割的整体”，从这个意义上讲，侦查程序与起诉程序、审判程序一样担负着尊重和保障人权的使命——这一体现《宪法》精神的原则也在 2012 年 3 月 14 日经由第十一届全国人民代表大会第五次会议通过《关于修改〈中华人民共和国刑事诉讼法〉的决定》，被新《刑事诉讼法》明确规定在其任务当中。

---

① 参见陈卫东主编：《刑事审前程序与人权保障》，中国法制出版社，2008 年版，第 3 页。

② 参见陈卫东：《程序正义之路（第一卷）》，法律出版社，2005 年版，第 318 页。

一 概述

我国“侦查中心主义”的现状依然存在，侦查程序作为整个刑事诉讼过程中举足轻重的一个环节，在程序规范化透明化，保障犯罪嫌疑人利益，维护辩护权利，保证检察监督等方面仍然存在着不足，修改后的法律在实施过程中也一定会碰到一些障碍，侦查程序及有关制度仍有进一步完善的空间。因此，侦查程序作为本次调研的一个重要组成部分，在发现和解决司法实践中出现的问题，保障法律的正确有效实施，同时倾听基层司法部门的声音，及时提出司法建议等方面有着积极的研究意义。

（一）立法与司法解释对侦查程序重要问题的完善

新《刑事诉讼法》对侦查的规定进行了重要修改与完善，1996 年《刑事诉讼法》共有 47 条规定，而新《刑事诉讼法》修改了 18 条，增加了 8 条，删除了 1 条，其余未变动。修改完善之处主要体现在以下几个方面：一是增加了对违法侦查的申诉、控告及处理的规定；二是完善了讯问犯罪嫌疑人、询问证人的程序；三是结合社会的发展，丰富了勘验、检查、侦查实验、搜查、查封、扣押、冻结等的规定；四是删改了鉴定的有关规定；五是增加了技术侦查措施的规定，初步实现了技术侦查的法治化；六是完善了侦查终结的有关规定等。

1. 增加对违法侦查行为申诉、控告的规定

新《刑事诉讼法》增加第 115 条，专门规定了当事人和辩护人、诉讼代理人、利害关系人对于司法机关及其工作人员的违法侦查行为有向该机关申诉或控告的权利，有关机关有义务做出相应处理。现行《公安部规定》和现行《刑诉规则》对此也有相应的规定。同时，新《刑事诉讼法》还专门规定了“对（申诉或者控告）处理不服的，可以向同级人民检察院申诉；人民检察院直接受理的案件，可以向上一级人民检察院申诉。人民检察院对申诉应当及时进行审查，情况属实的，通知有关机关予以纠正”，强调了人民检察院的法律监督主体地位。

2. 完善讯问犯罪嫌疑人、询问证人的程序

第一，明确了看守所是羁押后依法进行讯问的场所。在讯问犯罪嫌疑人的程序中，新《刑事诉讼法》第 116 条增加第 2 款，“犯罪嫌疑人被送交看守所羁押以后，侦查人员对其进行讯问，应当在看守所内进行”。

第二，延长了传唤、拘传的持续时间。针对司法实践中传唤、拘传由于种种原因往往出现超时的现象，新《刑事诉讼法》第117条第2款将传唤、拘传的持续时间限制延长至24小时，规定此时间上限适用的情形是“特别重大、复杂，需要采取拘留、逮捕措施的”案件。现行《公安部规定》和现行《刑诉规则》对此也有相应的规定。

第三，强化了犯罪嫌疑人有关诉讼权利的保障。首先，在新《刑事诉讼法》及司法解释规定延长了传唤、拘传的最长持续时间的同时，现行《公安部规定》强调了“传唤期限届满，未作出采取其他强制措施决定的，应当立即结束传唤”；现行《刑诉规则》第195条补充规定了“两次传唤间隔的时间一般不得少于十二小时”，更加明确了禁止连续传唤以变相拘禁的目的。

其次，新《刑事诉讼法》第121条增加了讯问全程录音录像的规定，并要求对可能判处无期徒刑、死刑的案件或者其他重大犯罪案件，应当对讯问过程进行录音或者录像。现行《公安部规定》第203条对此规定进行了细化，以列举的方式解释了“可能判处无期徒刑、死刑的案件”和“其他重大犯罪案件”的范围；并进一步从正、反两个角度强调了讯问的全程性、完整性的要求，即“应当对每一次讯问全程不间断进行，保持完整性。不得选择性地录制，不得剪接、删改”。2012年10月，为贯彻新《刑事诉讼法》的有关规定，最高人民检察院会同公安部联合发布了《关于在看守所设置同步录音录像讯问室的通知》，保证人民检察院在直接立案侦查的案件中讯问在押职务犯罪嫌疑人实现全程同步录音录像的工作。

最后，新《刑事诉讼法》第117条第3款增加规定“传唤、拘传犯罪嫌疑人，应当保证犯罪嫌疑人的饮食和必要的休息时间”。现行《公安部规定》和现行《刑诉规则》对此也有相应的规定。

3. 增加技术侦查措施的相关规定

“技术侦查措施”一节是新《刑事诉讼法》完全新增的内容。新《刑事诉讼法》主要从公安机关或者人民检察院适用技术侦查措施的条件、技术侦查措施的批准、解除及期限的延长、有关人员的保密义务等，以及适用技术侦查措施取得证据的效力及运用等方面进行了规定。此外，还规定了秘密侦查和控制下交付的内容。与新《刑事诉讼法》相比，现行《刑诉规则》和《公安部规定》对于技术侦查适用的案件范围、种类、对象、审批的程序、证据的使用等作了相对更为细化的补充规定。

4. 完善侦查终结的有关规定

第一，强化了辩护方在侦查终结前后的诉讼权利。新《刑事诉讼法》第159条、第160条分别增加了听取辩护律师意见以及案件移送情况告知辩护方的规定。其中，第159条规定“在案件侦查终结前，辩护律师提出要求的，侦查机关应当听取辩护律师的意见，并记录在案。辩护律师提出书面意见的，应当附卷”，现行《刑诉规则》第285条规定了检察院在审查延长或者重新计算羁押期限时可以讯问犯罪嫌疑人和听取辩护律师的意见；第288条规定了可以和应当听取辩护律师意见的情形。

第二，强化了检察院侦查监督的职能。新《六部委规定》第21条、22条在申请延长或者重新计算羁押期限的问题上，规定了更为严格的审批期限和办理程序，强化了检察院的侦查监督职能；同时，现行《刑诉规则》第278条、第279条、第282条、第283条、第285条等条款明确规定了检察院侦查监督部门在侦查终结前后的有关职责。

（二）实施概况

1. 调研目的

本部分的主要调研内容是围绕侦查程序中的拘传讯问以及技术侦查展开的，因为新《刑事诉讼法》对拘传持续的时间、间隔，讯问的犯罪嫌疑人权利保障、录音录像、地点以及技术侦查的相关内容做了较大修改，对保障人权和程序透明化有着积极意义。本部分的调研目的就是为了调查基层司法实践中是否认真落实了法律规定，在落实当中是否有什么困难和问题，是什么原因导致了这些问题以及应当如何解决。

2. 调研方法

本部分调研采用问卷填写、实地调研和面对面访谈三种方式。侦查程序部分的问卷共有40题，其中前35道题是公安机关以及检察机关的侦查部门都需要填写的，而最后5道题只需要检察机关的侦查部门进行填写，是专门针对《刑诉规则》设计的问题。在实地调研中，课题组首先对S省J县的公安局讯问室、辨认室以及律师接待室进行了参观，对其硬件条件有了一定了解。其次，课题组通过对两年来部分案件的全部卷宗资料进行了详细统计与核实，并在调研过程中与侦查机关工作人员进行了详细的沟通交谈，发现了不少问卷中无法反映和表达清楚的问题，对公检法工作人员的思想认识以及工作反馈有了更深的了解，同时，从司法机关的角度来发现问题，有利于多方面分析问题。

3. 调研数据总体情况

本次最终采用的数据为样本数据，主要是通过核查卷宗获得的，并结合问卷调查的相关情况。J县公安机关2013年、2014年两年立案件数2279件，其中，已破案的有1018件，已经移送审查起诉的有722件。本次调研主要对已经移送审查起诉的722件案件进行了数据统计和分析。J县检察院2013年、2014年共立案41件，其中，反渎案件9件，反贪案件32件，因数据较少，在此报告中不做重点分析。

二 J县经验及实施工作的肯定之处

通过课题组的调研数据分析和实地考察，可以看得出J县公安司法机关在贯彻落实新《刑事诉讼法》的实施方面作出很多努力，有很多值得其他省市地区借鉴和学习的地方。

第一，领导重视，抓紧落实，深入学习新《刑事诉讼法》。自新《刑事诉讼法》颁布以来，J县侦查机关便深入开展了贯彻学习新《刑事诉讼法》的各类活动，为基层侦查人员提供了宝贵的学习机会，使得侦查人员更加深入地了解和掌握新法的修改与完善之处，为侦查人员依法开展侦查活动提供了必要的法律知识基础。

第二，抛弃“口供至上”的观念，树立并强化证据意识。通过对新《刑事诉讼法》的学习，促使侦查人员抛弃过去“口供至上”的错误观念，这尤其体现在讯问犯罪嫌疑人的过程中。通过树立证据意识，促使侦查人员依法开展讯问工作，以促使犯罪嫌疑人如实供述，确保该类证据的真实性与可靠性，从而有效杜绝刑讯逼供的发生。这也为侦查人员依法开展侦查活动提供了重要的思想意识保证。

第三，加大财政投入，为依法开展侦查工作提供物质保障。在讯问犯罪嫌疑人方面，新《刑事诉讼法》要求在看守所内讯问以及对讯问过程全程录音录像，这也对讯问场所的硬件设施提出了更高的要求。通过加大财政投入，改善看守所内的讯问场所的硬件设施，配备录音录像设备，为依法讯问犯罪嫌疑人提供了重要的物质保障。

通过上述工作，J县在实施新《刑事诉讼法》立案程序相关规定方面取得较大成绩，具体表现在以下几个方面：

第一，有效防止刑讯逼供，保障犯罪嫌疑人合法权益。J县看守所在犯罪嫌疑人的保护方面做得比较好，对讯问时间严格把关，能够有效保障犯罪嫌疑人的正常饮食和休息，避免刑讯逼供。J县看守所现设有7个提讯室，其中5个为普通提讯室，2个为检察机关自侦案件专用的提讯室。

为防止对犯罪嫌疑人人身侵害的刑讯逼供，每个提讯室被不锈钢护栏分为两部分，里面一部分通往监所内部，是犯罪嫌疑人出入的地方，另外一部分通往大院，是讯问人员就座的地方。讯问人员就座的桌子离犯罪嫌疑人就座的椅子相隔近两米，加之中间有细密的护栏，讯问人员是不可能通过对犯罪嫌疑人的身体进行侵害而刑讯逼供的。

为防止通过过激语言或拍桌子等粗暴行为对犯罪嫌疑人威胁、引诱的刑讯逼供，看守所每个提讯室内都安有监控，全天候24小时录音录像，看守所所长办公室也可以看到每个提讯室内的监控情况。虽然看守所的主要职责就是监管好犯罪嫌疑人，避免其在看守所期间出现意外的伤亡情况，对侦查机关的讯问其实并不负有监督责任。但如果讯问人员通过粗暴、过激的言语或拍桌子、敲打护栏等暴力行为，对犯罪嫌疑人进行威胁，再或者有明显的违反法律的行为和言语，通过监控录像，看守所可以及时制止讯问人员的行为，从而防止对犯罪嫌疑人的刑讯逼供。

J县看守所提审室

为防止通过长时间疲劳作战拖垮犯罪嫌疑人的身体和精神的刑讯逼供，在看守所的提讯时间严格按照看守所的规定上班时间进行，也就是只能在上午8：30至12：00，下午2：00至5：30的时间内进行提讯，中午12：00之后看守所会对所有提讯室进行清空，将犯罪嫌疑人收监，一是为了方便看守所的管理，二来也是为了保障犯罪嫌疑人的饮食和休息。下午5：30之后也要对所有提讯室清空，看守所不再接受提讯的申请。这样单次最长的讯问时间也不会超过4个小时，这一点从收集的数据中也可看到，在看守所的讯问时间基本集中在两个小时以下。

J县看守所提讯室

第二，讯问时全程录音录像。在J县，不管是公安机关、检察机关还是看守所都实行的是24小时全程录音录像制度，所有刑事案件进行全程录音录像的比例达100%。

首先，公安机关的各派出所、刑侦大队等侦查部门，讯问室都安有监控摄像头，所有讯问过程都会被全程录音录像。且犯罪嫌疑人从被带到办案区开始就被录音录像，防止犯罪嫌疑人在进入讯问室之前遭到提前“教训”，规范了侦查人员的讯问行为。录音录像录完后直接制成光盘保存，法律规定的“可能判处无期徒刑、死刑的案件或者其他重大犯罪案件”录音录像后制作光盘附卷移送，其他可以录像的案件的录音录像在侦查机关保存至少1个月。

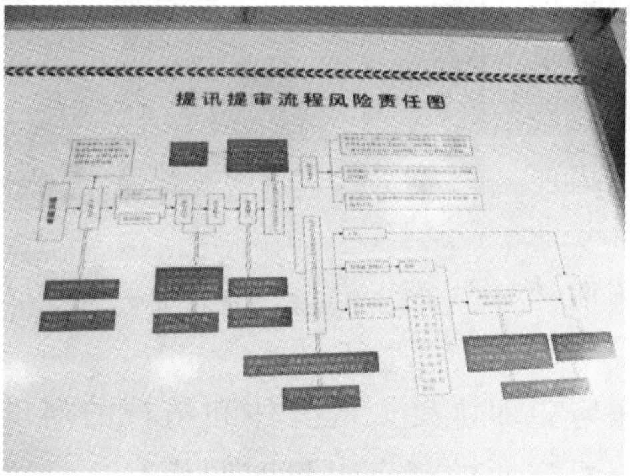

J县看守所提讯提审流程风险示意图

J县南城派出所办案区

针对新《刑事诉讼法》中规定的录音录像制度，相关部门专门制定了《同步录音录像工作规范》，要求基层公安制作同步录音录像时要达到以下要求：①确保视听资料的客观性、真实性。在讯（询）问室摄录的同步录音录像应保证画面清楚、音质清晰，应当客观反映被讯（询）问人的体态表情及讯（询）问室全景，保证被讯（询）问人全程都在画面上，避免因被讯（询）问人长时间不在画面，导致对讯（询）问行为的合法性及同步录音录像视听资料的真实性产生怀疑。②确保视听资料摄录的全程性、完整性。录制的起止时间，从被讯（询）问人进入讯（询）问室开始，至被讯（询）问人核对笔录、签字捺手印结束。在讯（询）问过程中，不得中止录制或断续录制，禁止讯（询）问结束后再进行补录。③准确校正同步录音录像设备时间。同步录音录像工作前，应先对录像设备显示时间进行准确校对，室内电子表时间与之保持一致。④确保两名以上民警开展讯（询）问，禁止协勤、工勤等非执法人员参与讯（询）问。讯（询）问开始时，民警应出示工作证件，表明身份，并告知被讯（询）问人享有的权利义务。告知的情况应在讯（询）问笔录和录音录像资料上反映。需要作为证据使用的视听资料，在讯（询）问开始前，应明确告知被讯（询）问人将对讯（询）问进行全程同步录音录像，告知的情况应在讯（询）问笔录和录音录像资料上反映。⑤确保民警着装言语行为规范。在讯（询）问过程中，禁止使用威胁、引诱、欺骗及其他不规范语言，禁止出现容易被认为是刑讯逼供的行为动作。

其次，检察院同样实行所有案件全程录音录像，所有录音录像一式两份，一份技术部门保存，一份侦查部门使用和移送。这样，既有利于讯问时录音录像的保存和管理，方便如果出现移送的光盘有损毁或丢失时可以对技术部门的保存件进行查询和利用，又有利于侦查部门通过对录音录像的重复观看侦破案件。因为《刑诉规则》要求检察院必须录音录像，所以所有案件的录音录像都会制成光盘附卷移送。

J县南城派出所讯问室

J县检察院办案工作区

J县检察院办案区

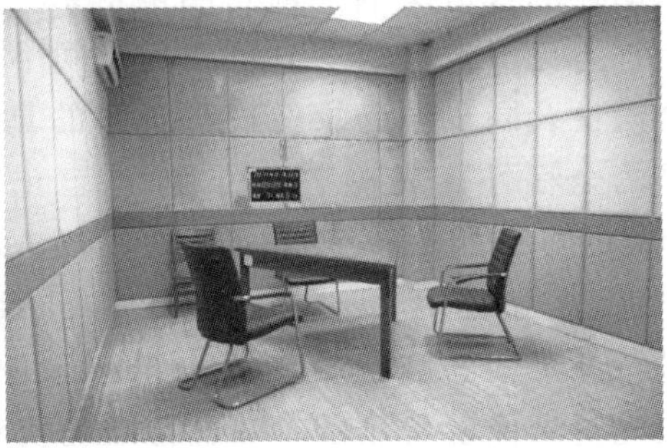

J县检察院讯问室

最后，看守所的录音录像也是24小时全天候开启。看守所所有提讯室的录音录像都是全天自动录像，不管屋内是否有人。公安机关的侦查人员在看守所内讯问后如有需要可以从看守所内拷取录音录像，看守所对录音录像的保存时间实际为45天，而其内部规定其职责上只需要保存15天即可，所以在这方面，看守所对录音录像的保全和使用便利上提供了较大帮助。

第三，严格执行法定传唤时间。以2013年为例，在公安移送审查起诉的案件中，被标注为危害程度为“重大”的案件有14件。分别是：过失致人死亡案件1件，掩饰、隐瞒犯罪所得、犯罪收益案件1件，故意杀人案件2件，故意伤害案件2件，寻衅滋事案件2件，强奸案件2件，诈骗案件1件，盗窃案件2件，破坏生产经营案件1件。

调研过程中课题组对传唤时间作了统计，调研对象均为被传唤一次的犯罪嫌疑人。统计结果显示，一次传唤时间在12小时以内的约占70%，12小时以上24小时以下的约占30%，没有发现传唤时间超出24小时的情况。并且，传唤时间在12小时以上24小时以内的情形全部符合法律规定的重大或复杂案情。其中，重大案情的案件占85.7%，案情复杂的案件占14.3%。

【案例一】 故意伤害案。2013年7月10日21时47分接于广辉报警称，2013年7月10日发现周某某的女儿张某某倒在龙堌镇管庄小区5号楼2单元大门西储藏室门口，遍地血迹。后张某某被急救车拉至J县人民医院抢救，经抢救无效死亡，属于危害程度重大案件，犯罪嫌疑人王某被锁定后传唤时间为22小时。

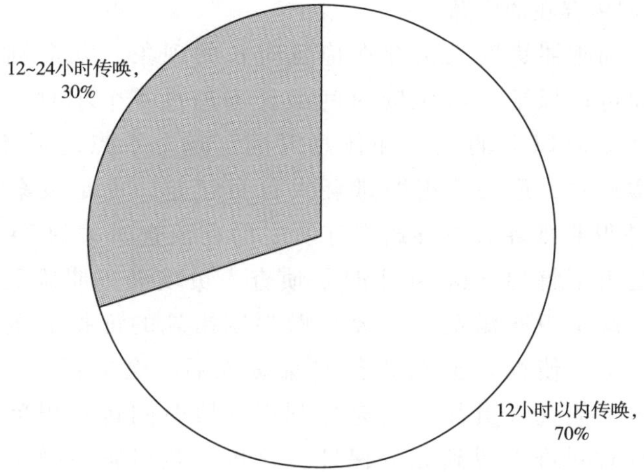

图 8　传唤时间比例图

【案例二】 非法拘禁案。2013 年 1 月 22 日上午 9 时许，赵某某到南城派出所报案称：其父亲于 1 月 21 日上午 9 点左右，在家被 J 县南关马庄的“马四”所开担保公司的四名男青年强行带走未归，后锁定犯罪嫌疑人 6 人，因涉案人员较多，属案情复杂案件，被传唤时间为 23 小时。

第四，切实履行讯问前的告知义务。根据课题组调研数据显示，包括侦查人员在内的办案人员均履行了告知犯罪嫌疑人关于如实供述可以从宽处理的规定。这也有利于犯罪嫌疑人放弃畏惧、犹豫、侥幸、抵抗等心理，自愿、如实供述自己的罪行。此外，也都在讯问之前告知了犯罪嫌疑人的权利，且附有犯罪嫌疑人权利义务书，让犯罪嫌疑人能够清晰明了地知道自己享有哪些权利，应当履行哪些义务，也为其维护自身权益提供了依据。

三　新法在立法及司法实践中存在的问题

新法实行之初，势必会在实践中遇到一些阻碍，也会使实务部门在实施中产生一些困惑。这里既包括一些新法实施后依然未能解决的旧问题，也包括因为立法和制度本身存在的不完善和漏洞导致的司法实践与立法之间的必然差距和冲突。这些问题和冲突在 J 县的调研数据中也有所反映。

（一）讯问中存在的问题

第一，讯问犯罪嫌疑人仍存在拖延时长的现象。办案机关讯问犯罪嫌疑人的时间可以保证一次讯问时间最长不超过 4 个小时，且中午犯罪嫌疑人有一个小时以上的饮食和休息时间，晚上 6 点之后不再被讯问，但是在司法实践中，最关乎犯罪嫌疑人自身权益，也是破案关键的“黄金时间”却是犯罪嫌疑人被移送看守所之前在侦查机关的 24 小时。在实践访谈中课题组了解到，这 24 小时是侦查人员攻破犯罪嫌疑人防线，揪出破案线索，确定犯罪嫌疑人需要采取强制措施的证据的重要时间，因此，一般情况下，侦查人员抓获犯罪嫌疑人后，会立即展开讯问工作，由于时间紧迫，侦查人员往往会充分利用这段时间进行讯问，致使犯罪嫌疑人的休息时间难以得到充分保证。这也反映出犯罪嫌疑人在到案后的 24 小时内合法权益受到侵害的可能性更大。

以 2013 年为例。通过调研数据发现，在采取的 288 次讯问中，讯问时间在 30 分钟以内（含 30 分钟）的有 68 次，占 23.6%；30 分钟到 1 小时（含 1 小时）的有 96 次，占 33.3%；1 小时到 2 小时（含 2 小时）的有 78 次，占 27%；2 小时到 3 小时（含 3 小时）的有 31 次，占 10.8%；3 小时到 4 小时（含 4 小时）的有 8 次，占 2.8%，4 小时以上的有 7 次，占 2.4%。

根据课题组统计，一次持续讯问的时间超过 4 小时的案件共有 6 件，具体情况为：3 件盗窃案件，讯问时间分别为 4.52 小时、5.20 小时、7.01 小时；2 件诈骗案件，讯问时间分别为 6.11 小时，9.33 小时；1 件故意杀人案件，询问时间为 7.20 小时。其中，单人犯罪的为两件，团伙犯罪的为 4 件。

【案例三】 2012 年 11 月份以来，为了骗取现金，朱某某伙同姚某某、开某某等人从 H 市通胜汽车租赁等多处租车公司骗租轿车十余辆，开回来后利用虚假身份证或假车辆行驶证进行抵押，骗取他人的现金，涉案价值七八十万元。后抓获犯罪嫌疑人共 6 人，为重大团伙犯罪。

6 件案件中，最短的一次讯问时间为 4.52 小时，最长的一件讯问时间竟达到 9.33 小时。虽然在所有统计的讯问时间中，不乏在零点至早晨六点讯问的情形，但都没有超过 4 小时的，且考虑到抓获犯罪嫌疑人有可能就在夜晚，且有 24 小时限制必须尽快讯问，因此，相比较而言，一次讯问时间持续超过 4 小时，甚至超过 6 小时，才是对犯罪嫌疑人的合法权益危害最大的。

长时间的持续讯问状态，会使得犯罪嫌疑人一直得不到休息，一般情况下，犯罪嫌疑人的精神很快就会处于疲惫状态，当然这对于尽快破获线索，确定真正的犯罪证据，逮捕嫌疑人是有利的，尤其是一些紧急的案件，例如绑架案，如果不尽快破获，他人的人身安全会受到威胁，但是对于一般的犯罪，尤其是财产性犯罪，当处于身体疲惫、精神涣散的状态时，如果侦查人员稍加诱导（因为现在的司法实践中对轻微诱供获取的证据一般不作为非法证据排除，也属于一种常用的侦查策略），犯罪嫌疑人很可能就会做出一些违背自己的真实意愿，与实情不符的表述，从而产生对自己不利的后果。因此，在上面的数据分析中，虽然法律并没有规定每次讯问的时间必须维持在什么范围内，但是对于一个诈骗案件来说，一次讯问持续 9 个多小时显然超出必要的讯问时间了。

第二，保障犯罪嫌疑人必要的饮食和休息没有明确的法律规范，难以正确执行。必要的饮食和休息时间是与上面的讯问时间紧密相连的，新《刑事诉讼法》虽然为了防止长时间的"疲劳战"会侵害犯罪嫌疑人的合法权益，将讯问时保障犯罪嫌疑人必要的饮食和休息写入了法律条文中，但该条规定只是原则性的一句话，没有其他具体实施的解释和说明。例如，饮食最短多长时间，休息最短多长时间，在哪饮食和休息，是指两次讯问之间还是一次长时间讯问的过程中等，也没有说明不保障的法律后果，即怎样算是没有保障必要的饮食和休息，明显没有保障的而因此获得的证据是否具有合法性，侦查人员是否要因此承担法律后果等，法律通通没有作出规定。法律规定的不完善和漏洞导致新《刑事诉讼法》第 117 条在实际执行中全凭侦查人员的个人理解和自觉，缺乏明确的行为指引规范和监督制约措施的规定难以落到实处。此外，根据法律规定，讯问时给予犯罪嫌疑人必要的饮食和休息时间应当记录在案。但是，课题组翻阅了讯问笔录，其中仅体现了形式化的问答记录，没有体现明确的饮食情况和作息时间，这种不反映具体问题的"面子工程"难以发挥监督作用。

（二）录音录像制度中存在的问题

在 J 县，虽然当地经济并不发达，但录音录像制度在司法实践中已得到较为充分地执行。当然，由于相关立法和制度自身存在的漏洞，使得其在执行中仍然存在一些问题。

1. 录音录像的录制和保存问题

如前所述，J县看守所有2个检察院专用的提讯室，看守所的设备只能录像不会录音，而检察院在单位内部同样拥有自己专门的一套设备，设备的使用由检察院自己的技术人员控制。也就是说，检察院在办理自侦案件时，看守所内的设备因不能录音而无法在讯问犯罪嫌疑人时使用，而只能使用检察院自己的设备进行录音录像，且由于是检察院内部技术人员控制，从而无法保证录音录像的真实性、全程性等。同时，课题组在与检察机关自侦部门的办案人员访谈时了解到，有的时候在看守所的录像并不是从侦查人员进入提讯室时就开始录像，而是在侦查人员与犯罪嫌疑人交谈之后才开始录像。随着犯罪嫌疑人自身权利意识的提高以及侦查人员办案素质的提升，加上看守所的监控，通过对犯罪嫌疑人进行身体上的暴力侵害来逼供的方法已经逐渐被淘汰，但是言语的暴力威胁、诱导还是屡见不鲜。威胁犯罪嫌疑人不招供就对其家人不利，或者欺骗犯罪嫌疑人只要招供就是立功，就一定会给他减轻甚至不判处刑罚，而最后犯罪嫌疑人招供却并没有换来所谓的“立功、减刑”等处罚情形，所以才有民间流行的一句话“坦白从宽，牢底坐穿；抗拒从严，回家过年”，这些其实都是实践中案例的真实反映。所以，如果不能从侦查人员一进入提讯室就开始录音录像，那么就很难真正保证犯罪嫌疑人不被刑讯逼供。

另外，在录音录像的保存上，当然法律并没有具体规定各侦查机关应当怎样保存录音录像，保存多长时间，尤其是像公安机关这样每年需要办理上千件案件，如果对所有案件都进行录音录像，在保存上也需要耗费大量的财力、物力。所以J县公安机关对讯问的录音录像除了法律规定应当录音录像的案件制作光盘附卷移送以外，其他案件的录音录像原则上最低保存1个月。

2. 讯问时录音录像的移送、使用较为混乱

因为法律没有规定录音录像之后的保存、移送问题，也没有对录音录像的证据地位作出规定，在这些方面的执行中，出现了各地机关执行不统一的现象。课题组了解到，检察院对录音录像的移送并不是直接附到卷宗里，而是单独列单移送，但是具体由谁负责移送，什么时间移送，移送的审批程序等都比较混乱，没有明确规定。案件移送到法院后，除非犯罪嫌疑人有特别要求的，法院并不特别保存录音录像，课题组在法院进行卷宗查询时，只发现两件存有录像光盘的案件。

关于录音录像的证据地位，法律也没有具体规定。理论上来说，录音录像的法律地位应当与讯问笔录一样重要，都是记录讯问的全过程，为了保障讯问的程序合法性，甚至说应当比讯问笔录的地位更高，因为录音录像能够更加真实生动地反映讯问时的情况。根据课题组的调查，侦查机关的录音录像完全是自己掌握，犯罪嫌疑人自己看不到，侦查阶段犯罪嫌疑人和辩护律师也都无法申请录音录像的观看或拷贝，即使到了审查起诉阶段，辩护律师有权申请查阅卷宗，检察院表示即使有少数律师申请查看录音录像，他们也没有义务提供。从J县的司法实践来看，讯问时的录音录像只有在法院质证时可能派上用场，大部分时候录音录像只是走一种程序性活动，并不具有刑事证据的地位，更不能发挥刑事证据的作用，可以说并没有达到当初立法的目的。因此，讯问时的录音录像制度虽然得到了法律的肯定，但在实践中对其进行完善和发展还有很长的路要走。此外，在录音录像制度的考察过程中，课题组还发现，在侦查阶段有律师介入的案件非常少，且从侦查机关的记录来看，也找不到与辩护律师相关的登记或记载，无论是律师还是犯罪嫌疑人并没有意识到录音录像的重要作用，对自身辩护权利的使用认识不足，这一点在本书第一章辩护制度里也有详细论述。

（三）技术侦查中存在的问题

新《刑事诉讼法》首次规定了技术侦查的有关内容，但是并没有规定具体审批手续和使用程序，在司法实践中侦查机关更多的是根据内部规定。由于技术侦查的保密性，技术侦查的相关申请、批准手续以及适用手段和范围无法在卷宗中查到，公安机关也未允许课题组在其内部系统查看相关内容。但是在与公安机关办案人员的访谈中，调研人员了解到，在审批手续上，H市局技术侦查部门有公安部统一印制的纸质表格，J县刑侦部门填表后报县局分管部门审批，然后上交给市局技侦部门，审批完之后直接采取技侦手段，但是具体手段不对县级部门通报。主要申请技术侦查的案件范围是：①法律规定的五类案件，分别是危害国家安全犯罪、恐怖活动犯罪、黑社会性质的组织犯罪、重大毒品犯罪或其他严重危害社会的犯罪案件；②可能判处7年以上有期徒刑的严重危害社会的犯罪案件；③多发性、连续性、流窜性的案件。但是在交谈中访谈人员也透露了在一些普通案件如盗窃案也会用到技术侦查，而且适用的种类也比较混乱。侦查部门的人员认为，在未来的趋势中技术侦查的相关内容还是不应当出现在诉讼案卷当中，这也是出于保密的需要。在2012年的一起故意杀人案中，法院曾要求过侦查机关出示技术侦查的有关证据材料，涉及通话记录、手机信息漫游定位等内容，但是H市公安局出于保密需要，拒绝提供，后来法院也没有再坚持。技术侦查事关公民自身利益最密切的隐私，如果在审批程序和适用要求上不严格、不规范，就很容易造成对公民正当利益的侵害，尤其是其证据地位，能否作为证据在法庭上出示，甚至能否像普通证据一样在审查起诉阶段就被辩护律师或犯罪嫌疑人申请查阅，都是法律应当规定的内容。

四　对立法及相关司法制度的完善建议

从新《刑事诉讼法》在J县一年的实施状况中可以看得出，其积极意义不可否认，J县的司法机关也为有效落实好新法作出不少努力并取得了一定成绩，但现实中存在的问题不容忽视，这里既有基层司法部门司法人员自身的问题，也有整个侦查程序在立法、制度方面存在不完善的原因。因此，为了更好地让立法制度服务实践，让实践工作反馈立法，促进整个侦查程序、刑事诉讼程序乃至整个司法体制改革的进步，笔者提出以下建议：

（一）严格控制讯问时间，细化被讯问人饮食和休息的相关规定

如上文分析所言，无论是新《刑事诉讼法》还是其他相关司法解释都没有对讯问时间做出详细规定，这不仅容易造成侦查人员在自由裁量上的混乱，还容易产生变相的刑讯逼供，如疲劳作战、夜间讯问等。一方面，对犯罪嫌疑人来说基本权利得不到保障，也容易因为过度疲劳产生错误的供述，不利于自身利益也不利于案件事实的查明；另一方面，对于侦查人员来说，在社会公众越来越注重自身权益的维护，高度关注并严禁刑讯逼供，非法证据排除制度逐步完善的社会氛围下，长时间地进行讯问尤其是夜间长时间讯问，对侦查人员来说也存在一定风险，因为很容易被犯罪嫌疑人辩称遭变相刑讯逼供，一旦所取得的证据被认定为非法，那么侦查人员的努力不仅白费，还要承担刑讯逼供的责任。所以，相关立法及司法解释对讯问时间进行严格的限制，无论对于犯罪嫌疑人还是侦查人员自身来说都是有益的。

1. 应当严格限制夜间讯问的进行

夜间讯问的时间可以定义为零点至早晨六点之间，一般来说，这也是犯罪嫌疑人最难集中注意力的时段。其又可以分两种情况：其一，在

移送看守所之前的12或24小时内，可以对犯罪嫌疑人进行夜间讯问。因为侦查人员要在这段时间内进一步确定犯罪嫌疑人是否需要被拘留或逮捕，尤其是第一次传唤或者抓捕犯罪嫌疑人到案的时间为夜间，由于讯问工作无法拖延，因而应当允许侦查人员对犯罪嫌疑人进行夜间讯问，但是一次讯问的时长不能超过4个小时，且4个小时后必须允许犯罪嫌疑人得到休息，时间不短于半个小时。其二，犯罪嫌疑人移送看守所之后的讯问，原则上不允许有夜间讯问的情况发生。对此，可借鉴J县看守所的做法，采取更为严格的时间限制，即只能在看守所上班时间进行讯问，至迟不得超过晚8点。当然，也不能排除在犯罪嫌疑人移送看守所后侦查人员又获得了影响案件定性的关键性证据，需要马上讯问犯罪嫌疑人，否则将延误破案时机。在此种情况下，侦查人员应当报公安机关决定人和看守所管理人批准后，对犯罪嫌疑人进行讯问。

2. 非夜间讯问时间段的讯问时间也应保障犯罪嫌疑人的基本休息

在此，可以参考英国的做法，英国的成文法对讯问的持续时间问题作出较为详细明确的规定，如1984年《警察与刑事证据法》的执行守则C第12.2条规定，除有法定例外情形外，必须保障被讯问人每24小时有8小时的休息时间，休息期间不能够对其进行讯问；如果被羁押人是在自动投案后被逮捕的，此24小时期间自其被逮捕之时起计算；8小时休息时间应被安排在被羁押人上一次休息后的下一晚或其他适当时间，除非符合法定情形，否则若该休息时间被打断则需重新计算。①换句话说，在英国，最长连续讯问的时长不能超16小时。我们可以看出，英国的规定是原则加例外的方式，且考虑到每个犯罪嫌疑人的身体状况和案件情况不一样。在设计我国的讯问时间时，可以做这样的规定：原则上，一次讯问的时间最长不能超过6小时，无论每次讯问的时间多长，每6小时必须要给犯罪嫌疑人半小时及以上的休息时间。对于案情复杂、影响重大、情势紧迫的，如涉及社会公共安全、个人生命安全或者国家秩序的稳定，如涉案人员在4个及以上，案情错综复杂的，且犯罪嫌疑人体力较好可以承受的，可以将一次讯问的时间延长至8小时，且不受每6小时必须休息半个小时及以上规定的限制，但是在此期间，必须保证犯罪嫌疑人的饮水、进食和如厕等基本需求。

---

① 参见郑曦：《疲劳讯问的法律规制》，载《人民法院报（刑事行政版）》，2013年11月20日。

3. 关于犯罪嫌疑人饮食和休息的规定

对于犯罪嫌疑人的饮食与休息问题，需要制定一项侦查人员可以严格执行的统一标准，并将该项内容真正落实到实践中。首先，关于饮水问题。对于人的身体机能来说，饮水比进食更加重要，因而饮水的需求必须予以满足，即无论在讯问过程中还是休息期间，犯罪嫌疑人有权利要求侦查人员提供饮水，侦查人员也有义务提供，当然为了不影响讯问的过程，可以在讯问的开始提供一杯水，每两小时犯罪嫌疑人可以要求加一次水。其次，关于进食问题。为了保障犯罪嫌疑人权利，侦查人员有义务定时给犯罪嫌疑人提供食物，提供食物的时间可以放宽至犯罪嫌疑人的休息时间，至少每六个小时就为犯罪嫌疑人准备一次食物，食物的量保证在同等年龄性别情况下可以吃饱的标准。至于犯罪嫌疑人如厕等个人问题，为了避免犯罪嫌疑人以此扰乱讯问过程，可以在讯问时提前声明，每两个小时有一次如厕的机会，并且，在一些紧急情况下不能故意不让犯罪嫌疑人如厕，变相进行逼供。

讯问程序中被讯问人的饮食和休息是犯罪嫌疑人的权利，既然是权利就应当有救济的途径，因此对于侦查人员没有告知犯罪嫌疑人上述权利，故意不提供饮食或不让其休息的，犯罪嫌疑人可以依照新《刑事诉讼法》的相关程序对侦查人员提出申诉或控告，严重者如构成变相刑讯逼供，在审查起诉、审判阶段可以提出非法证据排除。

（二）完善讯问时的全程同步录音录像制度

虽然最高人民检察院于2006年就颁布了《人民检察院讯问职务犯罪嫌疑人实行全程同步录音录像的规定（试行）》，但实施状况堪忧。新《刑事诉讼法》从立法层面肯定了录音录像制度在更大范围的刑事讯问过程中的确立，从已有数据来看，侦查机关似乎也都落实了这一规定，但是其实施质量与可信度仍有待商榷。原因在于我国的录音录像制度还存在着较多的漏洞，侦查机关很有可能钻法律的空子，虽然表面上没有明显的违法行为，但并未发挥录音录像制度应有的作用。作为目前在讯问程序中保障犯罪嫌疑人权利最有力的武器，录音录像制度亟待进一步完善。

1. 加大录音录像硬件设施建设投入，保障全程同步录音录像的可操作性

在我国当今国情下，想要实现全程同步录音录像，保证各地侦查机关的设备硬件条件是关键，这是实现其他要求的前提。但由于我国各地经济发展不均衡，尤其是东西部地区，大中小城市之间差异较大，如果

按照一刀切的标准，对经济发展较为落后地区的侦查机关尤其是基层部门是很难达到要求的效果的。因此，笔者建议，一方面，高级别的侦查机关，尤其是经济发达地区的高级别侦查机关，要主动帮助下级侦查机关，公安部要做好统一调度，采取一对一的物资扶持方式，使每一个侦查机关至少能够有基本的设施配备，再根据各机关案件的多少和案件性质比例，对于应当录音录像案件较多的机关给予多一点的物资支持，配备更为先进的录音录像设备，对于重大案件处理较少的机关能够保证其有一至两间讯问时能够达到高级别设施配置的讯问室，其他为基本配置即可。另一方面，即使加大物资投入，也有可能出现设施配置不均衡以及技术使用不熟练的情况，这就要加强整个侦查机关系统内部，尤其是对口部门之间的互相学习和交流，可以采取短时间、临时性的人员调动，让录音录像制度执行效果较好的机关人员去需要学习改进的机关进行指导，做好同步录音录像制度开展的人力保证，最终全面实现同步录音录像的技术规范。

2. 规范同步录音录像的录制过程

由于各地区的录音录像设备条件不一样，人员配备也不同，在录音录像的录制上操作不一，最终的效果也不一样，虽然法律不能把每个地区的不同情况照顾到，但是一些基本原则、基本程序仍应当作出明确规定。

首先，要确定全程同步录音录像的起止时间。虽然法律规定是全程同步的录音录像，但“全程”指从哪个时间点开始，到哪个时间点结束，法律并没有明确规定。在此，可以参考J县的做法，即从犯罪嫌疑人进入公安机关办案区开始进行录音录像；而在看守所，提讯室则是全天候24小时录音录像，这样就保证了犯罪嫌疑人即使在正式进入审讯前也不会受到提前的刑讯逼供。当然，司法实践中还存在一个值得注意的现象，即一些侦查人员会在将犯罪嫌疑人押往讯问地点的路上，或是在进入审讯室之前先让犯罪嫌疑人在其他房间等候并对其进行威逼利诱，一切商量好后，剩下的讯问便只是一个过场，如此一来，录音录像不仅无法为犯罪嫌疑人给予充分的保护，反而成为证明他罪行的有力证据。即使像J县那样，犯罪嫌疑人从一进入办案区就开始录音录像，也难保该类事情不会发生，因为办案区不像讯问室空间比较小，比较封闭，人声嘈杂，且录音录像的设备肯定也不如讯问室高级，即使从录像上看没有对犯罪嫌疑人使用违法行为，但在录音上难以保证声音清楚明了，而诱供是侦查人员惯用的一个手段，因此仅凭这样很难防范。在此笔者建议，在上面所说的基本录音录像条件达到的基础上，在人力物力允许的情况下，要想真正杜绝侦查人员的违法行为，应从侦查人员一接触到犯罪嫌疑人开始，就开始录音录像，至少保证录音，这样才能避免事前的威胁和逼供。

至于录音录像的结束时间，也应当规定为犯罪嫌疑人离开侦查机关办案区后。因为，犯罪嫌疑人可能会在侦查机关连续接受多次讯问，而为防止侦查人员在两次讯问之间的休息时间，对犯罪嫌疑人进行不正当的讯问，也应当进行录音录像。这样，犯罪嫌疑人受到侦查人员控制的整个阶段都被严格监控、透明化，侦查人员的行为一定会更加规范，违法行为也无隙可乘。

其次，录音录像设备的操作人员要专业化，程序要规范化。一般来说，犯罪嫌疑人在进入审讯室（提讯/审室、讯问室统称为审讯室）之前的录音录像与在审讯室的录音录像是不同的系统，需要不同的人员进行操作，而操作人员的专业素质和身份立场关系到整个录音录像的质量，所以，如果要使录音录像真正成为一套正规系统的制度，还需要有专业的人员来进行规范化操作。

对于犯罪嫌疑人在进入侦查机关之前的录音程序，可以由侦查人员自行录制。因为是便携式的，且最低保证可以录音即可，操作起来比较方便，但是为了避免侦查人员规避责任，不依法从接触犯罪嫌疑人开始录音，可以规定侦查人员在控制犯罪嫌疑人后应当先当面拿出录音设备，开启后，告知犯罪嫌疑人他们所有的对话都会被录音，也有可能会作为以后的证据使用，并让犯罪嫌疑人在见证单上签字，标明录音确实是从侦查人员接触到犯罪嫌疑人后开始录音的。

在讯问室之外的办案区，录音录像设备一般是自动开启，只要有专人负责维护设备正常运转，定期检查检修就可以。当然，对于这类人员也要有专门技术培训，这样才能保证设备不会出问题，尤其不能在关键时刻出问题，负责人员要对录音录像的质量负全责，如果因为人为疏忽或故意导致这部分录音录像受损，该负责人要承担相应责任。

最后，完善录音录像制度。一是负责录音录像的技术人员，要有较高的职业道德水平和专业素养，能够保持中立的态度，客观地操作机器，记录讯问过程的全部场景；二是在机器的操作上，要能够保证犯罪嫌疑人和侦查人员都进入画面之内而不是只有一方，以保证录音录像的真实性和客观性；三是技术人员要提前就位，准备好机器，犯罪嫌疑人一进入审讯室，就要开启录音录像设备，且侦查人员应当告知犯罪嫌疑人，从现在开始所有人的行为言语都会被录音录像，并为犯罪嫌疑人指认录音录像设备的所在之处，确定设备开启后让犯罪嫌疑人签字，待讯问结束后离开审讯室之前，要让犯罪嫌疑人再次确认机器还未关闭，且录像时间与讯问时间一致，并再次确认。只有这样，让犯罪嫌疑人也参与到录音录像录制的过程中，才能保证录音录像的公平公正性。

3. *录音录像资料的保存、移送和调取程序要规范*

录音录像虽然录制完成，但是后续还有大量的保存、移送等工作需要完善。由于录音录像资料数据信息大，时间点较多，因此在分类上必须特别仔细，避免混乱。侦查机关应该有专门人员负责事后将录音录像刻制成光盘并进行归类，审讯室的录音录像光盘应当一式三份，一份用于附卷移送，一份用于内部存档，一份用于侦查人员使用；审讯室之外的录音录像可以一式两份，一份用于存档和事后调取，一份用于侦查人员使用。由于这部分录音录像并不是法律规定范围内的录音录像，其目的是为了防止侦查人员在讯问前后有违法行为，仅用于非法证据排除时可作为证据使用，不主动附卷。

由于法律也没有规定关于录音录像附卷移送的内容，因此，可以参照J县公安机关的一些做法，对于有条件的侦查机关，可以将所有进行了录音录像的案件都在卷宗内附上光盘。如果物质条件不允许，可以只将法律规定的必须录音录像的案件光盘附卷。录音录像的光盘应当与讯问笔录的地位一样，不应当单独移送或走特别程序延迟移送，而应当与讯问笔录一样，附在卷宗内，直接移送下一机关，便于后面阶段的审查使用。

对于在侦查机关存档的录音录像光盘，如果说将其永久保存并不现实，但是至少应保存到整个案件审结结束后再销毁。当然对于这一点，法律也没规定，如，J县公安机关虽然已经能够做到将所有录音录像至少保存1个月左右，但是最低保存时间还是太短，1个月的时间可能犯罪嫌疑人还没有被移送审查起诉，如果案件未审结期间犯罪嫌疑人或者辩护律师对之前的讯问有异议，或者移送审查起诉的光盘受到损毁，想要调取公安监管存档的数据，公安机关如果拿不出来，不但无法证明犯罪嫌疑人的疑点，还有可能让侦查人员承担风险。因此，作者认为，侦查机关自己保存的录音录像资料，保存时间应当为案件审结结束后才能终止。

（三）建立完善侦查讯问阶段辩护律师在场制度

新《刑事诉讼法》已经将辩护律师的介入时间提前到侦查阶段，但是从J县的调查状况来看，侦查阶段律师能够发挥的作用还非常小，律师真正能参与到侦查讯问的机会几乎为零。比如，犯罪嫌疑人侦查阶段聘请辩护律师的比例还比较小，侦查机关对侦查阶段聘请律师的状况没有统计等，辩护律师在发挥辩护权方面无法真正实现侦查阶段律师介入的目的。尤其是对定罪量刑至关重要的讯问环节，律师完全发挥不了作用。虽然讯问时的录音录像制度，在一定程度上保证了讯问程序的公平正义，但是毕竟录音录像的操作还是由侦查机关一手掌控，犯罪嫌疑人在讯问时面对训练有素的、有国家强制力做强大后盾的侦查人员，依然处于“单打独斗求助无门”的境况，该项制度难以真正有效地制约侦查人员，保障犯罪嫌疑人的切身利益。建立讯问时的律师在场制度，不但能够有效保障犯罪嫌疑人的基本权利，及时为犯罪嫌疑人提供法律建议和帮助其正确运用诉讼权利，而且还是一个国家刑事诉讼程序人道性、透明性、公平正义性的充分体现，同时也符合现代刑事诉讼制度发展的趋势。

1. 确立犯罪嫌疑人决定律师是否在场的权利

讯问时的录音录像制度是国家为了对侦查人员的讯问行为进行监督，也是为了保存证据的需要，与讯问笔录性质相似，所以应当强制实施，而非犯罪嫌疑人的权利，但律师在场不同，犯罪嫌疑人有权利决定是否请辩护律师来介入案件，自然也有权利决定讯问时律师是否在场，毕竟律师也只是一个案外人。在此，还可以借鉴审判时是否应当必须由律师辩护的相关规定，对于案情影响范围广，作案人员人数4人以上，流窜作案等重大复杂案件，无论犯罪嫌疑人的意见如何，都应在讯问时安排律师到场。所以，首先侦查人员在讯问之始应当征询犯罪嫌疑人的意见，确定其是否需要律师到场。如果需要，应及时安排律师到场；如果犯罪嫌疑人表示不需要且不属于前述的重大复杂情况，则不需要安排律师在场。为了保证被追诉者充分行使该权利，避免因为犯罪嫌疑人不了解该项权利或经济条件的原因无法请律师，或者侦查人员故意简化对该项权利的描述，法律还应当规定，侦查人员在讯问开始前应详细告知犯罪嫌疑人有申请律师在场的权利，且说明如果放弃该权利的后果。此外，还应当制作书面记录或纸质表格，对征询是否需要律师在场的情况作出说明，并让犯罪嫌疑人签名并按指纹，将该记录一并附在该次讯问笔录后面。

2. 建立律师轮班制度

第一次讯问的地点一般在侦查机关内部，侦查人员所受的制约较少，且是攻破犯罪嫌疑人口供的重要讯问，所以比起其他时间的讯问来说，对犯罪嫌疑人的第一次讯问更容易发生违反程序甚至违法的行为。但考虑到我国的各地经济发展水平以及国民素质和律师数量的参差不齐，公民平时很难会有固定的咨询律师，且第一次讯问时经常处于时间紧迫甚至半夜的状态，让所有犯罪嫌疑人在第一次讯问时就能短时间内聘请到律师并使其及时到场难以实现，很多犯罪嫌疑人还可能会为了省钱即使有时间找律师也不请律师，所以，为了保障第一次讯问时犯罪嫌疑人能够及时得到律师的帮助，应该建立一种侦查机关聘请律师在侦查机关内部轮值坐班的制度。其既可以是律所的法律援助律师，每位律师轮流在侦查机关坐班，由侦查机关或者政府给予补贴；也可以是侦查机关专门聘用的公职律师，只在侦查机关内部上班。这样就能够保证有意愿请律师但一时无法请到律师的时候，可以暂时由公职律师或派驻律师为其提供法律帮助，参加现场讯问。

3. 确定初步建立律师在场制度的具体要求

事实上，律师在第一次讯问时在场的主要作用是为了监督侦查人员是否有程序违法或侵害犯罪嫌疑人权益的行为，同时为犯罪嫌疑人提供必要的法律帮助。由于我国没有确立犯罪嫌疑人的沉默权，而是要求其必须“如实回答”，且侦查人员在适应录音录像制度上尚存在困难，更别说在讯问时律师与侦查人员同在一屋的情况了。因此，结合我国的现实情况，为了能够更好地实施律师在场制度，可以采取一个折中的办法，来缓冲律师在场对我国传统讯问方式的冲击。为了避免律师直接在场增加侦查人员的心理压力，造成讯问程序不能正常有效地进行，可以让律师在录音录像监控室进行旁听，这样律师既能随时掌握讯问室内的动向，又可以让侦查人员暂时忘记律师的存在，保证讯问的效果。此外，为了保证律师能够及时阻止侦查人员的违法行为，律师和侦查人员之间应当有对讲机保持联络。现在侦查人员一般不会出现肢体上的违法行为，更多的是语言上的威胁、诱供，如果律师发现侦查人员有语言上的威胁、引诱犯罪嫌疑人进行不正确的表述，律师有权当场提出异议，阻止这一行为；如果到达一次讯问持续的最长时限而讯问未终止，律师有权提出终止讯问的要求；如果应当为犯罪嫌疑人提供必要的饮食和休息而未提供的，律师也有权提出要求。初步建立的律师在场制度应该说是一种间接在场制度，且律师主要监督的是一种程序上的事情，通过保证程序的规范性、合法性来保障犯罪嫌疑人的权利，而非参与到实际的事实调查中，不做事实上的辩护。

新《刑事诉讼法》已经确立了讯问时的录音录像制度，在保障犯罪嫌疑人权益上迈上了新的高度，如果能够再确立讯问时律师在场制度，就能作为保障犯罪嫌疑人权利的双保险，让讯问变得更加透明化、程序化、公正化。

五　小结

在现代刑事诉讼程序中，侦查程序的重要地位不言而喻。一方面，现代社会的犯罪愈加复杂化、高智商化、高科技化，使得侦查在绝大多数案件中成为破获犯罪、确定被告人的不可或缺的程序。非经侦查，无从收集固定证据；非经侦查，无从发现犯罪嫌疑人。因此，侦查可谓起诉和审判的前提和基础。另一方面，侦查活动以国家强制力为后盾，侦查活动的开展以限制甚至剥夺公民的法定权利为代价。侦查权力的任何不当行使或者异化滥用，均可能对公民合法权益造成严重侵犯。[①] 此次《刑事诉讼法》的修改，在健全侦查程序、规范侦查行为方面有着显著的进步，然而，立法的诸多不足之处在法律文本的冲突及司法实践中发现的老问题、新困境中逐渐暴露出来，也为未来刑事诉讼法学理论与立法、司法实践的互动与不断探索提供了动力和条件。正如一位学者所说，立法并不能完全决定一部法律的成败，法律效果的发挥更多要依赖司法实务中的法律解释活动来完成。长期以来，中国刑事诉讼法研究已经习惯于围绕立法活动进行宏大立论和论证，对于法律解释的技术问题殊少关注。或许真的需要来一个漂亮的“转身”：由“立法中心主义”的研究转向“司法中心主义”的研究，由“法学外的研究”转向“法学内的研究”。[②]

---

① 参见卞建林：《中国特色刑事诉讼制度的重大发展》，载《法学杂志》，2012 年第 5 期。

② 参见万毅：《解读“技术侦查”与“乔装侦查”——以〈刑事诉讼法修正案〉为中心的规范分析》，载《现代法学》，2012 年第 6 期。

第六章　审查起诉程序

审查起诉是连接侦查和审判的桥梁，其承前启后的作用不言而喻。同时审查起诉程序还是检察机关实现法律监督职能的重要手段。审查起诉作为公诉权的基本权能之一，是否可以正确、充分地行使，直接关系到检察机关职能作用的发挥和案件当事人合法权益的维护。准确、及时地惩罚犯罪，防止检察官滥用起诉权，确保无罪的人不受刑事追究，是司法理论与实践共同追求的目标。

实践是检验真理的唯一标准，新《刑事诉讼法》已实施了两年多，实施状况如何？审查起诉阶段法律落实状况是否顺应了立法修正的本意？为此课题组通过对J县2013年、2014年刑事诉讼案件的全面、系统、准确的分析，获取了公、检、法、司等机关对新《刑事诉讼法》实施状况的第一手调研资料。现将新《刑事诉讼法》中审查起诉程序的实施情况、经验、存在问题及建议报告如下。

一　概述

新《刑事诉讼法》对审查起诉程序的修改，主要有五大方面：加强了对辩护权的保障；增加了检察院对羁押必要性的审查；将非法证据排除提前到在侦查、审查起诉、审判时发现有非法证据，应当予以排除；增加了检察院对简易程序出庭支持公诉的要求；增加了当事人和解的公诉案件诉讼程序。

（一）新《刑事诉讼法》中关于审查起诉程序的修改

1. 加强对辩护权的保障

新《刑事诉讼法》第38条规定："辩护律师自人民检察院对案件审查起诉之日起，可以查阅、摘抄、复制本案的案卷材料。其他辩护人经人民法院、人民检察院许可，也可以查阅、摘抄、复制上述材料。”该条规定加强了对辩护人阅卷权的保障，同时规定检察机关在审查起诉阶段应当听取辩护人、诉讼代理人的意见并记录在案。

这意味着案件一旦进入审查起诉阶段，侦查活动就已终结，有关证据材料就已被侦查人员收集在案并加以固定，辩护律师及其他辩护人了解、掌握这些材料对侦查活动就已经没有妨碍了；此外，在审查起诉阶段，检察机关的职责是对办案机关移送的案件事实、证据、法律以及程序等方面进行客观、全面的审查，以决定是否对本案提起公诉。让辩护人查阅案件的所有材料，有助于辩护人从维护犯罪嫌疑人、被告人合法利益的角度发现案件办理存在的问题，提出有事实依据的辩护意见，有利于检察机关对案件作出客观、公正、正确的审查决定；同时，新法对辩护人阅卷范围作出了明确规定，这不仅可以防止办案机关和办案人员对辩护人阅卷作任意限制，还对辩护人的阅卷权起到了一定的保障作用。

2. 增加检察院对羁押必要性的审查

新《刑事诉讼法》第93条规定：“犯罪嫌疑人、被告人被逮捕后，人民检察院仍应当对羁押的必要性进行审查。对不需要继续羁押的，应当建议予以释放或者变更强制措施。有关机关应当在十日以内将处理情况通知人民检察院。”逮捕作为最严厉的强制措施，目的在于防止犯罪嫌疑人逃避公安司法机关对其刑事责任的追究，以保证诉讼活动的正常进行。新《刑事诉讼法》规定了逮捕羁押必要性审查制度，包括三个方面内容：①审查内容是逮捕必要性。②审查范围包括全部逮捕类型。既包括人民检察院批准或决定的逮捕，也包括人民法院决定的逮捕，涉及的诉讼环节包括批准或决定逮捕之日至判决生效。③责任部门是人民检察院。

建立对在押人员羁押必要性的定期审查机制，是对现行逮捕制度的一项重要改革。对改变目前一旦批准逮捕便无人过问、一押到底的状况具有重要意义。这个定期审查机制主要是通过人民检察院监所检察部门获取的在押人员的一些信息，如所犯罪行的性质、情节是否严重，犯罪事实是否已经查清，本人对所犯罪行是否有坦白、自首、立功和悔罪情节，是否积极赔偿受害人，在本地有无固定居所、工作单位等方面的信息，对其人身危险性作出一系列综合评估后，进而判断是否有继续羁押的必要。人民检察院定期进行羁押必要性审查，既可以依职权主动进行，也可在犯罪嫌疑人和被告人及其近亲属或者辩护人向检察机关提出解除、变更羁押措施时被动进行。人民检察院审查后认为“对不需要继续羁押的，应当建议予以释放或者变更强制措施。有关机关应当在十日以内将处理情况通知人民检察院”。

需要指出的是，逮捕后对在押人员的羁押必要性审查与捕前逮捕必要性审查的重点是不一样的。逮捕前因案件还在侦查之中，逮捕必要性审查多将不逮捕是否会毁灭、伪造证据，实施新的犯罪等作为考量的重点。而逮捕后的羁押必要性审查通常是在逮捕一段时期以后进行，主要评估有无继续危害社会，阻碍诉讼顺利进行的可能性等。

3. 将非法证据排除提前到审查起诉阶段

新《刑事诉讼法》第 54 条对公检法三机关在各自诉讼阶段都负有对非法证据的排除义务作了明确规定：“在侦查、审查起诉、审判时发现有应当排除的证据的，应当依法予以排除，不得作为起诉意见、起诉决定和判决的依据。”

新《刑事诉讼法》扩大了非法证据的范围；强化了检察机关对非法取证行为的监督；增加了对证据合法性的法庭调查；明确了当事人及其辩护人、诉讼代理人申请排除非法证据的权利，但应当提供相关线索或者材料；明确了检察机关对证据合法性的证明责任；明确了非法证据排除的原则与标准；将非法证据排除提前到在侦查、审查起诉、审判时发现有非法证据予以排除。

制定证据排除规则的主要目的之一是规范侦查人员的取证行为，公安机关、检察机关在办理案件过程中有义务按照证据排除规则的规定，通过合法程序收集证据。如果案件在侦查阶段或者审查起诉阶段可以不适用证据排除规则，那么就意味着公安机关、检察机关的调查取证、审查证据的活动不受证据排除规则的约束，这对遏制侦查阶段的非法取证行为没有任何好处，制定证据排除规则的实际意义也会大打折扣。在侦查阶段，侦查机关发现有通过非法手段获取证据的，也应予以排除。在审查起诉阶段，检察机关无论是作为法律监督机关，还是从履行职责和保证起诉质量的角度出发，都应当主动排除非法证据。如果等检察机关提起公诉的案件到了审判阶段再由法官运用证据规则对非法方法取得的证据予以排除，势必造成有些案件由于时过境迁，证据灭失，无法补证，而影响对犯罪的打击和司法的公信力。证据排除规则对公检法三机关收集、运用证据的活动都具有普遍的指导意义，公检法三机关在各自的诉讼阶段都有义务严格按照证据排除规则的要求对非法取得的证据予以排除。

4. 检察院出庭支持公诉的变化

新《刑事诉讼法》第210条第2款规定："适用简易程序审理公诉案件，人民检察院应当派员出席法庭。"人民法院审理公诉案件，人民检察院应当派员出席法庭支持公诉。适用简易程序审理公诉案件，人民检察院也应当派员出席法庭。这就说明对每一个公诉案件，只要公诉机关起诉到人民法院，公诉机关都要出庭支持公诉。

开庭审理公诉案件作为一个完整刑事审判，检察院派员出庭一方面是代表国家对犯罪提出指控，另一方面检察院作为法律监督机关，还负有对法庭定罪量刑是否公正合法进行监督的职责。如果简易程序中人民检察院不派员出庭，由法官代行控诉职能，宣读起诉书，出示证据，提出量刑建议，法官身兼控诉和审判二职，其中立地位令人质疑，这也不符合"控审分离"的基本要求。此外，如果在庭审中出现被告人及其辩护人提出具有自首、立功等从轻、减轻处罚的情节，对案件定性或量刑提出辩解，或者发现不宜适用简易程序审理的情况，需要决定是否转换程序的情况，若法庭未按相关规定处理，而公诉人未出庭，那么就更无从发现审判中是否存在违反法定程序的情况，更遑论提出纠正意见，这不利于审判活动的顺利进行。因此，新法对该条进行了修改。

5. 增加当事人和解的公诉案件诉讼程序

一些地方在探索公诉案件的当事人和解制度的实践中，做法不一。有的在双方当事人达成和解协议后，对犯罪嫌疑人不移送审查起诉或者不起诉；有的则不限定案件范围，将达成和解作为从轻处罚的考量因素。2012年《刑事诉讼法》的修改，根据各方面意见和总结各地的司法实践经验，规定了对达成和解协议案件的处理原则：对于达成和解协议的案件，公安机关可以向人民检察院提出从宽处理的建议。人民检察院可以向人民法院提出从宽处罚的建议；对于犯罪情节轻微，不需要判处刑罚的，可以作出不起诉的决定。人民法院可以依法对被告人从宽处罚。"从宽处罚"是指依法对犯罪嫌疑人、被告人从轻、减轻或者免除处罚。这样规定，使刑事和解协议可能产生的、可预期的法律后果一目了然，可以促使犯罪嫌疑人、被告人真诚悔罪，改过自新，又不致影响对犯罪的追诉和惩罚，避免依和解协议免除处罚而放纵犯罪。如何从宽处罚可以由人民法院根据人民检察院的建议和案件情况、当事人和解协议依法裁量。

因此，新《刑事诉讼法》规定公诉案件，在侦查、审查起诉和审判三个诉讼阶段，双方当事人都可以进行和解，但办案机关对和解案件处理的权限和方式，应当根据分工负责、互相配合、互相制约的原则，不同诉讼阶段有所区别。这样的规定延伸了公诉工作的职能，并将公诉工作纳入大调解机制，充分发挥公诉工作在化解社会矛盾、构建和谐社会中的作用。

（二）实施概况

关于审查起诉程序部分，课题组前期进行了调查问卷设计，针对2012年《刑事诉讼法》修改所针对的五大方面内容，设计了一系列相关、具体、细化的问题，以期得到客观、准确、全面的数据，深入到J县公、检、法、司各机关，与相关负责人员详细讲解调查问卷具体填写方式；中期对调查问卷的数据进行了认真的归纳、统计、总结；后期进行了大量的翻阅卷宗、调取电子档案、核实数据、实地访谈工作，走访了J县公安局政策研究室、南城派出所、法院档案室、检察院政策研究室、检察院公诉科、检察院反贪处。

本部分调研方法包括：设计问卷，全面收集数据；查阅电子办案记录系统、翻阅卷宗、查看相关机关部门内部考核机制、年度总结报告等资料；与公、检、法、司各机关相关人员交流、座谈，了解情况。以下为具体实施情况。

1. 审查起诉案件数量情况

2012年，刑事审查起诉案件398件，提起公诉案件217件，不起诉案件1件。2013年，刑事审查起诉案件403件，其中，检察院受理公安机关移送的刑事审查起诉案件总数为327件，占总案件比例的81%；提起公诉的案件387件（包括自侦案件），不起诉的案件25件。2014年，刑事审查起诉案件403件，其中，检察院受理公安机关移送的刑事审查起诉案件395件，占总案件的比例98%；提起公诉的案件380件（包括自侦案件），不起诉的案件23件。

2. 审查的管辖及期限

2013年J县共有1件案件（宁志杰贩毒案）为指定管辖，其他均为本辖区内管辖，检察院对于公安机关移送起诉的案件的审查起诉期限均在一个月之内作出了决定。2014年无管辖权异议案件。

3. 审查的方式

2013 年 J 县检察院审查案件的主要方式及其数量数据统计如下：

2013 年、2014 年 J 县检察院审查案件的主要方式一览表

表 3 单位:件

年份 \ 审查方式	审查案卷	听取辩护人的意见	听取被害人、诉讼代理人的意见	启动非法证据排除程序	羁押必要性审查
2013 年	796	565	480	3	7
2014 年	1209	134	938	5	183

其中，对于非法证据排除程序的启动主要是在检察官在讯问犯罪嫌疑人过程中，犯罪嫌疑人供述其在侦查阶段受到了侦查人员的刑讯逼供，并简略地描述了刑讯逼供的时间。检察院立即要求办理此案的侦查人员提供相应的证据证明其取证的合法性，侦查人员通过提供讯问犯罪嫌疑人的同步录音录像、入所体检报告（犯罪嫌疑人进入看守所前，由看守所对其身体健康情况进行的体检）以及对犯罪嫌疑人的亲属进行询问，排除了侦查阶段存在违法取证的可能性。

4. 审查后的处理情况

2013 年，J 县检察院对案件审查后的处理情况主要包括：审查起诉案件总数 403 件。要求侦查部门提供法庭审判所需要的证据材料 16 件，要求侦查部门对证据的合法性作出说明 3 件，退回侦查部门补充侦查 48 件，二次补充侦查 16 件，不起诉 25 件，自行侦查若干。2014 年，J 县检察院对案件审查后的处理情况主要包括：审查起诉案件总数 403 件，包括 2013 年未审结的案件。要求侦查部门提供法庭审判所需要的证据材料 68 件，要求侦查部门对证据的合法性作出说明 5 件，退回侦查部门补充侦查 144 件，二次补充侦查 21 件，不起诉 23 件，自行侦查 36 件。

5. 公诉案件审查报告及检察建议

（1）公诉案件审查报告

对于人民检察院审查后提起公诉的案件，人民检察院需要制作审查报告。2013 年、2014 年 J 县检察院每年制作审查报告 1 万页以上，重大案件平均每件案件审查报告在 100 页以上。审查报告主要包括以下几个方面：犯罪嫌疑人及其他诉讼参与人的基本情况；发、破案经过；审查部门认定的犯罪事实和意见；相关当事人、诉讼参与人的意见；审查认定的事实、证据及分析；需要说明的问题；承办人意见：对全案事实证据情况的意见；对案件定性和法律适用的意见；量刑建议；附件：起诉书草稿；与案件有关的法律法规和司法解释。

（2）提出适用简易程序的建议

2013年，J县检察院向J县法院提出适用简易程序建议的案件共48件。其中检察院都在起诉书中写明了适用简易程序，并将具体的量刑建议写入审查报告和起诉书内，所有简易程序开庭的案件均派员支持了公诉。2014年，J县检察院提出适用简易程序建议的案件共46件，多数是交通肇事案和危险驾驶案。

（3）量刑建议

量刑建议是检察院实行诉讼监督的重要保障，在全国量刑建议制度伴随量刑程序改革的开展下，最高人民检察院和最高人民法院于2010年2月23日和2010年9月30日分别下发了《人民检察院开展量刑建议工作的指导意见（试行）》和《人民法院量刑程序指导意见（试行）》，以及最高人民法院、最高人民检察院、公安部、国家安全部、司法部联合制定了《关于规范量刑程序若干问题的意见（试行）》（以下简称《量刑程序意见》），为量刑建议的施行提供了法律依据。2013年，J县检察院决定提起公诉的案件353件，最终法院宣判无罪的案件为0件。在宣判有罪的案件中，采纳控方检察建议的案件多达到95%以上。2014年，J县检察院决定提起公诉的案件403件，最终法院宣判无罪的案件为0件。

6. 提起公诉案件的处理情况

2013年，J县检察院提起公诉的案件共387件（包括自侦案件），最终法院宣判无罪的案件为0件，宣判有罪的案件为353件。一审审结没有上诉的案件303件。2014年，J县检察院提起公诉的案件共380件（包括自侦案件），法院判决308件，最终法院宣判无罪的案件为0件，宣判有罪的案件为308件。一审审结没有上诉的案件298件。

7. 不起诉案件的实施情况

2013年J县检察院不起诉的案件数量为25件。其中，24件为相对不起诉案件，1件为法定不起诉案件。在24件相对不起诉案件中，涉及的罪名有：涉嫌虚开增值税专用发票罪、涉嫌盗窃罪、涉嫌故意伤害罪、涉嫌交通肇事罪，其不起诉理由均为犯罪情节轻微、当事人和解、取得被害人原谅。1件为法定不起诉，由于法律对寻衅滋事罪判定条件的修改，使案件所涉行为依法不构成犯罪。对检察院决定不起诉案件有异议的案件为0件。2014年J县检察院不起诉的案件数量为23件。其中，23件为相对不起诉案件，0件为法定不起诉案件。在23件相对不起诉案件中，涉及的罪名有：涉嫌故意伤害罪、涉嫌交通肇事罪等，其不起诉理由均为犯罪情节轻微、当事人和解、取得被害人原谅。对检察院决定不起诉案件有异议的案件为0件。

J县检察院决定案件不起诉程序需要由检察长、分管检察长、部门负责人签字。对于不起诉案件的处理，主要是对被不起诉人进行教育，将不起诉决定书送达被不起诉人及其所在单位，对在押不起诉人释放，将不起诉决定书送达公安机关。由调查数据可知，新《刑事诉讼法》实施后，不起诉案件的数量有所增加，体现了检察机关决定案件进入公诉程序的慎重。

二　J县经验及实施工作的肯定之处

通过调研，我们发现J县检察院对审查起诉程序的实施，有一些经验和值得肯定的地方，主要可概括为以下几个方面。

（一）扩大了律师阅卷权的范围

新《刑事诉讼法》规定，无论审查起诉阶段还是审判阶段，辩护律师都可以查阅、摘抄、复制本案的案卷材料。所谓本案的案卷材料，应该是指该案的全部诉讼文书及全部证据材料。但在不同诉讼阶段范围有所差异。在审查起诉阶段，主要是侦查终结后侦查机关向检察机关移送的全部诉讼文书和全部证据材料，此外，还有退回补充侦查后补充的证据材料。到审判阶段后，则应当是检察机关向法院移送的全部诉讼文书和全部证据材料，也包括在审查起诉阶段，检察机关自行收集补充的证据材料。显然，阅卷的范围从以往的部分材料扩大到了案卷材料，这对于辩护律师充分展开辩护有非常重要的意义。

其他辩护人经检察院、法院许可，也可以查阅上述案卷材料。为了防止有利犯罪嫌疑人、被告人的证据材料不被全部移送，新《刑事诉讼法》第39条还规定："辩护人认为在侦查、审查起诉期间公安机关、人民检察院收集的证明犯罪嫌疑人、被告人无罪或者罪轻的证据材料未提交的，有权申请人民检察院、人民法院调取。"这就可以使辩护人全面掌握不利和有利于犯罪嫌疑人、被告人的证据材料，保障了辩护人充分参与诉讼的权利。

在对J县检察院公诉部门的调研中，我们发现，检察机关扩大了律师阅卷权的范围，充分给予辩护人发表意见的权利，这样不但没有阻碍公诉工作的正常进行，反而提高了审查起诉和审判阶段的效率，辩护方和公诉方对于案件有异议的地方，提前沟通，交换意见，对于有瑕疵的证据，提前核实，避免了进入审判阶段后很多不必要的对抗与争执，节约了时间与成本，大大提高了诉讼效率。

（二）公诉人出庭简易程序

1996年《刑事诉讼法》规定，适用简易程序审理的公诉案件，人民检察院可以不派员出席法庭。但2012年《刑事诉讼法》修改却要求适用简易程序审理公诉案件，人民检察院应当派员出席法庭。作出这一修正，主要是基于以下几点考虑：

第一，人民检察院派员出庭支持公诉是履行其追诉职责的重要内容。新《刑事诉讼法》第184条（原第153条）规定："人民法院审判公诉案件，人民检察院应当派员出席法庭支持公诉。"

第二，公诉人出庭是审判结构的要求。众所周知，我国的审判结构是由控、辩、审三方构成的等腰三角形，控辩双方应在平等的基础上平等武装、平等保护、平等对抗、平等合作，法官保持中立，不偏不倚，居中裁断。如果公诉人不出庭，则审判结构将会失衡。由法官代行控诉职能，宣读起诉书，出示证据，提出量刑建议，意味着法官身兼控诉和审判二任，其中立地位荡然无存，不符合"控审分离"的基本要求。如果公诉人不出庭，则被告人及其辩护人无法与公诉方展开辩论，是对被告人辩护权与质证权的严重侵犯。

第三，公诉人出庭是行使其控诉职能的需要。在案件审理过程中，如果公诉人不出庭，其指控和举证职能则无法实现，也无法与被告人一方展开相互质证和辩论。而且，如果在庭审中出现被告人及其辩护人提出具有自首、立功等从轻、减轻处罚的情节，或者对某些指控事实持有异议，或者对案件定性或量刑提出辩解，或者发现不宜适用简易程序审理的情况，需要决定是否转换程序时，公诉人却未出庭，这会导致此类情况难以公正、有效处理，不利于审判活动的顺利进行。

第四，检察院派员出庭是履行审判监督职能的需要。我国人民检察院是国家法律监督机关，对审判活动是否依法进行实行法律监督。新《刑事诉讼法》第203条（原第169条）规定："人民检察院发现人民法院审理案件违反法律规定的诉讼程序，有权向人民法院提出纠正意见。"如果简易程序中人民检察院不派员出庭，则根本无从发现审判中是否存在违反法定程序的情况，更不可能提出纠正意见。

在调研中我们发现，J县检察院严格遵守法律规定，已将公诉人出庭支持简易程序公诉列为工作范围内并加以执行。相应的，不再以提交量刑建议书的形式提出量刑建议，而是当庭提出量刑建议，不仅提高了诉讼效率，而且发挥了检察院诉讼监督职能，但同时也应当注意，尽管法律要求适用简易程序审理公诉案件，人民检察院应当派员出席法庭，但并不意味着公诉人出庭支持公诉，在讯问被告人、出示证据、法庭辩论等方面完全等同于普通程序。简易程序之所以名为"简易"，当然应当有别于普通程序，到底如何具体简易和运作，需要有关部门在贯彻实施新《刑事诉讼法》的过程中加以进一步明确和细化。

（三）审查报告

2002年最高人民检察院公诉厅发布了《关于试行公诉案件审查报告综合化改革的通知》，审查报告综合化是指通过充实公诉案件审查报告的内容，将以往办案程序中的阅卷笔录、复核证据提纲、审结报告及出庭预案等文字材料综合在一起，使公诉案件审查报告能全面反映从受案到出庭前的工作内容的办案方式。

2013年、2014年J县检察院每年制作审查报告1万页以上，重大案件平均每件案件审查报告在100页以上。清楚、确实、充分、直观的审查报告，为法院对案件的审理提供了完整、详尽的参考，是法官审判案件重要的依据。

其中，对于复杂的情节、流程和证据，审查报告中分别用图表的形式直观、清晰地理顺了各种关系，对案件审查中发现的问题用不同的符号标记说明。对每一份证据主要阐明了此证据的证明点、与其他证据的吻合点和矛盾点，简明扼要地摘抄了卷宗内容，突出了证据的特点。与此同时，办案人在认定证据的基础上，结合存在的问题，对本案所有证据的证明力、客观性、合法性以及证据间的关联性等进行综合分析论证，从而得出所建立的证据体系是否完善、证据是否充足的结论。对于重大疑难案件，只摆客观事实，不做具体审判建议。并对案件所反映的体制问题归纳总结，从法律层面上升到体制层面，充分发挥了检察机关的审查监督职能。

通过调研，我们发现J县检察院公诉部门业务人员所制作的审查报告既能够通过报告把案件情况介绍清楚，把自己的观点阐述清楚，又能做到详略得当，重点突出。这些J县特色，值得检察系统内部借鉴与学习。

（四）量刑建议

调研数据显示，在宣判有罪的案件中，法院采纳控方检察建议的案件达到95%以上。通过调研，我们发现对量刑建议如此高的采纳率，主要原因有以下几点。

首先，J县检察院制定了明确的量刑建议目标和积极、慎重、稳妥、由易到难的量刑建议原则。其次，J县检察院为了提高公诉人员的业务技能，使其能准确把握量刑情节，所提量刑建议合法、合情、合理，说服力强，能够说服法官、辩护人、被告人、被害人以及旁听人员，建立了量刑建议考评机制。对于量刑建议采纳情况组织专门人员进行考评，不但将其作为对公诉人办案质量考评的一项重要内容进行考察，而且作为对法官办案质量和廉洁执法的一项监督制度，发现同一法官对正确的量刑建议多次未采纳，且不能说明合理理由的，J县检察院将这一情况作为徇私枉法的职务犯罪线索，随时移交反渎职侵权部门调查。最后，通过与公安机关配合和监督，充分利用提前介入、证据审查、补充侦查、检察建议等手段，引导公安机关在侦查阶段做好定罪取证的同时，加强了对量刑证据的调查工作。通过与审判机关的协调和配合，加大了对法院量刑情况的监督力度，提高了量刑建议的采纳率，使量刑建议工作得到了有效落实。

（五）抗诉工作

抗诉工作是检察院的重要职能之一，准确、有效的抗诉是纠正冤假错案、维护司法公正、提高司法公信力的重要保障，是法律监督的最后一道防火墙。J县检察院2012年全年共提出抗诉案件8件，均获改判，2013年全年共提出抗诉案件7件11人，均获改判，2014年全年共提出抗诉2件，均未改判。通过调研，我们发现J县检察院控诉工作有很多宝贵的经验值得借鉴。

首先，J县检察院从事实证据变化、法定情节认定、法律适用、量刑是否在量刑建议幅度内、诉讼程序是否存在重大违法等方面寻找“抗点”。在审查判决裁定时，重点审查上述几个方面，阐明自己的观点。其次，采用对抗式审查发现“抗点”，即指定一人与案件原承办人共同对判决裁定进行审查，一人从支持抗诉角度审查抗诉的事实、证据和法律依据，另一人则从辩护角度提出不利于抗诉的问题和理由，从而辨明是非，准确判断判决裁定是否正确，是否符合抗诉条件。再次，采用交叉评析法律文书发现“抗点”。在收到判决后二日内，即对判决书进行交叉评析，重点评析诉判是否一致、诉讼程序是否合法等问题，拓宽发现抗诉案件的途径。最后，采用量刑分类对比审查发现“抗点”。先对案件进行分类，对同类案件明确专人进行审查，总结归纳同类案件判决中可能出现的“抗点”，及时掌握同类案件的审判平衡状况，提高审查的针对性。

对于被害方提出抗诉申请的，J县检察院全部给予书面答复，符合抗诉条件的，即予支持。由于“抗点”把握的准确，抗诉案件的抗诉意见法院基本予以采纳。这些宝贵的经验值得检察院系统内部予以借鉴。

三　新法在立法及司法实践中存在的问题

在新《刑事诉讼法》实施过程中，J县检察机关在司法实践中总结出了具有当地特色的经验，但是，与进步并存的还有一些不尽如人意之处，通过分析与总结，我们发现了以下问题。

（一）退回补充侦查的适用率偏高

退回补充侦查是在原侦查的基础上作出的进一步查清犯罪事实，收集证据的诉讼活动，因此，退回补充侦查只适用于原侦查有瑕疵的刑事案件，是消除原侦查行为瑕疵的补充措施。退回补充侦查作为刑事诉讼中唯一的程序倒流制度，理应属于非常态化程序。但通过对J县审查起诉案件的数据分析了解到，2013年J县检察院退回补充侦查的案件为48件，二次补充案件16件，2014年退回补充侦查案件144件，二次侦查案件21件，超过受理案件总数的40%均需退回侦查机关补充侦查。这说明，检察机关每受理5件案件就有2件案件必将被退回补充侦查。由此可见，在司法实践中，退回补充侦查使用率明显偏高，退回补充侦查由原来的非常态化地位逐渐转变为常态化，也可以看到公安机关对案件的侦查力度有待加强。

退回补充侦查率偏高的原因有以下几方面：首先，退回补充侦查条件设置的不够细致。《刑诉规则》第380条规定，犯罪事实不清、证据不足或遗漏罪行、遗漏同案犯罪嫌疑人等情形，可以退回补充侦查。但在司法实践中，几乎所有的案例都可以归纳为犯罪事实不清、证据不足，立法上的模糊，导致了承办人员对退回补充侦查程序的滥用。其次，审查起诉期限设置不合理。刑诉法规定对重大复杂案件的审查期限为一个半月，但在司法实践中，在法定时间内审查完毕，几乎不可能。所以，只有利用退回补充侦查来弥补办案期限规定的不足。此外，侦查人员对除口供之外证据的收集和获得意识欠缺，也是导致证据不足，无法起诉的重要原因之一。

补充侦查作为侦查活动的延续，有利于查清案件事实，保障公诉案件质量，有力惩罚犯罪。然而，如果退回补充侦查被频繁使用，退补率过高，尤其是二次退补率案件所占比例过高，就会拖延诉讼周期，降低诉讼效率，影响诉讼程序的正常运转，也会严重侵犯犯罪嫌疑人的合法权益。因此，应当予以重视和完善。

（二）考核制度制约法律的有效实施

通过调研我们发现，公检法三机关都有各自的内部考核制度，包括羁押率、逮捕率、有罪判决率、不起诉率、审查起诉率，这些考核制度和指标直接与办案人员的业绩、奖金、工资挂钩，这种内部规定对办案的办案思维与模式无形中起到了导向作用，制约了新《刑事诉讼法》的客观、有效实施。而这些考核制度由来已久，并且大部分都是由省级公检法机关制定，导致其下级单位以此为蓝本，纷纷效仿。比如考核制度中的案件有罪判决率，直接导致检察院公诉人员的业绩考核和国家对犯罪嫌疑人的赔偿问题。实践中，对于可能判处无罪的案件，法院往往将其返回检察机关，使其做出不起诉的决定，这就导致了诉讼程序的回流，影响了法律的实施。

考核制度的设立初衷是规范公安司法工作人员的职权行为，防止其滥用职权。然而，与司法实践脱离的不切合实际的考核制度过多出现，不仅会使公安司法工作人员唯制度论，无视法律规定，更会滋生冤假错案的发生，不利于司法的公正，我们说，当效率与公正发生矛盾时，要坚持公正第一的原则，因此，对于不合理的、影响司法公正的考核制度应当坚决进行修改或重新制定。

（三）羁押必要性审查立法缺失

新《刑事诉讼法》第 93 条对羁押必要性审查的内容增加了新的规

定，“有关机关应当在十日以内将处理情况通知人民检察院”。这既有利于保护在押人员的合法权益，又增强了检察机关法律监督的刚性；既有利于有效缓解看守所的羁押压力，又有利于促进社会和谐与公正执法。

随着诉讼进程的推进，一旦发现犯罪嫌疑人、被告人不需要继续羁押的，人民检察院应当建议有关机关予以释放或变更强制措施。但是，因为我国并没有将羁押期限与审理期限进行明确区分，所以人民法院延长办案期限事实上也会造成延长羁押期限，而对这个阶段羁押必要性的审查却是一个盲区。从这个角度看，羁押必要性审查并非只有在侦查和审查起诉环节有存在必要，在审理裁判环节也有存在必要。

羁押措施直接限制或剥夺犯罪嫌疑人、被告人的人身自由，它使得一个在法律上尚处于无罪地位的公民丧失或者基本丧失了从事正常社会活动的必要条件。因此，法治国家应完善人身强制措施程序的立法规定，为其限定更为严格的条件和程序。

（四）非法证据排除使用率偏低

2013年，J县检察院启动非法证据排除程序的案件为3件，2014年，启动非法证据排除程序的案件为5件，约占审查案件总数的百分之一，非法证据排除程序使用率极低。

通过调查，我们发现使用率低的原因有以下几点：首先，根据新《刑事诉讼法》的规定，检察院对非法收集的证据具有调查核实并作出相应处理的职责。实践中，检察机关在审查批捕和审查起诉中主要通过对侦查人员移送的案卷材料进行书面审查，讯问犯罪嫌疑人来检查侦查人员是否存在非法取证情形。在很多情况下，案卷材料已经被侦查人员做了技术处理，并不能真实再现侦查场景。询问中同步录音录像本应是最有效的一种方式，然而该录像为公安机关自行制作，实践中在录制、播放以及法庭审核等方面存在诸多问题。此外，在法庭上的播放也存在选择性播放的问题，调取同步录音录像同样也难以发现问题。

另外，现行法律规范并没有对检察机关批捕、公诉部门调查核实非法证据的诉讼期间作出规定，导致其不得不在审查批捕和审查起诉期限内挤出一定的时间来完成调查核实侦查取证情况。但审查批准逮捕的时间最长不能超过七天，审查起诉的时间也仅为一个月，如此短的时间内，即使检察机关发现侦查机关存在非法取证的情况，想要进行细致的调查也比较困难，因此侦查机关更加不愿意告知辩方享有此项权利，从而避免给自己带来一些不必要的麻烦。

根据《刑诉规则》的规定，检察机关可以通过派员参加侦查机关的案件讨论以方便监督和引导取证行为，但这仅限于重大案件，且侦查机关往往以侦查活动需要保密为由限制检察机关的有效参与。综上，检察机关介入知悉侦查活动的渠道不畅、机制不健全，直接导致了检察机关依职权发现、调查侦查机关非法取证的效果大打折扣。

四　对立法及相关司法制度的完善建议

通过这次调研，不难发现在新《刑事诉讼法》颁布后的前两个年头，基层司法机关对其实施和运用的情况还存在一些问题。我们理应对这些问题提出相应的完善建议，以求完善我国的司法体制，使其能更加符合中国的实际发展需要。为此，提出以下几点建议供参考。

（一）侦查机关应加强对量刑证据的收集能力

由于量刑建议制度在我国起步较晚，所以司法实践中重视对定罪证据的收集、调查以及法庭质证，而忽视了对量刑证据的收集。检察机关的量刑建议所依据的量刑信息是不完整的，有时甚至是不准确的。为此，侦查人员应本着全面收集证据的原则，不仅应积极收集定罪方面的证据，还应重视收集有关量刑方面的证据。侦查机关应充分考虑并调查犯罪嫌疑人的性格特点、家庭情况、教育背景以及一贯表现等方面，这些证据将成为对犯罪嫌疑人定罪处罚的重要依据，从而体现刑罚的人性化和个别化。

（二）实行量刑建议法院采纳情况说明制度

推行量刑建议的初衷是为了对法官的自由裁量权进行约束，但是检察机关毕竟不是审判机关，量刑建议并不能取代法官的判决，因此法院仍然可以不采纳检察机关的量刑建议。对于没有采纳量刑建议或者法院判决与量刑建议差距较大的案件，承办检察官应将量刑建议与法院判决进行比对，分析量刑建议和法院判决的差异性，甚至可以与法院进行沟通，请法院作出必要的说明。如果检察机关发现法院判决并不符合事实依据，可以以抗诉的形式进行法律监督。这样不仅有利于总结相关经验，提高检察机关的办案水平，同时也有利于检察机关行使对法院的监督权。

（三）完善审查起诉阶段非法证据排除规则

我国学者对完善非法证据排除规则的研究已取得了很多成果。比如，扩大非法证据排除范围、“毒树之果”不可“食”、积极发挥律师在非法证据排除过程中的作用、细化非法证据排除的程序、对录音录像规定的“应当化”等。

此处仅对审查起诉阶段非法证据排除规则的完善，提出几点建议供参考。首先，非法证据排除制度在检察阶段实施的重点在于意识形态上的认识，应建构科学的检察机关办案机制，强化检察人员排除非法证据内因。这点可以借鉴英国刑事案件的举证责任和举证标准，以及检察机关在排除非法证据中的作用。在英国的刑事案件中，举证责任由检察官承担，案件的证据必须达到举证标准，即检察官必须收集证据以证明被告人被指控的罪行达到了“排除合理怀疑”的标准。检察官在审查证据的过程中，要对证据的可采纳性作出决定，以确定“定罪是否具有现实可能性”，从而作出继续指控、改变指控或者停止办理案件的决定。这就在根本上强化了检察人员排除非法证据的内因，赋予其使命和责任感。

其次，应明确非法证据排除程序的启动标准。新《刑事诉讼法》第55条规定，“人民检察院接到报案、控告、举报或者发现侦查人员以非法方法收集证据的，应当进行调查核实”。该条明确了非法证据审查程序可以由检察机关依职权提起，也可以由犯罪嫌疑人及其辩护人、近亲属申请提起，但对于提起的条件、标准并没有明确。检察机关在何种情况下可以启动排除程序有待于进一步探索与实践。虽然在新《刑事诉讼法》中已经将律师介入刑事司法程序的时间提前，但是仍未将辩护律师在审查起诉环节对非法证据排除程序的参与程度明确化，这是令人遗憾的。

再次，检察环节发现非法证据的方法应着力于对同步录音录像的审查。应将“双录”制度应当化、绝对化，即侦查人员在讯问犯罪嫌疑人的时候，“应当”对讯问过程进行录音或者录像。对所有的案件都要同步录音录像而不是仅仅在特定的案件中才必须这样做，侦查人员如果没有了自由裁量的权利，侦查讯问的透明度和对侦查讯问过程的监督力度就增强了，这同时也是减少侦查人员刑讯逼供的有效途径。

最后，非法证据核实与羁押必要性审查可以同步进行。非法证据的取得往往伴随着侦查机关对强制措施制度的滥用。完善检察机关对侦查机关对犯罪嫌疑人、被告人适用剥夺其人身自由的强制性措施的适当性和必要性的审查，及时发现并纠正不适当的羁押，提供切实可行的救济渠道，就是对非法证据排除程序的完善。总之，我们要保持世界眼光，立足中国国情，在实践基础上不断探讨研究如何完善非法证据排除规则的内容，从而使非法证据排除规则不断完善健全、自成体系而且富有中国特色，符合我国现实的司法实践需要。

（四）从根本上提高司法机关工作人员的队伍建设

检察机关作为我国的司法机关，承担着侦查、批准逮捕、审查起诉、法律监督等诉讼任务和司法职能，这些重要的任务和职能对检察机关提出了很高的要求。在权力的行使上，检察机关只是一个抽象的概念，具体的执行和操作是由检察机关工作人员来实现的，因而检察人员的素质和水平显得尤其重要，要求由精英化的检察官来行使检察权。职业道德水准和业务水平是考察检察人员素质的两大重要内容，从司法实践情况来看，部分检察人员的素质落后于检察实践对高素质检察人员的要求。检察人员的职业道德水准需要提高，错误的思想观念也要矫正。成为检察人员必须通过统一司法考试及公务员考试的规定提高了检察官的准入门槛，这使检察人员知识水平上有了一定的保障。但司法实践中的技术是需要在工作中提高的，要有运用证据证明自己诉讼主张的能力，庭审的举证质证能力，在法庭上充分表达诉讼主张、证明诉讼请求的能力等。除此之外，只有对法律相关问题的掌握，还达不到对检察人员业务水平的要求，诉讼活动背后有着各种各样的法律关系，检察人员需要拥有边缘学科的广博知识，如刑事侦查技术、经济学、会计学、医学等方面的知识，才能更好地把握案件的核心，公平、合理地处理案件。只有加强学习，正确适用新《刑事诉讼法》，才能提高公诉工作水平，保证办案质量。

（五）严把审查起诉案件质量关

第一，严格执行回避制度。新《刑事诉讼法》规定，除当事人及其法定代理人外，辩护人、诉讼代理人也可以根据新法的规定申请回避、申请复议。这就要求公诉机关严格执行回避制度，从而保证司法公正。

第二，加强对事实和证据的审查，必须坚持“事实清楚，证据确实、充分”。新《刑事诉讼法》也明确规定了“证据确实、充分”的条件，公诉机关在审查起诉工作中要严格执行。对事实的审查，必须要有确实、充分的证据加以证明。对证据的审查，必须严格按照证据的“三性”（真实性、合法性、关联性）进行审查，特别是合法性。对任何一个可能影响定罪、量刑等方面的情节都要认真进行审查。同时认真审查证据是否为非法证据，如果是非法证据，严格依照新《刑事诉讼法》的规定将非法证据排除提前到审查起诉阶段。

第三，坚持主要证据复核制度。对每一件案件的主要证据，不论是认定有罪，还是认定无罪、罪轻的主要证据都要进行复核，以保证审查起诉案件的质量，为案件的出庭公诉打下坚实的基础。通过对主要证据进行复核，以确定该证据是否属于应当排除的非法证据，在复核主要证据过程中，如果发现可能存在公安机关以非法方法收集证据情形的，依照新《刑事诉讼法》的规定，可以要求公安机关对证据收集的合法性作出说明，确保公诉案件质量。

第四，严格执行讯问犯罪嫌疑人，听取被害人及其法定代理人或者犯罪嫌疑人、被害人委托的人的意见的规定。充分听取犯罪嫌疑人的辩解，充分听取被害人及其法定代理人或者近亲属的意见，充分听取犯罪嫌疑人委托的辩护人的意见，特别是辩护律师的意见。新《刑事诉讼法》规定，辩护人收集的有关犯罪嫌疑人不在犯罪现场、未达到刑事责任年龄、属于依法不负刑事责任的精神病人的证据，应当及时告知人民检察院。因此，听取辩护律师对案件性质、罪名及证据等方面的意见有利于公诉机关对案件的正确审查，而且对公诉机关在法庭上指控犯罪也有帮助。

五　小结

徒法不足以自行，新《刑事诉讼法》的实施是中国刑事诉讼制度历史上具有里程碑意义的大事，但是立法的关键在于实施。刑事司法制度是法治的“软肋”，而审查起诉程序又是刑事司法制度这条“软肋”上脆弱的一环。纵观整个诉讼程序，审查起诉起着承前启后的作用，实施的好坏对于我国的法治发展具有重要意义，要有效推进刑事法治的现代化进程必须全力补足审查起诉程序这一“短板”。冰冻三尺非一日之寒，对法律的理解、运用与实施，也需要各个部门的有效配合、资源整合、及时沟通，以期达到司法公正与司法效率兼顾。同时，不论是法学界还是实务界，都需要对法律的完善做出努力，不断学习、不断探索、不断创新，早日实现建设中国特色社会主义法治体系，建设社会主义法治国家的总目标。

第七章　审判程序

审判程序作为刑事诉讼程序的重要组成部分，是诉讼参与人充分利用诉讼程序解决纠纷的集中体现。人民法院通过刑事审判来惩罚犯罪，保障人权，维护社会主义法治和社会公平正义。审判程序文明与否直接关乎法律权威的树立和依法治国的进程。尤其是，当下我国正处于深化司法体制改革的深水区，如何推进"以庭审为中心"的审判程序改革是法学界和实务界共同关注的问题。在这一历史背景之下，进一步完善审判程序，对于实现司法公正，推进法治进步意义重大。

一　概述

新《刑事诉讼法》对审判程序作了较大修改。审判程序作为本次《刑事诉讼法》修改的重点得到了全方位的完善，主要体现在：完善第一审普通程序、优化简易程序、强化第二审程序、延长审判期限、改革死刑复核程序、规范审判监督程序等。由于课题组调研的单位主要限于一审程序的公安司法机关，所以本文主要集中讨论一审普通程序、简易程序以及二审程序中与一审有关的制度的实施状况。

新《刑事诉讼法》对一审程序的修改主要包括：建立庭前会议制度、完善公开审判制度、强化证人出庭制度、规范量刑调查程序、规定中止审理制度等。对简易程序的修改主要包括：扩大简易程序适用范围、赋予检察机关适用建议权、明确法院审级、审判组织和公诉人出庭义务、增设法官对被告人自愿认罪和选择简易审判的确认程序等。对二审程序的修改主要包括：明确开庭审理的范围、强调讯问被告人义务、限制发回重审次数、完善上诉不加刑原则、规范涉案财物处理程序等。由于证人出庭制度主要在证据部分予以讨论，本部分不再详细论述；二审程序主要限于上诉、抗诉情况和发回重审情况等。本课题针对S省J县法院2013年和2014年审判结案的案件进行了调研，了解了J县法院两年以来对新《刑事诉讼法》的实施情况，获得了第一手原始数据，这对我们了解新《刑事诉讼法》在实践中的运行情况具有重要意义。

（一）立法和司法解释现状

1. 案卷移送制度

新《刑事诉讼法》第172条规定："人民检察院认为犯罪嫌疑人的犯罪事实已经查清，证据确实、充分，依法应当追究刑事责任的，应当作出起诉决定，按照审判管辖的规定，向人民法院提起公诉，并将案卷材料、证据移送人民法院。"《刑诉规则》第394条第1款同样规定："人民检察院提起公诉的案件，应当向人民法院移送起诉书、案卷材料和证据。"从表面上看，这一规定放弃了1996年《刑事诉讼法》所确立的"主要证据复印件"移送方式,① 恢复了1979年《刑事诉讼法》规定的"卷宗"移送方式，但这一规定并不是对1979年《刑事诉讼法》的简单回归。通过对比《刑事诉讼法》的三个法律版本，并结合司法实践，新《刑事诉讼法》的上述规定，是对客观实际进行反思后作出的更为理性的选择。

首先，本次修改后的案卷移送制度与1979年《刑事诉讼法》的规定相比，在以下三个方面存在重大差别：不提审被告人；不在庭前审查阶段调查核实证据；法官不在庭前对案件进行实质处分。这三个问题是对1996年《刑事诉讼法》修改成果的肯定，使案卷移送制度可能产生的法官预断的负面效应降到最低，这就决定了该条规定并不是对1979年《刑事诉讼法》的简单回归。其次，1996年《刑事诉讼法》取消的案卷移送制度，使得辩护人在庭前能够看到的证据材料非常少，给辩护人的辩护带来了困难。新《刑事诉讼法》恢复了案卷移送制度，使得辩护人不仅可以在审判阶段查看全部案卷材料，而且还扩展了审判前阅卷的范围，保障了辩护方的先悉权。最后，新《刑事诉讼法》建立了一系列相关配套制度，如程序性的庭前审查没有给法官预先定案留下余地；辩方权利的强化可以纠正法官在庭前阅卷中形成的预断；直接言词原则的强化将动摇先

---

① 1996年《刑事诉讼法》第150条规定的"主要证据复印件"移送方式存在诸多弊端。参见张泽涛:《我国现行〈刑事诉讼法〉第150条亟需完善》，载《法商研究》，2001年第1期。

定后审的基础等，这都可以防止卷宗移送制度重回 1979 年《刑事诉讼法》的老路。①

2. 庭前会议制度

新《刑事诉讼法》第 182 条第 2 款规定："在开庭以前，审判人员可以召集公诉人、当事人和辩护人、诉讼代理人，对回避、出庭证人名单、非法证据排除等与审判相关的问题，了解情况，听取意见。"本条规定了开庭前所必须做好的准备工作，为开庭创造条件，奠定良好基础。

（1）庭前会议的参与主体

根据新《刑事诉讼法》第 182 条第 2 款的规定，庭前会议的参与主体为审判人员、公诉人、当事人和辩护人、诉讼代理人。

（2）庭前会议召开的案件条件

《刑诉解释》还对庭前会议召开的案件条件作了进一步规定。《刑诉解释》第 183 条规定："案件具有下列情形之一的，审判人员可以召开庭前会议：（一）当事人及其辩护人、诉讼代理人申请排除非法证据的；（二）证据材料较多、案情重大复杂的；（三）社会影响重大的；（四）需要召开庭前会议的其他情形。召开庭前会议，根据案件情况，可以通知被告人参加。"

（3）庭前会议的具体内容

《刑诉解释》还对庭前会议的具体内容作了进一步规定。《刑诉解释》第 184 条规定："召开庭前会议，审判人员可以就下列问题向控辩双方了解情况，听取意见：（一）是否对案件管辖有异议；（二）是否申请有关人员回避；（三）是否申请调取在侦查、审查起诉期间公安机关、人民检察院收集但未随案移送的证明被告人无罪或者罪轻的证据材料；（四）是否提供新的证据；（五）是否对出庭证人、鉴定人、有专门知识的人的名单有异议；（六）是否申请排除非法证据；（七）是否申请不公开审理；（八）与审判相关的其他问题。审判人员可以询问控辩双方对证据材料有无异议，对有异议的证据，应当在庭审时重点调查；无异议的，庭审时举证、质证可以简化。被害人或者其法定代理人、近亲属提起附带民事诉讼的，可以调解。庭前会议情况应当制作笔录。"《刑诉规则》第 431 条规定："在庭前会议中，公诉人可以对案件管辖、回避、出庭证

① 参见汪建成：《刑事审判程序的重大变革及其展开》，载《法学家》，2012 年第 3 期。

人、鉴定人、有专门知识的人的名单、辩护人提供的无罪证据、非法证据排除、不公开审理、延期审理、适用简易程序、庭审方案等与审判相关的问题提出和交换意见，了解辩护人收集的证据等情况。对辩护人收集的证据有异议的，应当提出。公诉人通过参加庭前会议，了解案件事实、证据和法律适用的争议和不同意见，解决有关程序问题，为参加法庭审理做好准备。”《刑诉规则》第432条规定：“当事人、辩护人、诉讼代理人在庭前会议中提出证据系非法取得，人民法院认为可能存在以非法方法收集证据情形的，人民检察院可以对证据收集的合法性进行证明。需要调查核实的，在开庭审理前进行。”

3. 量刑程序

新《刑事诉讼法》第193条规定：“法庭审理过程中，对与定罪、量刑有关的事实、证据都应当进行调查、辩论。经审判长许可，公诉人、当事人和辩护人、诉讼代理人可以对证据和案件情况发表意见并且可以互相辩论。审判长在宣布辩论终结后，被告人有最后陈述的权利。”随后颁布的相关司法解释又对量刑程序作了进一步规定。这些规定在以下方面对审判制度作了完善：

（1）量刑问题正式成为法庭审理的对象

根据1996年《刑事诉讼法》第160条的规定，控辩双方在庭审中只能就证据和“案件情况”发表意见，法律也未规定“案件情况”的具体范围。修正案草案在此基础上加入了与量刑有关的事项，即控辩双方可以针对“证据、案件情况与定罪、量刑有关的事实、证据”发表意见和相互辩论。新《刑事诉讼法》对其范围进一步地明确，即“法庭审理过程中，对与定罪、量刑有关的事实、证据都应当进行调查、辩论”。《刑诉解释》第225条第1款同样规定：“法庭审理过程中，对与量刑有关的事实、证据，应当进行调查。”第227条规定：“对被告人认罪的案件，在确认被告人了解起诉书指控的犯罪事实和罪名，自愿认罪且知悉认罪的法律后果后，法庭调查可以主要围绕量刑和其他有争议的问题进行。对被告人不认罪或者辩护人作无罪辩护的案件，法庭调查应当在查明定罪事实的基础上，查明有关量刑事实。”也就是说，法庭审理的任务是审查与定罪、量刑有关的事实、证据。这意味着，法官在判决中不但要对定罪部分进行说理，还要对作为宣告刑基础的事实和证据进行论证。这是对司法实践中量刑程序改革成果的肯定，新《刑事诉讼法》初步确立了相对独立的量刑程序。

(2) 规定控辩双方可以对与量刑有关的事实发表意见和互相辩论

新《刑事诉讼法》第 193 条的规定意味着，控辩双方不仅可以提交与量刑有关的证据，陈述有关事实，还可以提出各自的量刑意见。《刑诉规则》第 435 条进一步规定，在法庭审理中，公诉人应当客观、全面、公正地向法庭出示与定罪、量刑有关的证明被告人有罪、罪重或者罪轻的证据。定罪证据与量刑证据需要分开的，应当分别出示。这改变了我国刑事案件概括请求的惯例，加强了控辩双方对法官裁判范围的约束，也强化了控辩双方在量刑方面的对抗，对于法官正确认定事实、进行法律评价有重要的作用。①

(3) 细化了法庭审查的量刑情节

《刑诉解释》第 225 条第 2 款规定："人民法院除应当审查被告人是否具有法定量刑情节外，还应当根据案件情况审查以下影响量刑的情节：(一) 案件起因；(二) 被害人有无过错及过错程度，是否对矛盾激化负有责任及责任大小；(三) 被告人的近亲属是否协助抓获被告人；(四) 被告人平时表现，有无悔罪态度；(五) 退赃、退赔及赔偿情况；(六) 被告人是否取得被害人或者其近亲属谅解；(七) 影响量刑的其他情节。"此外，《刑诉解释》第 226 条进一步规定："审判期间，合议庭发现被告人可能有自首、坦白、立功等法定量刑情节，而人民检察院移送的案卷中没有相关证据材料的，应当通知人民检察院移送。审判期间，被告人提出新的立功线索的，人民法院可以建议人民检察院补充侦查。"《刑诉解释》对法庭调查的量刑情节的细化，有利于进一步完善法庭审判的量刑程序，使量刑程序在实践中更加具有了可操作性。

4. 简易程序

2012 年《刑事诉讼法》及相关司法解释对简易程序的修改主要体现在以下几个方面：

(1) 扩大了简易程序的适用范围

新《刑事诉讼法》第 208 条扩大了简易程序的适用范围，规定案件事实清楚、证据充分，被告人认罪的案件，在被告人同意适用简易程序时，人民法院可以适用简易程序审判。从新《刑事诉讼法》的规定

① 参见汪建成：《刑事审判程序的重大变革及其展开》，载《法学家》，2012 年第 3 期。

来看，只要是被告人认罪的案件，在被告人对适用简易程序没有异议的情况下，当案件事实清楚、证据充分时，人民法院就可以适用简易程序。而不再将案件的范围限制在可能判处3年以下刑罚的、告诉才处理的以及轻微的刑事案件。简易程序范围的扩大能够有效地实现案件的分流，缓解司法压力，对提高审判效率具有积极意义。简易程序范围的扩大也是对“简者更简，繁者更繁”的审判制度设计的实现。修改后的该条赋予了被告人对适用简易程序的异议权，规定被告人对适用简易程序没有异议的，才能适用简易程序。这体现了被告人诉讼主体地位的提高。此外，修正后的条文还赋予了检察机关对法院适用简易程序建议权，规定人民检察院在提起公诉的时候，可以建议人民法院适用简易程序。

（2）规定适用简易程序的例外情形

新《刑事诉讼法》第209条规定了四种不适用简易程序的情形：一是被告人是盲、聋、哑人，或者是尚未完全丧失辨认或者控制自己行为能力的精神病人的。这类被告人由于生理或精神缺陷已经不能很好地行使辩护权利，为了充分地保障其辩护权的实现，就不应再以简易程序审判，而应当通过普通程序，来实现对其诉讼权利的保护。二是有重大社会影响的案件，为了维护社会的稳定，提高司法公信力，也应当以普通程序审判，通过完整的诉讼程序，向社会展示一个完整的司法过程，以消除社会影响。但该项有重大社会影响的规定过于宽泛，建议对该种情形予以解释。三是共同犯罪案件中部分被告人不认罪或者对适用简易程序有异议的。出于对该部分被告人诉讼权利的尊重和诉讼利益的维护，也不能仅仅因为其他被告人同意适用简易程序而剥夺了该部分被告人的诉讼权利。四是其他不宜适用简易程序审理的。这类案件也应当通过普通程序审理。这是一个兜底条款，以解决法条列举所存在的不足。

（3）完善了简易程序的审理程序

在1996年《刑事诉讼法》的框架下，简易程序对普通程序进行了极大的简化，不仅检察院可以不派员出席法庭，审判组织、庭审过程也多有省略。这当然节省了司法资源，但实难谓达到了程序公正的最低要求。为了平衡公正和效率的关系，新《刑事诉讼法》对简易程序的审理程序进行了完善。新《刑事诉讼法》第210条规定对可能判处三年有期徒刑以下刑罚的，可以组成合议庭进行审判，也可以由审判员一人独任审判，即以合议庭审判为原则，以独任审判为例外；对可能判处的有期徒刑超过三年的，应当组成合议庭进行审判。该条第 2 款进一步规定，适用简易程序审理公诉案件，人民检察院应当派员出席法庭。新《刑事诉讼法》第 211 条规定，对于适用简易程序审理案件，审判人员应当询问被告人对起诉书指控的犯罪事实的意见。此处的询问可以发生在宣读起诉书以前，也可以发生在宣读起诉书以后，体现了简易程序的便捷性。如果被告人不同意适用简易程序进行审判，则应当将其变更为普通程序。此外，还应当告知被告人适用简易程序审理的法律规定。新《刑事诉讼法》第 214 条对简易程序的审理期限作了规定，适用简易程序审理案件，原则上人民法院应当在受理后 20 日以内审结。对可能判处的有期徒刑超过 3 年的案件，人民法院可以延长至一个半月。

5. 二审程序

新《刑事诉讼法》对二审程序作了多处修改，主要包括：一是明确了二审开庭审理的案件范围，二是强调二审法院不开庭时讯问被告人、听取双方意见的义务，三是完善发回重审制度，四是完善上诉不加刑原则，五是延长了二审的审限，六是强调判决应对涉案财物作出处理。其中，明确二审开庭范围、限制发回重审和完善上诉不加刑原则对于发挥二审的功能来说较为关键。

（1）明确二审开庭审理的范围

新《刑事诉讼法》第 223 条规定："第二审人民法院对于下列案件，应当组成合议庭，开庭审理：（一）被告人、自诉人及其法定代理人对第一审认定的事实、证据提出异议，可能影响定罪量刑的上诉案件；（二）被告人被判处死刑的上诉案件；（三）人民检察院抗诉的案件；（四）其他应当开庭审理的案件。第二审人民法院决定不开庭审理的，应当讯问被告人，听取其他当事人、辩护人、诉讼代理人的意见。"本条是关于第二审案件审理方式的规定。其中第一款采用列举式规定应当开庭审理的情形：一是被告人、自诉人及其法定代理人对第一审判决认定的事实、证据提出异议，可能影响定罪量刑的，应当开庭审理；二是被告人被判处死刑的上诉案件一律应当开庭审理；三是人民检察院抗诉的案件一律应当开庭审理；四是人民法院认为其他应当开庭审理的案件。第二款规定人民法院决定不开庭审理的案件，应当讯问被告人，听取其他当事人、辩护人、诉讼代理人的意见。

（2）限制发回重审的次数

新《刑事诉讼法》第225条第2款规定："原审人民法院对于依照前款第三项规定发回重新审判的案件作出判决后，被告人提出上诉或者人民检察院提出抗诉的，第二审人民法院应当依法作出判决或者裁定，不得再发回原审人民法院重新审判。"本条是关于二审后的判决和裁定的规定。1996年《刑事诉讼法》规定二审后的处理方式有：裁定驳回上诉、抗诉，维持原判；直接改判；裁定撤销原判，发回原审人民法院重新审判。根据本条规定，第二审人民法院进行审理后，作出的处理如下：其一，维持原判。第二审人民法院决定维持原判的，应当制定裁定书，首先概述原判决的基本内容，然后，写明原判决认定的事实、情节正确，证据确实充分。如果上诉人等对事实、情节提出异议的，应予重点分析否定。最后，要论证原判决结果的正确性，并驳回上诉，维持原判。其二，改判。分为两种情况：一是原裁判认定事实没有错误，但是适用法律有错误，或者量刑不当，对此应当改判；二是对于原裁判事实不清或者证据不足的，二审法院可以在查清事实后改判。其三，撤销原判，发回重审。主要适用于：原判决所认定的主要犯罪事实不清，或者证据不足的；原判决所认定的次要事实不清、证据不足，第二审人民法院查对核实又不方便的；原判决遗漏罪行或者应当追究刑事责任的人的；发现了新的证据，需要进一步收集证据予以查证核实的。此次修改在原来的基础上增加了"原审人民法院对于依照前款第三项规定发回重新审判的案件作出判决后，被告人提出上诉或者人民检察院提出抗诉的，第二审人民法院应当依法作出判决或者裁定"。也就是说，对于因实体问题或者证据问题发回重审的，仅限于一次；而对违反程序问题发回重审的次数未作限制。

（3）完善上诉不加刑原则

新《刑事诉讼法》第226条规定："第二审人民法院审理被告人或者他的法定代理人、辩护人、近亲属上诉的案件，不得加重被告人的刑罚。第二审人民法院发回原审人民法院重新审判的案件，除有新的犯罪事实，人民检察院补充起诉的以外，原审人民法院也不得加重被告人的刑罚。"本条是关于上诉不加刑原则及其例外情形的规定。为了有效地保障被告人的上诉权，免除被告人因害怕上诉后被加重刑罚而不敢上诉的顾虑，保证法律的正确实施，本条规定了上诉不加刑原则，同时又保障了人民检察院通过抗诉进行法律监督的职权和保护了上诉人的合法权益。[①] 本条修改的内容强调不因发回重审而变相加刑，更能较为全面地维护上诉不加刑原则。但本条中，有新的犯罪事实则属于例外，因为在原来案件事实的基础上因新的犯罪事实出现可能导致量刑从重，这是基于犯罪事实变化导致的，与上诉等程序问题无关。需要注意的是，公诉机关或者自诉人变相改变犯罪事实或者虚增犯罪事实，这些事实未被法院认定，不属于有新的犯罪事实，有新的犯罪事实须是被法院认定的新犯罪事实。

（二）实施概况

课题组对S省J县法院2013年和2014年审结的刑事案件抽样了593件进行调研。其中，公诉案件的数量为576件，占抽样案件总数的97.1%；自诉案件的数量为17件，占抽样案件总数的2.9%。其中，以简易程序审理的案件为69件，占抽样案件总数的11.6%；以普通程序审理的案件为524件，占抽样案件总数的88.4%。

课题组对J县法院2013年和2014年适用简易程序审理案件的案件类型进行了统计。从统计结果来看，69件适用简易程序审理的案件均为轻微刑事案件，其中，交通肇事案件为14件，占总数的20.3%；妨害公务案件1件，占总数的1.4%；盗窃案件8件，占总数的11.6%；故意伤害案件11件，占总数的15.9%；寻衅滋事案件1件，占总数的1.4%；窝藏案件1件，占总数的1.4%；危险驾驶案件33件，占总数的47.8%。这些案件最终判处的刑期均为3年以下有期徒刑。

在对J县法院2013年和2014年审结的刑事案件抽样中，课题组从中抽取了已归档的案件412件（其中适用普通程序审理的案件为366件，适用简易程序审理的案件为46件）进行了详细调研。其中，公开审理的案件为393件，占总数的95.4%；不公开审理的案件为19件，占总数的4.6%。这19件不公开审理的案件中，有13件是因为涉及个人隐私而不公开审理，有6件是因为被告人是未成年人而不公开审理。在这412件已归档的案件中，当庭宣判的案件为14件，占总数的3.4%；定期宣判的为398件，占总数的96.6%。这412件案件中没有出现当事人提请回避的情形。

---

① 参见全国人大常委会法制工作委员会刑法室编：《中华人民共和国刑事诉讼法条文说明、立法理由及相关规定》，北京大学出版社，2008年版，第449页。

从调查问卷的数据来看，J县法院对审判程序的实施状况总体不错，对新《刑事诉讼法》的贯彻实施效果良好，如案件基本在法定审限内宣判，审判人员普遍履行简易程序的庭前告知义务，对作为定案的证据普遍予以质证。但其中也有不尽如人意的地方，如庭前会议制度没有得到贯彻实施，适用简易程序审判的案件数量较少，没有起到程序分流的作用，量刑程序实施不够理想等。

二　J县经验及实施工作的肯定之处

课题组主要针对抽样的已归档的412件案件进行调研。但在简易程序案件的调研方面，课题组则是以J县法院全年审结的69件案件为分析样本，以保证样本的数量，正确反映J县法院的审判实务经验。通过课题组的实际调研发现，S省J县法院在审判程序的实施过程中有很多值得肯定的地方，其中的成功经验值得推广。

（一）告知义务彻底化，注重保障被告人的诉讼权利

新《刑事诉讼法》规定，在开庭审判的时候，审判长应当告知当事人有权对合议庭组成人员、书记员、公诉人、鉴定人和翻译人员申请回避。在法庭审判阶段，回避制度的有效落实是实现法庭审判公正性的重要保障，中立的审判人员是被告人信服法院判决的前提。课题组对J县法院有关回避制度实施的调研结果显示，在被调查的412件已归档的案件中，审判人员在开庭审判时均履行了告知相关人员回避的义务，告知义务的履行率为100%。

新《刑事诉讼法》规定，适用简易程序审理案件，审判人员应当询问被告人对指控的犯罪事实的意见，告知被告人适用简易程序审理的法律规定，确认被告人是否同意适用简易程序审理。课题组对J县法院2013年和2014年审结的69件适用简易程序审判的案件进行了调研，调研结果显示，J县法院充分履行了相关的告知义务。在69件适用简易程序审判的案件中，审判人员均询问过被告人对指控的犯罪事实的意见，询问率为100%；审判人员均告知被告人适用简易程序审理的法律规定，告知率为100%；审判人员均确认被告人是否同意适用简易程序审理，确认率为100%。

以上的调研结果显示，J县法院注重对被告人权利的保障。一是在被调研的412件已归档的案件中，审判人员在开庭审判时均履行了告知相

关人员回避的义务。回避制度的设立在于保障法庭审判的公正性，避免因相关司法人员存在不公正审判的因素而造成审判的不中立与不公正。由于并不是所有案件当事人都了解法律，都知悉申请回避的权利，审判人员在开庭审判时告知当事人有权申请回避，可以及时提醒相关人员充分履行法律赋予的相关权利，监督相关司法人员司法的公正性，保证审判活动的合法进行。J县法院在告知相关人员申请回避权利方面的做法值得肯定。二是在被调研的69件适用简易程序审理的案件中，J县法院的审判人员在简易程序开庭审判时均履行了告知义务，询问被告人对指控的犯罪事实的意见，告知被告人适用简易程序审理的法律规定，确认被告人是否同意适用简易程序审理。通过询问被告人对起诉书指控的犯罪事实的意见，可以更好地确认被告人是否是在自愿的情况下认罪，避免被告人因各种原因而承认有罪。通过向被告人告知适用简易程序审理的法律规定，能够更好地了解被告人对适用简易程序的态度，避免被告人因不了解简易程序而造成辩护权受到侵犯的情况。通过确认被告人是否同意适用简易程序审理，可以保证被告人对适用简易程序审理的自愿性，避免错误适用简易程序。J县法院充分履行简易程序的告知义务，是对被告人简易程序选择权的尊重，对于维护被告人的诉讼权利具有积极意义。

（二）法庭审判公开化，充分保障庭审过程的透明度

新《刑事诉讼法》第183条规定，人民法院审判第一审案件应当公开进行。但有关国家秘密或者个人隐私的案件，不公开审理；涉及商业秘密的案件，当事人申请不公开审理的，可以不公开审理。第274条规定，审判的时候被告人不满18周岁的案件，不公开审理。课题组对J县法院2013年和2014年审结的案件进行了调研，在已归档的412件案件中，有393件案件公开审理，占总数的95.4%；只有19件案件不公开审理，占总数的4.6%。这19件不公开审理的案件中，有13件是因为涉及个人隐私而不公开审理，有6件是因为被告人是未成年人而不公开审理。

人民法院公开审理案件，有利于保障案件审判过程的透明度，充分发挥社会对法院审判权的监督，防止法官徇私舞弊等审判不公情形的发生。而新《刑事诉讼法》针对几类特殊案件规定不公开审理的情形，则是出于特殊利益的考量，以保证当事人更为重要的利益。S省J县法院严格按照法律规定，除4.6%的案件因为法定原因不公开审理以外，其他案件均公开审理，充分保障了法庭审判过程的透明度。法院公开审理案件，还有助于发挥法律一般预防的作用，普及法律知识，彰显司法的权威性。

（三）审理期限的短期化，注重追求法庭审判的高效率

俗话说，“迟来的正义为非正义”。对于刑事司法来讲，在最短的时间内审结案件，给被害人一个答复，是对被害人权利救济的最好方式。审判效率的提高，也有利于对被告人权利的保障。案件审判期限越短，被告人处于不确定的状态也就会越快结束。新《刑事诉讼法》规定，人民法院审理公诉案件，应当在受理后两个月以内宣判，至迟不得超过三个月。对于可能判处死刑的案件或者附带民事诉讼的案件，以及有本法第156条规定情形之一的，经上一级人民法院批准，可以延长三个月；因特殊情况还需要延长的，报请最高人民法院批准。审理期限对于提高法院的审判效率，尽早结束被追诉人不确定状态，恢复被追诉人正常生活具有重要意义。课题组对2013年和2014年审结的案件进行了调研，J县法院实现法庭审判的高效率主要体现在两个方面：一是审理期限的短期化。在已归档的366件适用普通程序审理的案件中，有325件案件为两个月以内审结，占案件总数的88.8%；有31件案件为二至三个月审结，占案件总数的8.5%；有10件案件为三至六个月审结，占案件总数的2.7%。由上述数据可见，2013年和2014年J县法院在三个月法定审限内审结案件的比率占全部案件的97.3%。二是延期审理的案件较少，且没有中止审理的情形。J县法院注重法庭审判的高效率，对于节约司法成本，尽早结束被告人的被追诉状态，及时修复被损害的社会关系，具有积极的意义。

（四）庭审构造的正规化，充分实现法庭审判的三方构造

新《刑事诉讼法》规定，适用简易程序审理公诉案件，人民检察院应当派员出席法庭。规定公诉人出席简易程序的法庭，对于实现法庭审判的三方构造，避免法官代行公诉职能具有积极意义。课题组对J县法院2013年和2014年审结的案件进行了调研，在69件已结案的适用简易程序审理的案件中，检察院全部派员出席法庭，公诉人出庭抗诉率为100%。

以往司法实践中，以简易程序审理的案件，公诉人往往不派员出席法庭，这就造成了法庭审判中，法官既当“裁判员”又当“运动员”的矛盾。新《刑事诉讼法》规定，适用简易程序审理的案件，公诉人必须出席法庭。J县法院在司法实践中严格贯彻了新《刑事诉讼法》的规定，公诉人出席法庭的比率为100%。检察机关派员出席法庭，更好地体现了控辩双方的两造对抗，避免了控诉方不出庭，法官既当“审判员”又兼部分控诉职能的情形。由此可见，在公诉人出席简易程序法庭方面，J县法院已基本实现了庭审构造的正规化。

三　新法在立法及司法实践中存在的问题

J县法院在新《刑事诉讼法》实施过程中虽然存在很多值得肯定之处，但同样存在一些问题。经课题组调研发现，J县法院在新《刑事诉讼法》实施过程中存在的问题主要表现在以下几个方面：

（一）庭前会议制度没有得到有效实施

新《刑事诉讼法》规定，在开庭以前，审判人员可以召集公诉人、当事人和辩护人、诉讼代理人，对回避、出庭证人名单、非法证据排除等与审判相关的问题，了解情况，听取意见。这是2012年《刑事诉讼法》修改增加的庭前会议制度，是审判程序改革的一大亮点。庭前会议对于提高法庭审判的效率具有积极意义。然而，课题组通过调研发现，J县法院在2013年和2014年对于庭前会议的适用情况不是很理想。在被调研的412件案件中，只有8件案件法院于开庭前曾召开过庭前会议，庭前会议的适用比率为1.9%，且会议目的不明确，作用不明显。庭前会议设立的初衷在于提高庭审的效率，将与庭审有关的准备性工作统一在庭前解决。J县法院对庭前会议的适用情形很不理想，成为J县法院司法实践工作的一大不足。

J县法院对庭前会议制度实施力度不够，既存在立法方面的原因，也存在司法方面的原因。在立法层面，新《刑事诉讼法》只是初步确立了庭前会议制度，但在具体操作层面仍存在许多不足之处：一是只赋予了审判人员召集进行庭前会议的决定权，却没有赋予控告方、被告人及其辩护人申请召开庭前会议的权利。庭前会议处理的是控辩双方对与审判有关问题的认识情况，控辩双方理应享有提起召开庭前会议的权利。二是对庭前会议性质的规定不够明确，虽规定该程序仅是“对回避、出庭证人名单、非法证据排除等与审判相关的问题，了解情况，听取意见”，但“等”字过于笼统，在实践操作中易与证据交换相混淆。若适用有误，容易出现把庭前会议变成第一次庭审、提前审判等问题。

在司法层面，J县法院属于基层人民法院，其审判的案件一般较为简单，且每年审判的案件数量不多，适用庭前会议的必要性较小。庭前会议的主要功能之一就是提高庭审效率，避免因为一些程序性事项而占用庭审时间。从以上数据可以看出，J县法院对案件的审判期限普遍较短，延长审理的案件数量较少，且不存在中止审理的情形，这就决定了庭前会议制度很难有其用武之地。此外，课题组在调研过程中，审判法官普遍反映，其在开庭前主要通过电话与控辩双方沟通，对于庭审过程中需要准备的问题，其通过电话的方式便得到很好的解决。这种电话沟通的方式已经起到庭前准备的作用，使庭前会议更没有召开的必要。

（二）量刑程序实施状况较差

新《刑事诉讼法》规定，法庭审理过程中，对与定罪、量刑有关的事实、证据都应当进行调查、辩论。这是刑事诉讼法首次对量刑程序予以规定，也是对司法实践中量刑规范化改革成果的肯定。课题组通过调研发现，J县法院对于量刑程序的适用情况不够理想。在被调研的412件案件中，有相对独立的量刑程序的案件仅仅为16件，只占总数的3.9%；其余396件案件均没有进行相对独立的量刑程序，占到总数的96.1%。

长期以来，司法实践中一直存在重定罪、轻量刑的问题。其直接的后果是审判人员对量刑的自由裁量权过大，判决的刑罚一定程度上具有随意性。对被告人来说，量刑直接决定其被剥夺人身自由的时间长短，十分重要。但我国原来实行的是定罪、量刑合一的审理程序模式，控辩双方往往没有就量刑问题展开充分的举证、质证、辩论，审判人员的量刑只能通过书面审查、间接审理等方式进行，缺乏量刑环节的公开、透明，不易使人服判。近年来，最高人民法院、最高人民检察院、公安部、国家安全部、司法部就规范量刑程序方面进行了改革，并出台了《量刑程序意见》，将量刑纳入法庭审理的程序之中，在实践中取得了良好的效果。2012年《刑事诉讼法》修改是对以往司法改革成功经验的总结，对于实现定罪与量刑程序的相对分离，保障程序公正和被告人权利具有积极意义。但新《刑事诉讼法》对量刑程序的规定过于简单、笼统，仅仅属于宣誓性规定，并没有对量刑程序的具体内容作出明确规定，司法实践中缺乏可操作性，这是J县法院对量刑程序适用比例较低的一个重要原因。此外，J县法院相关人员的观念中仍存在着“重定罪、轻量刑”的观念，实践中司法行政化模式没有打破，审理者不能决定裁判结果，这也是其对量刑程序适用比例较低的另一原因。

（三）简易程序实施效果不理想

2012 年《刑事诉讼法》修改的另一大亮点是扩大了简易程序的适用范围。新《刑事诉讼法》规定，基层人民法院管辖的案件，符合下列条件的，可以适用简易程序审判：案件事实清楚、证据充分的；被告人承认自己所犯罪行，对指控的犯罪事实没有异议的；被告人对适用简易程序没有异议的。简易程序适用范围的扩大，对于实现案件的繁简分流，提高诉讼效率具有积极意义。然而，课题组通过调研发现，J 县法院对于简易程序的适用比例较低，简易程序并没有发挥其应有的作用。在 J 县法院 2013 年和 2014 年审结的抽样的 593 件案件中，适用简易程序审判的案件仅为 69 件，只占抽样案件总数的 11.6%；其余 524 件案件均属于适用普通程序审理的案件，占抽样案件总数的 88.4%。这 69 件适用简易程序审理的案件，均属于轻微刑事案件，且最终所判处的刑罚均低于 3 年有期徒刑。

由于 1996 年《刑事诉讼法》对简易程序的案件适用范围规定的过于严格，使得适用简易程序审判的案件数量较少，导致大量案件不得不适用普通程序。随着当今案件数量的不断增多，司法压力不断增大，为了实现案件的有效分流，进一步提高司法效率，解决司法压力，新《刑事诉讼法》扩大了简易程序案件的适用范围。然而，通过对 J 县法院 2013 年和 2014 年关于简易程序的适用情况来看，在司法实践中简易程序适用的情况并不理想。在调研过程中，通过与审判法官的访谈发现，新《刑事诉讼法》颁行后，简易程序案件的适用比例不但没有上升，反而大为下降，并没有起到预想的程序分流作用。

这一情形的出现有以下几个方面的原因：一方面，有些案件不符合适用简易程序审理的条件。适用简易程序首先需要被告人认罪，且同意适用简易程序。如果被告人不自愿认罪，或者不同意适用简易程序，人民法院就应当采用普通程序审理。此外还不应当存在不适用简易程序的情形，如被告人不能是盲、聋、哑人，不能是尚未完全丧失辨认或者控制自己行为能力的精神病人，案件不属于有重大社会影响的，共同犯罪案件中不存在部分被告人不认罪或者对适用简易程序有异议的情形。这些都有可能导致简易程序的适用比例较低。另一方面，也是审判法官反映最为强烈的方面，即检察人员不愿意适用简易程序审判。新《刑事诉讼法》修改之前，法律并不强制要求检察院必须派员出席简易程序法庭。

由于公诉人没有被强制要求出席简易程序法庭，所以司法实践中公诉人普遍不出席法庭。公诉人从不出席法庭这一做法中获得了工作的便利，所以其比较愿意将案件提请适用简易程序审理。新《刑事诉讼法》要求适用简易程序审理公诉案件，人民检察院应当派员出席法庭。由于公诉人出庭要履行一系列的手续，适用简易程序审判不但不能给公诉人带来工作便利，反而加重了公诉人的工作负担，而且检察机关在是否适用简易程序上具有主动权，这是造成简易程序适用率低的另一原因。

（四）审判委员会讨论的案件数量依旧较多

新《刑事诉讼法》第180条规定，合议庭开庭审理并且评议后，应当作出判决。对于疑难、复杂、重大的案件，合议庭认为难以作出决定的，由合议庭提请院长决定提交审判委员会讨论决定。审判委员会的决定，合议庭应当执行。《刑诉解释》第178条规定，拟判处死刑的案件、人民检察院抗诉的案件，合议庭应当提请院长决定提交审判委员会讨论决定。对合议庭成员意见有重大分歧的案件、新类型案件、社会影响重大的案件以及其他疑难、复杂、重大的案件，合议庭认为难以作出决定的，可以提请院长决定提交审判委员会讨论决定。课题组对S省J县法院2013年和2014年审结的案件进行了调研，在412件已归档的案件中，提交审判委员会讨论的案件有105件，占总数的25.5%；未提交审判委员会讨论的案件为307件，占总数的74.5%。

审判委员会讨论案件是我国法院判决的一大特色，其在历史上曾发挥过一定的积极作用，但其存在的弊端也越来越突出。由于审判委员会并没有亲自参与法庭审判，没有听取控辩双方关于案件情节及相关证据的讨论，而是通过听取承办人的汇报而对案件作出最终判决。这严重违背了法庭审判的直接言辞原则，使法庭审判流于形式。况且，案件承办人向审判委员会汇报案件，其往往包含了个人情绪及主观偏见，不可能做到全面且客观、公正。审判委员会不参与庭审即对案件作出决定，就好比医生不看病人而直接开药方一样，其弊端显而易见。修正后的《刑诉解释》在一定程度上限缩了审判委员会讨论案件的范围，就是为了逐步减少审判委员会对案件的影响。然而，一些地方法院依然没有改变过去的思维，给审判委员会也制定了考核指标。从J县法院2013年和2014年审结的案件情况来看，经审判委员会讨论作出判决的案件已超过四分之一。但按照该院的规定，所有判处缓刑、减、免以及判处10年以上有期徒刑的案件都需要提交审判委员会讨论，其实际比率还要高于此数。这对于落实法庭审判的直接言辞原则、保障庭审的实质性都是极为不利的。在审判委员会讨论的105件案件中，大部分案件都是判处管制、缓刑以及免予刑事处罚的案件，只有很少部分的案件是判处10年以上有期徒刑和具有重大影响的案件。由此可见，在提交审判委员会讨论的案件类型上，J县法院的做法也欠缺合理性。

四　对立法及相关司法制度的完善建议

（一）修正案卷移送制度

案卷移送制度的恢复，有助于解决辩护人“阅卷难”的问题，却容易造成法官的“先入为主”和“先定后审”。新《刑事诉讼法》虽未对法官是否应当查阅案卷资料做具体规定，但法官为了方便案件审理，快速结束审判，多数情况下会查阅相关案卷和证据资料，对案件先入为主，使法庭审理流于形式，变成“走过场”。为了避免“先定后审”情况的发生，使法官保持一种公正、中立的心态去审判，我国刑事诉讼法应当对案卷移送制度作相应的修改与完善。

第一，建立预审法官制度，从制度上防止法官庭前预断的情况。案卷移送制度最大的弊端是对法官造成先入为主，使法庭审判流于形式。解决这一问题最好的办法是实行对公诉案件进行审查的法官与开庭法官相分离的制度，对提起公诉的案件进行审查和决定开庭的法官，不能作为本案的审判法官。实践中，可以让法院的立案庭来完成对公诉案件的审查，立案庭的法官审查完案卷后，即交由审判法官进行审判。

第二，在程序制度安排上应当将“案卷移送制度”与辩护律师的阅卷制度、庭前会议制度结合起来考虑，实行庭前接受移交案卷的程序审查制度。首先，法院对检察机关移送的案卷材料进行审查后，对于不具备起诉条件的案件应当拦挡在审判程序之外，避免轻率地将被告人交付审判，应当使庭前审查程序真正发挥案卷过滤的功能，不能因为案卷移送制度而架空庭前审查的这一功能。其次，庭前会议应仅限于解决庭审中的程序性问题，不能使庭前会议成为实质性审判程序甚至成为定案程序，以便使庭前会议制度发挥其正常的功能，避免在庭审中证人、鉴定人出庭作证制度、非法证据排除制度、量刑相对独立制度流于形式。

第三，法官应改变积极发现真实的庭审角色而转向保持中立性，检察官应当以当事人地位进行诉讼，辩护人负起调查有利被告的证据以及积极抗辩的责任。同时，建立案卷移送后的法官通知辩护人、诉讼代理人制度，以便辩护人及时阅卷，查验案卷移送的内容与辩护律师在审查起诉中阅卷内容的一致性。人民检察院不得在庭审会议前取回有关案卷材料和证据，防止案卷移送仅仅作为保障法官熟悉案情甚至书面审理的资料，辩护人针对庭前会议争议的内容有权再次阅读移送的案卷材料，对于人民检察院未移送的案卷证据不得作为庭审证据出示，以免辩护律师未能知悉案卷的全部内容影响其在庭前会议和庭审中作用的有效发挥。①

（二）发展庭前会议制度

此次新《刑事诉讼法》虽然建立了庭前会议制度，但由于对这一制度的规定过于原则和粗疏，法学界和实务界对其有不同理解，容易导致这一制度在实践中不具有可操作性。为保障庭前会议制度的有效实施，以下几个问题需要进一步明确。

1. 庭前会议的主持主体

庭前会议由谁主持，这涉及裁判者的中立和排除庭前预断的问题。为保证法庭审判的中立性，避免法庭审判流于形式，刑事审判过程中，法官在审判进行之前不应对案件有先入为主的判断。由于在庭前会议中通常要进行证据展示、争点整理、解决非法证据排除等与案件实体方面有关的问题，如果庭前会议的主持者和负责正式庭审的法官为同一人，就极易对案件处理形成庭前预断，而使法庭审理走过场。为此，应当实行庭前会议的主持者与庭审的审判人员相分离的制度，使主持庭前会议的法官不再参与之后的法庭审判。结合我国司法实践，庭前会议可以由法官助理主持召开。英国对刑事诉讼庭前会议的主持者有着明确的规定，即由主持正式审判的法官之外的一名法官来主持进行。②

2. 庭前会议的参与主体

关于庭前会议的参与主体，新《刑事诉讼法》仅简单规定审判人员可以召集公诉人、当事人和辩护人、诉讼代理人，对与审判相关的问题，了解情况，听取意见。庭前会议参加人员的确定，主要包括两个方面的

① 参见郭华：《我国案卷移送制度功能的重新审视》，载《政法论坛》，2013 年第 3 期。

② 参见［英］约翰·斯普莱克：《英国刑事诉讼程序》，徐美君、杨立涛译，中国人民大学出版社，2006 年版，第 332 页。

问题：一是诉讼各方是否必须同时参加。新《刑事诉讼法》没有明确规定，最高人民法院解释提到对于被告人是否参加可以根据案件情况来决定。同样道理，以效率为原则，公诉人是否参加也可以由审判人员根据案件情况来决定。一旦决定通知公诉人参加，公诉人应当参加。[①] 二是被告人是否必须参加。庭前会议所形成的结果对被告人具有重要意义，而且由于其在诉讼中作用的不可替代性，通知被告人参加庭前会议有助于检法机关充分听取其对相关案件审理程序的意见，不仅可以充分保障被告人诉讼权益，同时可防止或者减少由于其辩护人参加庭前会议不能完全表达被告人观点而使庭前会议流于形式的现象发生。为此，出于庭前会议的效果考虑，公诉检察官应要求人民法院通知被告人参加。[②]

3. 庭前会议的效力

首先，从维护庭前会议的制度定位的角度出发，应当赋予法官在庭前会议一定的裁决权。只有解决了这些事项才能够解决庭审的后顾之忧，将庭审真正集中在实体争议之上，庭前会议制度的价值才能够得到切实体现，其所具有的各项功能才能够正常发挥。[③] 对于回避、非法证据排除等事项，可以由刑事庭审的庭前会议进行实质性调查并将有关回避、非法证据排除等相关审判的事项进行裁决，在正式的法庭开庭之前将回避、非法证据排除先行予以解决，这有助于提高刑事审判效率，节约司法成本。对于非法证据排除，控辩双方应将有异议的证据提交庭前会议予以排除，并记录在案，在法庭上对排除的非法证据以及无争议的事实、证据不再作法庭调查。[④] 其次，庭前会议对庭审活动应起到制约作用。庭前会议应具有请求的时效性、决定的约束性及权利的救济性。控辩双方均应按法庭要求在庭前会议上提出各方的程序性请求及意见，如管辖、回避、调取证据、延期审理等。如果控辩双方未在庭前会议上提出程序性的请求或异议，除非有正当理由，在法庭审理时应不再允许被提出。庭前会议上控辩双方达成的共识及在此基础上法庭作出的决定，对于法庭

---

① 参见温建军、赵玉平：《庭前会议应以效率定规则》，载《检察日报》，2013 年 8 月 14 日第 3 版。

② 参见郭健、舒春娥：《公诉检察官参加庭前会议应注意的问题》，载《中国检察官》，2013 年第7 期。

③ 参见陈卫东、杜磊：《庭前会议制度的规范建构与制度适用——兼评〈刑事诉讼法〉第 182 条第 2 款之规定》，载《浙江社会科学》，2012 年第 11 期。

④ 参见车明珠：《庭前会议制度的价值与程序完善》，载《检察日报》，2012 年 11 月 12 日第 3 版。

审理程序应具有严格的约束力，以彰显效率及法院的权威。庭前会议制度在追求效率的同时，应同时关注程序公正的要求，为当事人提供必要的救济渠道。[①]

4. 庭前会议的启动

庭前会议有诉权启动和职权启动两种方式，既可依控辩双方中一方的申请并由法院决定启动，也可由法院直接依职权启动。在依诉权启动方面，公诉机关和辩护方都享有庭前会议启动的申请权。赋予辩方启动庭前会议的申请权是控辩平等的应有之义，符合程序正义的基本要求。但是，控辩双方享有的只是庭前会议启动的建议权或申请权，其申请并不会必然地导致庭前会议的召开，最终是否召开庭前会议要由法院来决定。在控辩双方没有明确提出启动庭前会议的建议或申请时，法庭可根据案件情况依职权启动庭前会议。[②]

（三）细化量刑程序

新《刑事诉讼法》虽然规定了相对独立的量刑程序，但相对于最高法院近年来启动的量刑程序改革而言，立法部门对量刑程序的制度安排显得谨慎有余，而开拓性不足。我国的量刑程序改革刚刚开始，还有很长的路需要走。改革不可能一蹴而就，但是也不能畏首畏尾。对于未来中国量刑程序的改革，我们应当从中国的实际情况出发，吸收两大法系国家两种量刑程序模式的精华，构建具有中国特色的量刑程序。

第一，量刑程序主体的确立。根据我国《量刑程序意见》的规定，参与量刑程序的主体主要有人民法院、人民检察院、被告人、被害人以及其他参与主体。《量刑程序意见》中对适用普通程序审理的案件、适用简易程序或普通程序审理的被告人认罪案件分别规定了不同的量刑程序。但不管是普通程序还是简易程序，检察机关提出的量刑建议对于规范和约束法官的量刑裁量权具有决定性意义。对于检察机关的量刑建议，控辩双方进行有效辩论，可以使法官作出更为客观、公正的量刑裁决。所以法院、检察院和辩护方是量刑程序中缺一不可的参与主体。

第二，量刑程序的启动。在适用简易程序审理的案件中，法院不再就定罪问题进行实质性的审理，而是直接围绕量刑问题展开法庭调查和

---

① 参见闵春雷、贾志强：《刑事庭前会议制度探析》，载《中国刑事法杂志》，2013 年第 3 期。

② 参见闵春雷、贾志强：《刑事庭前会议制度探析》，载《中国刑事法杂志》，2013 年第 3 期。

法庭辩论。司法实践中，很多基层法院和检察机关在简易案件审理中探索出一条新的“集中量刑模式”，即要求检察官集中出庭，同一检察官对多个案件集中出庭提出量刑建议，法庭对若干量刑问题进行集中审理。这一方面提高了司法效率、节约了司法成本，另一方面也有利于量刑程序的贯彻。在量刑程序的启动上，法官有权自行启动量刑程序；检察官提出量刑建议的，也具备启动量刑程序的功能；辩护方如果想启动量刑程序，则需要向法官提出申请。

第三，量刑的裁决宣告程序。法官必须在裁判文书中记载量刑活动的过程，说明量刑的理由和法律依据。在判决书中应当写明是否采纳控辩双方的主张和意见，并注明采纳与否的理由；是否予以认定诉讼双方提出的证据及其理由；控辩双方提供的证据是否确实充分，证据的证明力、证据资格如何，以及判决的法律依据，具体量刑的理由在裁决书中都应有充分的分析论证，以便让被告人、被告人的辩护律师和检察官全面、充分地了解法官裁决的理性过程和依据，体现司法的公正。

第四，量刑的上诉、申诉程序。我国新《刑事诉讼法》规定了第二审人民法院发现第一审人民法院的审理违反法律规定的诉讼程序的，应当裁定撤销原判，发回原审人民法院重新审判。一审法院存在程序违法行为，则量刑审判无效。针对一审中的量刑程序违法行为，有上诉权的主体可以向二审法院提出上诉，检察机关也可以提出抗诉。相对独立的量刑程序不仅适用于一审程序，二审程序和再审程序中都可以参照适用。在二审、再审过程中，法庭的精力应当主要集中在对原审所作的量刑裁决是否有充分的证据和法律依据的调查核实上。

（四）完善简易程序

新《刑事诉讼法》虽然扩大了简易程序的适用范围，对刑事审判具有一定的积极意义，但我国简易程序仍存在一些不足，需要对其作进一步完善。

第一，赋予被告人对适用简易程序的异议。新《刑事诉讼法》第208条第2款只规定了人民检察院有享有对简易程序的建议权，而没有规定辩方也享有对简易程序的建议权。被告人也属于刑事诉讼的主体，其对审判自己的程序、方式也应当享有一定的选择权。被告人享有对简易程序的选择权，不仅应当包括对适用简易程序的异议权，还应当包括对适用简易程序的建议权。

第二，对适用简易程序的被告人予以量刑优惠。适用简易程序是以被告人自愿认罪为前提，简易程序的适用对于节省司法资源，提高诉讼效率无疑具有积极意义。所以作为对被告人选择适用简易程序的奖励，法院在量刑时可以对被告人酌情予以从轻处罚，以鼓励被告人选择适用简易程序，节约司法资源，提高诉讼效率，也体现了我国“坦白从宽”的刑事政策精神。为了打消被告人在认罪时的顾虑，有效地贯彻和落实宽严相济刑事政策的要求，在刑事简易审判程序中，对于自愿认罪的被告人，人民法院应当对其从轻处罚，将现行法律中规定的被告人自愿认罪酌定从轻处罚情节改变为法定从轻处罚情节。

第三，规定辩护人做无罪辩护的案件不适用简易程序。新《刑事诉讼法》第209条对适用简易程序的例外情形作了规定，其是在对1997年《刑诉解释》、1997年《刑诉规则》、2003年《最高人民法院、最高人民检察院、司法部关于适用简易程序审理公诉案件的若干意见》（以下简称《适用简易程序若干意见》）中对不适用简易程序审理情形进行合理吸收的基础上所增加的规定。而《刑诉规则》与《适用简易程序若干意见》中同时规定了辩护人做无罪辩护的情形也不适用简易程序，而新法中新增的该条却没有这一规定。考虑到被告人往往并不知道适用简易程序意味着是对其辩护权的折损，即使其同意适用简易程序，也并不清楚其后果，而辩护人做无罪辩护的案件多数是定案根据存有争议的案件，对该类案件适用简易程序不利于对被告人权利的保护。

第四，将简易程序纳入法律援助的范围。新《刑事诉讼法》并没有对简易程序中被告人获得律师帮助的权利予以充分的保护。由于简易程序是对普通程序的简化，是对被告人诉讼权利的一种折损。对被告人适用简易程序，虽然提高了审判效率，但却导致了被告人不能充分行使诉讼权利，这就有可能发生侵犯被告人诉讼权利的现象。所以在适用简易程序的情况下，应当充分保障被告人获得律师帮助的权利，通过律师的帮助，来弥补简易程序对被告人诉讼权利的折损，以便更好地维护被告人的利益。所以对于被告人没有委托辩护人的，应将其纳入法律援助的范围，这样也能有效避免被告人因遭殴打或其他因素承认有罪而适用简易程序情况的发生。[①]

---

① 参见冀祥德主编：《最新刑事诉讼法释评》，中国政法大学出版社，2012年版，第186~192页。

第五，扩大简易程序适用的阶段。在我国现行法律中，简易程序只适用在审判阶段，对审判程序进行简化，以求尽快审结案件。而在司法实践中，犯罪嫌疑人的审前羁押现状严重，大量事实清楚、情节轻微的案件，因为侦查机关精力有限，而没有及时移送检察机关进行公诉。为了更迅速地使被告人脱离诉讼程序，缓解犯罪嫌疑人长时间停留在诉讼程序中所造成的心理压力，对那些轻微犯罪的行为人可以在侦查起诉阶段予以相应地简化，在程序上对其从宽处理。①

五 小结

新《刑事诉讼法》对审判程序的改革对于有效维护审判的公正性，提高诉讼效率，将发挥一定的积极作用。但是，在审判程序的设计上，立法者仍然固守一些传统的司法理念，在诸多程序的设计上显得保守有余、制度创新性不足，甚至出现制度变革的一定倒退。对于那些在司法实践中已经被证明无法实施的制度，立法者仍然固执己见，不作出原则性调整。而对于近些年来的司法改革经验，立法者不注意在实证调研的基础上加以消化吸收，无法将那些成功的改革经验上升为法律规范，致使某些方面的制度设计大大落后于司法改革的实践。世界上没有完美的法律制度。衡量刑事审判制度改革是否成功的主要标准，应当是有效解决司法实践中的问题，朝着实体公正、程序正义和提高效率的方向取得实质性的进步。为此，我们一方面应借鉴国外的相关立法例，另一方面还应注意总结我国司法实践中的成功经验，对我国长期存在的制度弊病予以改革，使我国刑事审判制度发生实质的变化。

---

① 参见刘广三、彭心韵：《宽严相济视野下的刑事简易程序》，载《山东省科技大学学报（社会科学版）》，2013 年第 21 期。

第八章　执行程序

刑事诉讼程序中，所有的裁判和判决种类都要付诸实施，无论管制、拘役，或是有期、无期徒刑，甚至死刑，都要由执行机关执行才能实现刑事诉讼控制犯罪和保障人权的目的。罚金、死刑执行和有期、无期徒刑分别是法院和监狱职能的一部分，当然，各机关因所辖范围不同也分别负责不同种类的刑罚执行。只有经过执行阶段，刑事诉讼程序才能告以终结，刑事诉讼目的才能实现，保障人权的理念才得以落实。从刑事诉讼法的制定到历次修改，执行程序都是不可忽视的环节之一，也是对罪犯进行集中化改造，使其重新回归社会并避免再次犯罪的重要保障。

一　概述

（一）刑事执行程序

刑事执行（简称“行刑”），是国家专门机关将已经生效的刑事裁判付诸实施的法律活动，[①] 刑事执行制度是刑事诉讼制度的重要组成部分，是刑事诉讼的结果得以实现的重要保障。刑事执行是刑事法运作中一个十分重要的环节，刑事执行权的配置是否科学合理，直接关系刑罚效益能否得到最优实现。通过刑事执行制度，一方面使公民合法权益得到保障，社会秩序和安全得到维护；另一方面，也可以使罪犯获得其应有的惩罚，使其获得教育、改造，从而最终达到控制犯罪的目的。随着社会和法治的发展，我国的刑事执行制度逐渐完善，但同时也暴露出了诸多问题。新《刑事诉讼法》针对我国刑事执行制度中存在的突出问题进行

① 参见冯卫国：《论刑事执行权的合理配置》，载《法学论坛》，2010 年 1 月第 1 期。

了较大的修改，主要体现在对暂予监外执行、社区矫正、执行监督等制度的完善等方面。然而，立法的修改并非尽善尽美，刑事执行的司法实践中仍然存在的一些问题并未完全得到解决。

（二）立法修改情况

刑事诉讼程序从立法上分为立案侦查、审查起诉、审判以及执行四个环节，而执行虽然处于四程序之尾，却是一个不可或缺的重要角色。如果执行程序得不到制度性完善，法院判决得不到有效的执行，会将侦查起诉等一系列诉讼程序的作用架空。因此，刑事执行的效果如何不仅关系到刑事判决能否得到有效实现，而且关乎公民的相关权益能否得到有效保护，关乎国家和社会安全能否得到保障以及法律制度的权威能否得到切实树立。2012 年《刑事诉讼法》的修改在执行部分则主要体现在以下几个方面：

1. 暂予监外执行制度

暂予监外执行是我国变通自由刑执行的一种刑罚执行制度，新《刑事诉讼法》一方面将暂予监外执行的适用范围扩大至被判处无期徒刑的怀孕或者正在哺乳自己婴儿的妇女；同时新增了暂予监外执行的决定程序和决定机关的内容，即“在交付执行前，暂予监外执行由交付执行的人民法院决定；在交付执行后，暂予监外执行由监狱或者看守所提出书面意见，报省级以上监狱管理机关或者设区的市一级以上公安机关批准”；此外还将暂予监外执行的检察监督方式由事后监督改为同步监督，在第 255 条增加了关于暂予监外执行的法律监督的规定，以及在第 257 条明确了暂予监外执行的罪犯在何种情况下收监执行和发现罪犯通过非法手段获得暂予监外执行时的处理。

2. 社区矫正制度

社区矫正的制度性规定首次见于 2003 年 7 月 10 日，最高人民法院、最高人民检察院、公安部、司法部联合发布的《关于开展社区矫正试点工作的通知》，在全国设立了首先开展社区矫正的 6 个试点城市。随后于 2005 年 1 月，最高人民法院、最高人民检察院、公安部、司法部又在第一批试点经验总结的基础上，下发了《关于扩大社区矫正试点范围的通知》。通知又将 12 个城市列入第二批社区矫正试点的范围。2012 年《刑事诉讼法》修改首次将社区矫正制度纳入条文之中，在第 258 条中明确了社区矫正的适用范围。同时最高人民法院、最高人民检察院、公安部、司法部联合制定的《社区矫正实施办法》中规定，社区矫正人员有下列情形之一，县级司法行政机关应当给予警告，并出具书面决定：①未按规定时间报到的；②违反关于报告、会客、外出、居住地变更规定的；③不按规定参加教育、学习、社区服务等活动，经教育仍未改正的；④保外就医社区矫正人员无正当理由不按时提交病情复查情况，或者未经批准进行就医以外的社会活动、经教育仍未改正的；⑤违反人民法院禁止令，情节轻微的；⑥其他违反监督管理规定的。该规定进一步细化了社区矫正的适用性，为实践中社区矫正的适用提供了准确的法律依据。

3. 执行监督

新法在执行监督部分的变更修改之处主要表现在两个方面，一是对暂予监外执行的执行监督，由1996年《刑事诉讼法》规定的"事后监督"提前至监狱、看守所提出书面意见后、省级以上监狱管理机关或者设区的市一级的公安机关批准前，这一进步具体规定于新《刑事诉讼法》256条；二是检察院对于减刑、假释予以法律监督方式的规定由原来的"事后监督"变更为"事前监督"。同时《最高人民法院关于办理减刑、假释案件具体应用法律若干问题的规定》第26条也做出规定，人民法院审理减刑、假释案件，原则上书面审理，六类减刑、假释案件必须开庭审理：①因罪犯有重大立功表现提请减刑的；②提请减刑的起始时间、间隔时间或者减刑幅度不符合一般规定的；③在社会上有重大影响或社会关注度高的；④公示期间收到投诉意见的；⑤人民检察院有异议的；⑥人民法院认为有开庭审理必要的。这一规定明确了减刑、假释开庭审理的范围，确立了开庭审理与书面审理相结合的减刑、假释审理方式。

（三）实施概况

对于执行部分的调研情况主要集中在以上三部分法条和司法解释修改的内容，该部分的问卷设计也主要围绕暂予监外执行、社区矫正以及执行监督此三个方面，其主要调研目的在于通过对实践中适用新《刑事诉讼法》的调查，发现新法在实践中的适用情况以及所反映出的缺陷与不足，总结规律，发现问题，从而解决问题，提出有助于新法下一步修改的完善建议。

1. 执行程序总体情况

此次调研通过对J县公、检、法、司各机关发放调查问卷，收集客观数据，以及与相关部门工作人员的访谈，对执行程序的总体实践状况进行宏观了解和分析，在总体抽样调查中，2013 年和 2014 年进入执行程序的案件共有 591 件，其涉及新法改革的内容主要有暂予监外执行、社区矫正以及法律监督，从一定程度上可以反映出新旧两法在实施过程中的差异，契合调研目的。

2. 暂予监外执行情况

新法明确了暂予监外执行的适用情形之后，J 县司法机关在暂予监外执行的决定、审查和执行、收监等各环节的执法都更加规范，没有人为制造可适用监外执行使罪犯逃避收监的现象，罪犯改造工作收效明显。

3. 社区矫正执行情况

J 县在有关社区矫正的法律法规和条例指导下，配备了完善的社区矫正执行手段和方式，无论是本县人员还是外地人员，都能够保证在社区矫正期间有一对一的监管对象对其实行矫正监管工作。

4. 执行监督情况

在调研中针对 J 县执行情况，课题组对 J 县检察院进行了问卷调查，辅之访谈。总体而言，监督时间和方式都凸显 J 县检察院严格执法和人性执法的特点，在惩罚犯罪的同时实现了保障人权的制度目的。

二 J 县经验及实施工作的肯定之处

新法在立法和司法解释方面在理论界有着巨大进步，相比以往的刑事诉讼法也有了很多完善之处，从对 J 县公、检、法、司各机关的实践调研和访谈中不难发现，新法的修改在实践中所表现出来的进步意义也可见一斑。

（一）暂予监外执行标准更加严格，适用率降低

暂予监外执行源于刑罚具有人性、仁爱的特性，即刑罚人道主义。刑罚的人道主义是指刑罚的种类、程度与执行均应与人性的基本要求相符合。对于暂予监外执行罪犯而言，允许其在监外执行刑罚，既保障了其基本人权，也有利于促进其积极改造、悔过自新，同时体现了行刑的个别化和社会化，反映了矫正犯罪的刑罚目的。暂予监外执行是刑罚人道主义的重要体现，也是推进中国刑罚的现代化、法治化与国际化的必然要求。[①] 2012 年《刑事诉讼法》对暂予监外执行做了较大修改，主要

① 参见王晔、苏云姝：《新刑事诉讼法背景下的暂予监外执行制度考量》，载《预防青少年犯罪研究》，2012 年 11 月期。

体现在暂予监外执行的适用范围、决定程序和机关、保外就医的条件等方面。

1. 无期徒刑满足“怀孕或者正在哺乳自己婴儿的妇女”条件可以暂予监外执行

人权保障和惩罚犯罪是刑事诉讼不变的宗旨，而两者之间如何权衡和协调便成为立法过程中的难题所在。此次修改将无期徒刑纳入可以暂予监外执行的范围，又对其加以限制，一方面彰显了人权保障的刑事诉讼宗旨，另一方面也实现了惩罚犯罪的目的，很好地兼顾了刑事诉讼的两大目的，实为新法修改值得肯定之处。

2. 生活不能自理，适用暂予监外执行不致危害社会

法律上把生活自理性障碍分为生活完全不能自理、生活大部分不能自理以及生活部分不能自理三个等级。立法者把“生活不能自理”作为暂予监外执行的适用情形，同时又用“不致危害社会”的条件作为限制，体现了立法的严谨性，一方面放宽了暂予监外执行的适用情形，另一方面又加以限制，体现了公平正义理念在刑事诉讼中的运用。

通过对J县公、检、法、司各机关发放问卷，以及走访调研，J县共有10件案件的罪犯被采取适用暂予监外执行，其中10件案件均属于“有严重疾病需要保外就医”的情形，案件类型较为集中，也体现出J县司法机关严格依照法律办案的作风。

（二）短期自由刑适用范围修改，看守所管理更加人性化

看守所是重要的刑事执法部门，主要担负着羁押管理犯罪嫌疑人、被告人及余刑较短的罪犯（新《刑事诉讼法》规定余刑3个月以下的罪犯由看守所代为执行刑罚）的任务。看守所的工作必须紧紧把握《刑事诉讼法》等法律法规精神，严格、依法、科学、文明管理，这样才能有效维护监所的安全稳定，确保刑事诉讼活动的顺利进行。

新《刑事诉讼法》第253条第2款规定，对被判处有期徒刑的罪犯，在被交付执行刑罚前，剩余刑期在3个月以下的，由看守所代为执行。在对J县看守所调研中我们发现，看守所的执行范围扩大至剩余刑期在3个月以下的，其在司法实践中所带来的进步性意义主要表现在以下两个方面：一是大大减少了监狱的管理执行压力，把一部分剩余刑期较短的犯人从监狱分流到看守所，缓解了监狱罪犯人数较多而经费较少所带来的罪犯劳动容易演变为纯粹创收、积累财富的手段，从而造成了犯罪者

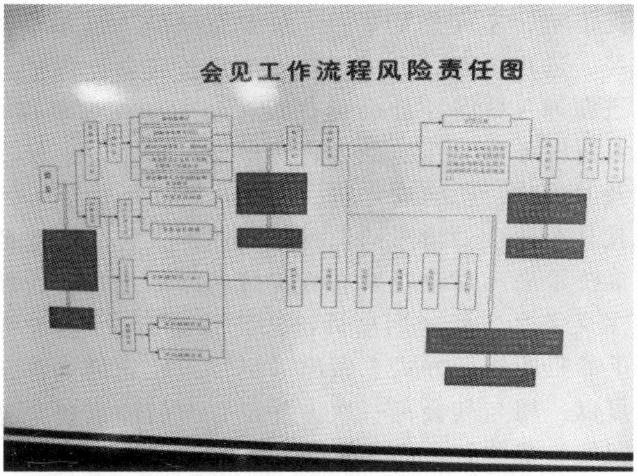

J 县看守所会见工作流程风险责任图

J 县看守所家属会见室

劳动改造结果异化的问题。二是新《刑事诉讼法》增加了看守所管理工作量，这就要求各级公安机关要给看守所调整充实必要的监管警力，以保证执法所需。在新法实施后，J 县看守所争取到 J 县政府的高度重视和公、检、法、司等有关部门的支持，强化了看守所的基础设施建设，解决看守所原来存在的严重超容量羁押问题。J 县看守所也按照新《刑事诉讼法》的要求，规定了严格的亲属会见流程，建设了必要的讯问室、律师会见室、提审室、家属会见室、一级安全风险人员单独羁押室；并安装了视频监控、远程提审、讯问录音录像设施设备，保证办案和监管所需。积极推进在押人员医疗社会化建设，切实加强监管医疗工作。在J县看守所内设有医务室，并配备2名医生5名护士，确保在押人员患病时能够得到及时治疗，杜绝看守所内出现患病不能得到有效及时的医治导致病情恶化甚至死亡的情形。同时落实在押人员的基本伙食保障，并在当地基本经济水平和财政经费有效保障的基础上逐步改善，体现社会主义的人道主义关怀。新《刑事诉讼法》修改后，J县看守所在剩余刑期3个月以下罪犯的执行方式上做出了更加人性化的完善，规定该部分罪犯的家属可以一周与其会见一次，并设有专门的家属会见室。一方面有利于对罪犯的改造监管，让其体会到家庭和社会的温暖，减少罪犯出狱后的再犯罪率；另一方面也是新《刑事诉讼法》保障人权理念的落实和体现。

（三）社区矫正立法更加规范，司法实践有法可依

我国的社区矫正制度起步较晚，其在实践中经历了一个由局部试点到全国推广的过程，在实践的推动下，社区矫正刑事法律化的步伐也不断加快。《刑法修正案（八）》明确引入社区矫正，使社区矫正有了正式的法律依据；新《刑事诉讼法》也增加了关于社区矫正制度的规定；2012年《社区矫正实施办法》出台，各地在实践中形成的行之有效的工作体制机制、矫正方法和模式固定下来，上升为统一的制度，使之成为社区矫正工作的操作规范和基本依据，全面规范了社区矫正从使用前调查评估、交付与接收、矫正实施到解除矫正整个工作流程，针对性、可操作性更强，为社区矫正工作提供了制度保障，①也为社区矫正的实际运行提供了可操作性的法律依据。

根据走访中J县社区矫正机构提交的数据来看，社区矫正在J县的司法工作中是制度规定较为完善，实践层面也较为规范的一项工作，通过与J县司法局的工作人员进行交流与访谈，在J县的社区矫正工作中，主要有以下几个方面值得借鉴和学习：

1. 社区矫正组织机构设置规范，人员配备科学合理

J县司法局在基层科设置了专门的社区矫正办公室，并有4名工作人

① 参见范艳利：《检察机关对社区矫正的法律监督》，载《第八届国家高级检察官论坛文集》，第55~59页。

员负责社区矫正工作，对被矫正对象进行监管并通过定期走访其所在社区或乡镇的方式了解其日常生活情况。J县司法局目前共有社区矫正人员408人，4名社区矫正工作人员分别按地区或乡镇进行工作分工，确保所有矫正人员都有具体负责对其监管的工作人员，保证“一对一”矫正，避免脱管、漏管的情形出现，实为值得借鉴和学习的J县经验。

2. 矫正措施人性化，保证受矫正对象回归社会的同时又受到有效监管

通过对S省J县司法局进行调查走访、发放问卷，我们了解到，自2012年9月起，在社区矫正的方式上，该县统一采取手机定位的方式，在被矫正人的手机上安装GPRS定位软件，24小时对矫正人员的活动情况进行监督，定期给被矫正人员发送短信或者拨打电话了解其活动情况，通过该方式反馈的信息可以通过J县司法局，乃至S省司法厅均可以在网络上查到，保证了“级级”严密监督，使所有被矫正对象进行回归社会性改造的同时又不脱离监管，同时每位被矫正人每月都有20元话费补助，这又从另一个方面体现了J县执法的人性化和规范化。

3. 监管方式多样化，人性执法更合理

J县下设共18个区镇，目前共有社区矫正机构19个，这从侧面说明J县社区矫正的工作组织及机构相应完善配套。同时，各个司法局的社区矫正机构还根据2013年10月S省出台的《社区矫正工作执法规范》制定出相应详细的矫正规范，主要包括以下几个方面：①接受矫正人员每周一向社区矫正部门进行书面报告，统一由矫正部门进行记录存档；②每周由社区矫正部门组织被矫正人员进行一次公益劳动，主要包括在各个街道、社区以及乡镇部门进行打扫卫生等义务性劳动，使矫正人员真正融入社会的大环境中，利于其真正实现社会改造目的；③每月由社区矫正部门组织进行一次社会活动，主要包括组织被矫正人员去敬老院帮助孤寡老人进行一些日常活动。J县司法局社区矫正部门严格贯彻法律有关社区矫正的规定，将刑事诉讼的人权保障理念落到实处，在实践中不断规范完善自身的执法行为，确实可以称为J县经验。

（三）执行监督

刑罚执行监督是刑事诉讼检察监督的重要部分，对于保障国家刑罚执行权得到落实，维护司法公正和罪犯的合法权益具有重要意义。2012年《刑事诉讼法》对于刑罚执行相关的条文改动涉及多个条款，从刑罚执行的条件、检察机关对刑罚执行的监督范围、监督手段均作出了规定，使得检察机关对刑罚执行的监督形成“立体化”“全程化”“同步化”的格局。结合此次J县调研，以下几个方面为新法实践中值得肯定之处。

第一，转变监督方式，强化监督职责。关于暂予监外执行的检察监督，新《刑事诉讼法》第256条保留了检察机关进行事后补救监督的规定，在此基础上增加了第255条规定，将检察机关的监督前置，实现“事后监督”到“同步监督”的转变，强化了检察机关对刑罚执行的监督职责。

第二，增加监督措施，完善监督职能。书面意见抄送检察院的规定从无到有，增加了一个监督“关卡”，增加了一个制约手续。以往检察院对监狱执法也有监督职能，但多为被动监督，此次增加了书面意见的副本抄送，检察人员的监督就能变被动为主动，同时也扩大了检察机关在刑事诉讼中的职能和作用，让检察机关更多地介入刑罚执行，能够尽量避免和减少刑罚执行的随意性，有利于互相制约原则的落实，维护刑罚执行的严肃性。通过走访J县检察院，负责检察监督的监所科有3人负责对看守所的执行监督，并常驻看守所，且相应的监督措施完善，这就为检察院提出监督意见奠定了实践基础。

三　新法在立法及司法实践中存在的问题

（一）暂予监外执行存在的问题

第一，暂予监外执行的范围。新《刑事诉讼法》第258条将暂予监外执行的执行主体和执行方式由原“由居住地公安机关执行”“基层组织或者罪犯的原所在单位协助进行监督”变更为“依法实行社区矫正”，“由社区矫正机构负责执行”增强了刑罚执行的效果，也丰富和完善了我国非监禁刑罚执行制度。但问题是，《刑法修正案（八）》对社区矫正制度只规定了三种适用对象，即：被判处管制的罪犯、被宣布缓刑的罪犯以及被假释的罪犯，而新《刑事诉讼法》第258条又增加了暂予监外执行的罪犯第四种适用对象，同一位阶的法律在这个问题上却出现了不一致。在此之前，2003年7月发布的《关于开展社区矫正试点工作的通知》（以下简称“通知”）规定了五种适用对象，即除上述四种适用对象外，对于剥夺政治权利并在社会上服刑的罪犯亦适用暂予监外执行，这一司法性文件无论从时效上还是从位阶上更与刑法、刑事诉讼法的相关规定产生了不一致，虽根据“新法优于旧法”的适用原则，现已经不再适用

"通知"，但对于剥夺政治权利并在社会上服刑的罪犯能否适用暂予监外执行在法律上仍存有疑问，这有待于法律的进一步规定和明确。[①]

新《刑事诉讼法》将暂予监外执行的适用范围进行扩大，在一定程度上增加了犯罪的监外执行人数，扩大了监外执行刑罚的对象，虽贯彻了刑事诉讼法人权保障的目的和宗旨，但也要防止产生利用法律规定人为创设监外执行的行为，如对怀孕或哺乳期妇女的规定。关于怀孕或者哺乳自己的婴儿次数没有作相应的规定，实践中可能会出现有些女性罪犯在暂予监外执行期限即将届满前再次怀孕，以此来逃避收监执行。针对此种情形，笔者建议在对女性罪犯送达监外执行手续时应一并向其户籍所在地的基层的计划生育部门送达相应的手续，同时联合司法执行部门制订完善的监督手段和监督方式，在保护怀孕或哺乳期妇女的同时避免其利用多次、连续怀孕达到逃避收监的目的。此外，"由法定的暂予监外执行的条件可以清楚地看出，不管是对于患有严重疾病需要保外就医的罪犯，怀孕或者正在哺乳自己婴儿的罪犯，还是生活不能自理的罪犯，所体现的都是行刑的社会主义人道性原则"[②]。

第二，交付执行后暂予监外执行的问题。新《刑事诉讼法》规定交付执行后暂予监外执行并没有体现程序性权利的参与性，未能提供更好地保障在押人员权益的一种机制，与"尊重和保障人权"的立法任务相悖。这主要表现在两个方面：一是在程序启动上，目前仍采职权主义的原则，未给予当事人申请的程序性权利，由监狱、看守所根据法律规定的特殊情形在符合时依职权启动；二是在决定批准过程中，未给予听取罪犯及其委托律师、被害人及其委托律师等当事人意见的程序性权利，而是在监管部门内部一个封闭的状态下运行。这些问题都有待于进一步研究。[③]

第三，审批机关和程序实践中可操作性不强。新《刑事诉讼法》确定了暂予监外执行的决定和批准机关，但是这样的规定在实践中不太具

---

① 参见王冠华："论新刑事诉讼法中暂予监外执行刑事执行制度"，来源于"华律网"，http：//www.66law.cn/lawarticle/7589.aspx，最后访问时间：2013 年 10 月 28 日。

② 钱善义："对暂予监外执行制度的一点思考"，来源于"正义网"，http：//www.jcrb.com/procuratorate/procuratorforum/201209/t20120925_954523.html，最后访问时间：2013 年 10 月 20 日。

③ 参见钱善义："对暂予监外执行制度的一点思考"，来源于"正义网"，http：//www.jcrb.com/procuratorate/procuratorforum/201209/t20120925_954523.html，最后访问时间：2013 年 10 月 20 日。

有可操作性，监狱和公安机关都是行政化的管理模式，一个决定需要层层审批，如果赋予他们这个批准权，可能不光会造成行政权力滥用，而且会影响审批的效率。

第四，内容不完备，程序需细化。虽然监狱或者看守所在事先申请时会把书面意见的副本抄送人民检察院，事后决定或者批准机关也会把暂予监外执行的决定抄送检察院，但是检察机关在事前或事后提出书面意见之后，决定和批准机关如何审查，审查的力度和效果究竟如何，这也需要进一步的程序设计来予以保障，否则仍然不利于保障检察机关监督权的行使。新《刑事诉讼法》对暂予监外执行制度的内容进行了扩充，但是一些具体的程序仍然需要去细化，唯有此，才能更好地完善整个制度。[①]

第五，收监条文不明确，具体措施待完善。立法出现的另一纰漏体现在新《刑事诉讼法》第 257 条。尽管新《刑事诉讼法》明确了暂予监外执行的适用条件；尽管 2009 年 6 月 25 日中央综治办、两院两部《关于加强和规范监外执行工作的意见》对本条第二种情形，即“严重违反有关暂予监外执行监督管理规定的”作出了列举性规定，并规定了相应的收监程序；尽管本条第 2 款明确了人民法院决定暂予监外执行的罪犯应当予以收监的程序，但新《刑事诉讼法》对于暂予监外执行的情形消失后，罪犯刑期未满的，如何收监在程序上规定不甚了了，也未能将《关于加强和规范监外执行工作的意见》中的相关规定上升至更高位阶的刑事诉讼法上，不能不说是明显的缺憾。[②]

（二）社区矫正存在的问题

第一，社区矫正名称上的问题。有学者通过语义分析以及对社区矫正刑罚执行实质性地考察，建议将“社区矫正”，更名为“社区刑罚执行”。[③] 笔者同认为，“社区刑罚执行”更能体现出社区矫正刑罚执行的性质。

第二，社区矫正的主体尚未明确，社区矫正的内容与程序没有规范，

---

① 参见许旭、何康：《暂予监外执行制度解读——以新修订刑事诉讼法为切入点》，载《南华大学学报（社会科学版）》，2013 年第 2 期。

② 参见蒋瑶：《论新刑事诉讼法中的暂予监外执行刑罚执行制度》，载《中国检察官》，2012 年第 11 期。

③ 参见刘强：《建议将“社区矫正”更名为“社区刑罚执行”》，载《中国司法》，2013 年第 7 期。

实际执行中缺乏统一标准；适合未成年人的社区矫正特殊方式有待确立。此外，社区矫正的实际执行效果得不到保障。社区矫正作为一种刑罚方式，具有权威性和严肃性，但在一些地方的试点工作中，却出现了社区服刑人员脱管、漏管的现象；对未成年人和成年人采用基本相同的社区矫正方式，而许多方式并不适合未成年人的身心特点和矫正需要。这些问题的出现不仅因为社区矫正缺乏群众基础和立法依据，还与矫正人员专业性不强、矫正方式不科学有关。①

社区矫正监督包括发现违法机制、纠正违法机制、监督保障机制、监督问责与绩效考评机制等，都需要我们进一步研究和探索。实践中，要把预防和纠正社区服刑人员脱管漏管、违法交付执行、违法变更执行等问题作为社区矫正监督的重点，促进社区矫正工作依法、规范开展。②

第三，社区矫正的范围。尽管被剥夺政治权利可以独立的适用于轻罪，但司法实践几乎微乎其微。而被剥夺政治权利作为附加刑的，是在其刑满释放后执行，而刑满释放意味着刑罚改造的结束，不论是监禁刑罚改造还是非监禁刑罚改造，都应当视为结束。因此，这类罪犯不宜作为社区矫正的对象，被纳入社区矫正的范围。③ 也有学者认为，“被剥夺政治权利”人员应当纳入社区矫正范围。④ 《社区矫正实施办法》第 33 条第 2 款规定“犯罪的时候不满十八周岁被判处五年有期徒刑以下刑罚的社区矫正人员，适用前款规定”。据此，可以考虑将未成年社区服刑人员的年龄上限扩展到 20 岁出头。⑤

针对立法中关于社区矫正的不完善之处，在对 J 县的调研中也偏重以上所提出的方面，主要发现以下问题：

第一，《社区矫正实施办法》规定：“司法行政机关负责指导管理、组织实施社区矫正工作”，“公安机关对违反治安管理规定和重新犯罪的

① 参见谢佑平、谢澍：《程序与实体：未成年人社区矫正机制的改造》，载《昆明理工大学学报（社会科学版）》，2012 年第 2 期。

② 参见贺恒扬、王立：《检察机关贯彻实施新刑事诉讼法需要重点解决的几个问题》，载《河南社会科学》，2013 年第 1 期。

③ 参见郭华：《社区矫正与刑事诉讼法的对接机制——基于“两高”“两部”〈社区矫正实施办法〉的展开》，载《中国司法》，2012 年第 3 期。

④ 参见刘强：《论“剥权”人员应纳入社区矫正的范围》，载《河北法学》，2013 年第 8 期。

⑤ 参见吴宗宪：《论未成年人社区矫正的发展方向》，载《山东省警察学院学报》，2012 年第 4 期。

社区矫正人员及时依法处理”，不同于监禁刑的执行主体为公安机关，对社区矫正进行考察监督的机关是由司法行政机关负责，在这种双格局的情形下，极易导致社区矫正实际工作的混乱。在调研中我们了解到，一方面，在乡镇基层，公安派出所和司法部门有互相推诿各自工作的情形；另一方面，司法行政部门对矫正对象的监管不具有强制执法权，对社区服刑人员不具有强制管理手段和威慑力，容易造成其脱管、漏管、无人监管，这就使司法行政机关对监外执行罪犯的最基本监管活动也很少开展，更谈不上开展其他有效形式的社区矫正活动，对社区服刑者的教育、矫正也只能是空谈。

第二，脱管、漏管现象仍然存在。由于受公安机关与司法部门交接不完全、监管缺乏力度以及罪犯不愿接受监管等主观因素的影响，社区服刑人员脱管、漏管现象仍然存在，加上在外地判处的监外执行罪犯不回到J县报到，对社区服刑者的监管工作更是难上加难；一些监外服刑人员长期外出，更有无法联系的情形出现，因此容易导致社区矫正人员完全失管，甚至重新犯罪。

第三，监管工作不具体、不完善。一是对罪犯监管的机构不健全。目前司法行政机关设有相应的社区矫正监管的机构以及领导小组，但是基层司法所就很少再设有专门的监管组织了，只是要求居委、村委、乡镇街道予以配合，但社区居民实行的是自我管理、自我服务，要他们承担起对社区服刑人员监督考察的任务是不太现实的；二是人员力量偏弱。司法所的工作人员大多为1人或者2人，1人的“单兵”在司法所中占很大比例，有的乡镇甚至连一个专职人员都没有，而且司法局作为一个独立的司法部门本身已任务繁杂，对现有工作已不堪重负，根本无力再承担其要求严、标准高的罪犯矫正工作。因此，日常的社区矫正监管只能流于形式，要实现将罪犯改造好的目标也就只能靠社会舆论和社区服刑人员的自觉性。

第四，经费保障问题。社区矫正作为一项重要的刑罚执行方式，是我国司法诉讼的有机组成部分，理应有相应的财力来保障这项工作顺利进行，但是在对J县的调研考察中，我们却发现实际上司法部门已经出现财力吃紧的情况，尤其是作为一个经济欠发达的县，经费问题更成为该县司法局社区矫正所面临的一个重要问题。由于原来由国家财政拨付给公安机关用于社区矫正的经费却没有相应地转移到司法行政部门，所以社区矫正工作的经费基本上由地方财政临时拨付和司法行政机关自筹，而这些经费对于责任大、任务重的社区矫正工作来说显然是不够的。社区矫正经费保障不足，也就在客观上严重影响着社区矫正工作的深入开展。

第五，外出务工监管的难题。根据《社区矫正实施办法》的规定，社区矫正人员离开所居住的市、县不得超过一个月，而由于就业困难，社区矫正人员要维持生计，必然要外出务工，从人性化和社会管理的实际来看，社区矫正人员外出务工势在必行，但这又与《社区矫正实施办法》冲突，何去何从，怎样解决，这是摆在社区矫正监管中的又一道难题。

（三）执行监督中存在的问题

第一，执行监督内容不全面。从目前实践看，检察机关对执行活动的监督并不全面，主要表现在对财产刑、资格刑的执行无法进行监督。四种法定刑罚中，生命刑和自由刑的执行已纳入法律监督范围，检察机关可以进行监督，但人民法院执行财产刑（没收财产和罚金）、公安机关执行资格刑（剥夺政治权利和驱逐出境）的活动尚没有纳入法律监督的范围，使得检察机关无法对法院和公安机关的刑罚执行活动进行监督。

第二，暂予监外执行监督上的漏洞。暂予监外执行作为2012年《刑事诉讼法》修改的重点，程序建设逐步完善的同时，监督措施并没有得到相应的跟进。主要表现：①暂予监外执行的监督环节和范围不明晰。新《刑事诉讼法》明确规定，人民检察院监督的环节为“决定或者批准暂予监外执行”，并未规定检察院对执行环节及收监执行有无监督权、如何进行监督。《刑诉规则》也仅仅规定了决定、批准环节和收监执行，未规定执行环节。《社区矫正办法》中只规定了执行环节中变更居住地的相关文书需抄送检察机关，收监执行环节的收监执行建议书和决定书需抄送检察机关，而执行中的“违反监督管理规定”作出的警告等实质性措施并未规定检察机关可以监督。②对暂予监外执行的监督手段单一。根据新《刑事诉讼法》等相关法律法规的规定，对暂予监外执行的监督采用“书面意见”的形式，并无其他权力。而根据《社区矫正实施办法》的规定，检察机关仅能被动地接受社区矫正机关的“告知、移送、通知”，无其他监督手段。仅仅在《刑诉规则》中对监督手段稍作细化，主要规定了对违法情况的“提出纠正意见”权；在接到批准或者决定对罪犯暂予监外执行的通知后的“审查”权；向罪犯所在单位和有关人员的“调查权”；可以向有关机关调阅有关材料的“调阅权”；对不同意暂予监外执行的“监督权”及“纠正意见”权。③对暂予监外执行的监督形式落后。目前，暂予监外执行的监督模式基本为“事后监督”。④监督无法引发程序性法律后果。[①]

新《刑事诉讼法》对于暂予监外执行的情形消失后，罪犯刑期未满的，如何收监在程序上不甚了了，也未能将《关于加强和规范监外执行工作的意见》中的相关规定上升至更高位阶的《刑事诉讼法》上予以规定，不能不说是明显的缺憾。暂予监外执行期间，罪犯刑期届满时应如何处理，第257条亦没有规定。1994年《监狱法》第28条规定：“暂予监外执行的情形消失后，刑期未满的，负责执行的公安机关应当及时通知监狱收监；刑期届满的，由原关押监狱办理释放手续。罪犯在暂予监外执行期间死亡的，公安机关应当及时通知原关押监狱。”基于此，在2012年修改《刑事诉讼法》时，至少应增加一款“刑期届满的，由原关押监狱办理释放手续”，却没有涉及，这不能不说是一个明显的纰漏。

第三，检察监督措施强制力不够，暂予监外执行法律规定亟待完善。新《刑事诉讼法》第265条及《刑诉规则》第633条虽然在一定程度上对检察机关的法律监督措施作了规定，但仔细研究不难发现这些监督措施尚不足以保证暂予监外执行制度的公正运行：一是检察机关往往是仅对人民法院做出的暂予监外执行决定书是否适当进行监督，这只是一种“纸上谈兵”的监督，检察机关并不能同步监督。二是仅规定检察机关向批准或者决定暂予监外执行的机关送交暂予监外执行的书面意见后，应当监督其立即对批准或者决定暂予监外执行的结果进行重新核查，但是如果执行机关借故拖延、坚持己见甚至置之不理，检察机关缺乏相应的手段进行监督。三是重新核查不符合法律规定的，检察机关只能提出纠正意见，至于最终暂予监外执行能否得到正确执行则缺乏后续的监督手段。由于立法规定的不尽完善及在实际操作中存在的一些问题，导致监

① 参见闵亚莉、苏云姝：《论暂予监外执行检察监督机制之完善》，载《西华大学学报（哲学社会科学版）》，2013年第2期。

外执行在实践中存在无法可依的问题，亟待引起高度重视。

以上几个方面是立法中执行监督所存在的不足与缺陷，在对J县的实际调研中，发现超期羁押问题普遍而严重。在与J县检察院监所科的工作人员的交流访谈中我们了解到，一方面，由于看守所和公安机关以及检察院的工作交接制度不完善、不健全，导致看守所内部普遍存在超期羁押的现象。另一方面，检察院上下级之间的案件汇报批准制度也在一定程度上造成检察院对看守所超期羁押问题的监管监督难。

四　对立法及相关司法制度的完善建议

既然从制度层面和实践层面都找到了问题的所在，那么对问题的解决与完善就亟待提上日程，结合《刑事诉讼法》几次修改，从继续坚持司法机关应当“分工负责、互相配合、互相制约”的原则，坚持“社会管理创新”和完善立法、司法制度的角度对其进行理性的思考，就显得尤为必要。

（一）暂予监外执行制度的完善

有学者提出，要增设对暂予监外执行罪犯的担保制度，对罪犯保外就医期间保证人的权利和义务做出明确规定，并对罪犯保外就医期间违反规定的，保证人未尽保证义务的应当承担什么样的法律责任都做出相应的规定，从而使法律设立的暂予监外执行制度既能够体现人权保护的刑罚原则，又能体现法律严肃性和司法权威。①

同时，暂予监外执行的收监程序有待完善，新《刑事诉讼法》第254条明确列出了暂予监外执行的适用对象、适用情形，同时第257条也规定了暂予监外执行罪犯应当及时收监的情形，但新法对暂予监外执行的情形消失后，罪犯刑期未满的，具体的收监程序却缺乏相关规定。在2009年的《关于加强和规范监外执行工作的意见》中就有相关的暂予监外执行的罪犯暂予监外执行情形消失后，刑期未满的收监程序规定。在后续的修法完善或者暂予监外执行使用规定的制定中可以借鉴这一规定，明确暂予监外执行犯的收监程序。②

---

① 参见周礼勇：《完善暂予监外执行制度的立法路径——以一起监狱管教民警徇私舞弊被判刑案件为视角》，载《江西科技师范学院学报》，2012年8月第4期。

② 参见李明欢：《论新刑事诉讼法视角下暂予监外执行制度》，载《现代商贸工业》，2013年第5期。

（二）社区矫正制度的完善

1. 明确公安机关在社区矫正中的职责

《社区矫正实施办法》第3条规定："县级司法行政机关社区矫正机构对社区矫正人员进行监督管理和教育帮助。司法所承担社区矫正日常工作。"有学者认为，根据权力制衡的原理尤其是刑罚权合理配置的体系，社区矫正由司法行政机关作为执行机关最为合适，赋予司法行政机关这种非监禁刑罚执行的职能更符合侦查机关、检察机关、审判机关和执行机关分工负责、互相配合、互相制约的工作运行体制。

通过与J县司法工作人员的交谈，并结合他们提出的意见，笔者认为，从目前情况看，公安机关在信息、执法力度、经费等方面对社区矫正人员的监管较司法行政机关适宜。目前，法律已经明确了司法行政机关对社区矫正人员的监管，建议对相关法律进行修改。建议修改的内容主要有：公安机关除了对违反治安管理规定和重新犯罪的社区矫正人员及时依法处理，重点应在脱管、漏管的监管方面负责；司法行政机关对脱管、漏管人员应及时通报给公安机关，由公安机关负责查找，并将查找结果通知司法行政机关；司法行政机关对公安机关不作为的行为通报给检察机关，由检察机关对其进行监督。

另外，要进一步提高社区矫正工作人员的专业化。例如，有学者认为，主要从事未成年社区服刑人员矫正工作的社区矫正官，应当具备这样一些任职资格：具有大学本科学历，处在恰当的年龄阶段，具有良好的性格特征，具备较强的人际交往能力，具有相关工作经验。①

2. 社区矫正程序改革

有学者认为，社区矫正程序一是应当确立社会调查报告制度；二是应采纳被害人及其家属意见；三是应当增设量刑建议与答辩程序；四是应当规范裁判文书。还有学者认为恰当开展矫正工作一是应当科学组建矫正小组；二是应当建立严密的监督网络；三是应当有效解决心理问题；四是应当重视进行教育帮助；五是应当努力解决未成年矫正对象的家庭问题；六是应当创新社区矫正方式。② 也有学者提出改革未成年人刑事判

---

① 参见吴宗宪：《论未成年人社区矫正的发展方向》，载《山东省警察学院学报》，2012年第4期。

② 参见吴宗宪：《论未成年人社区矫正的发展方向》，载《山东省警察学院学报》，2012年第4期。

决，以便利社区矫正工作展开。为了恰当作出刑事判决，应重点开展以下工作：首先，应该恰当开展审前调查，为准确判决提供必要的参考资料；其次，应该恰当判处非监禁刑；再次，应该恰当确定服刑义务。

3. 探索建立外出务工委托监管制度

对一些社会危害程度不大，能自觉接受监督的社区矫正人员，有外出务工意愿的应提出外出务工申请，由所在街道、社区提出初步意见，居住地司法行政部门审批，审批通过的社区矫正人员应在一个月内向司法行政部门报告务工所在地，由居住地司法行政部门向务工地司法行政部门送达《委托监管社区矫正人员》的法律文书，务工地司法行政部门受理后依法受托监管。

社区矫正作为我国刑法体系中新兴的执行方式、改造方法，仍处在不断探索的阶段，尤其是采用何种矫正方式才适合我国独特的刑法体系还有待观察。在吸收国外经验的同时，也需要不断摸索中国模式。但是，在社区矫正的具体规定中，同样有许多需要完善之处。如，社区矫正的执行机关，我们认为应当以司法机关为宜，理由在于司法机关人力资源充足，又有较为专业的法律方面人才，同时能够兼顾社区环境。再如，社区矫正的专业化建设、社区矫正的具体措施等都是今后法律修改的重点。

（三）执行监督

1. 监所监督

目前监所监督工作，重点是在看守所，既要预防刑讯逼供、保障律师权利，还要防止嫌疑人非正常死亡，防止看守所克扣嫌疑人基本的待遇、福利，压力之大、责任之重可想而知，如果不给予必要的条件，监所监督工作难以顺利开展。最近有一些地方的看守所、公安机关、检察机关一起探索了一些改革，比如建立上级检察院到下一级看守所巡视、巡查制度。这一项改革考虑到了中国特殊性，实践效果不错。由于在中国让同级监督同级有困难，由上级检察机关监督下一级公安机关、看守所，应该说有独特的优势。这样的巡视如果成为一种制度长期固定下来，效果将会非常显著。[①] 监所检察部门在监督时应当注意以下几个问题：

首先，监所检察部门必要时应当在死刑执行前向公诉部门了解案件

① 参见陈瑞华：《刑事诉讼法修改对检察工作的影响》，载《国家检察官学院学报》，2012 年第4 期。

有关情况。通过这一工作，可以熟悉死刑犯的案情，防止错杀，有助于监督和保障死刑执行程序的顺利进行。①

其次，检察院赋予监所检察官一定的独立调查权，比如说发现非正常死亡可以不用看守所的医生，独立聘请医生。保持独立性可以保证其公正性和中立性，增强权威性，使整个调查取信于人。②

再次，推动监所检察部门的权限改革。《刑诉规则》第635条第2款规定："死刑执行临场监督由人民检察院监所检察部门负责；必要时，监所检察部门应当在执行前向公诉部门了解案件有关情况，公诉部门应当提供有关情况。"主要理由是：一是监所检察部门承担刑罚执行监督职责，死刑执行属于刑罚执行活动。二是监所检察部门掌握死刑犯在看守所的羁押表现情况，如其是否有立功表现、行刑前是否有异常情形等。由监所检察部门监督死刑执行，更有利于保障其合法权益。另外，财产刑执行也属于刑罚执行活动，应当由监所检察部门行使监督权。③

自2006年至2011年，全国检察机关就减刑、假释、保外就医提出书面纠正意见大约为0.2万件次至1.3万件次，呈逐年上升趋势。④ 新《刑事诉讼法》第255条规定："监狱、看守所提出暂予监外执行的书面意见的，应当将书面意见的副本抄送人民检察院。人民检察院可以向决定或者批准机关提出书面意见。"第262条第2款规定："被判处管制、拘役、有期徒刑或者无期徒刑的罪犯，在执行期间确有悔改或者立功表现，应当依法予以减刑、假释的时候，由执行机关提出建议书，报请人民法院审核裁定，并将建议书副本抄送人民检察院。人民检察院可以向人民法院提出书面意见。"有学者针对暂予监外执行监督过程中出现的漏洞提出了同步监督、防止检察监督滞后、信息联网打造监督无缝接等诸多完善

---

① 参见袁其国：《监所检察部门执行修改后刑事诉讼法应注意几个问题》，载《检察日报》，2013年1月14日第3版。

② 参见陈瑞华：《刑事诉讼法修改对检察工作的影响》，载《国家检察官学院学报》，2012年第4期。

③ 参见陈国庆、李昊昕：《〈人民检察院刑事诉讼规则（试行）〉修改的主要问题理解与适用》，载《人民检察》，2012年第24期。

④ 参见宋维彬：《新刑事诉讼法实施过程中的检察监督》，载《国家检察官学院学报》，2013年第1期。

措施。[①]

2. 社区矫正监督

未成年人社区矫正监督程序的改造：健全相关立法，明确监督效力；丰富介入方式，扩大监督范围。[②]

五　小结

2012 年《刑事诉讼法》的修改可谓诉讼法学界一件具有里程碑意义的事件，新法修改不仅在法律条文上完善了相关制度，而且对于以往法律实务操作中存在的难题也提出了相关的条文依据。在此次对 J 县的调研考察中主要针对新法修改的部分内容，通过对公检法的工作人员发放调查问卷、交流访谈的形式，了解新法在司法实践中的适用情况，以及在适用中出现的问题及缺陷。执行部分是刑事诉讼必不可少的重要部分，是刑事诉讼的生命线所在，关乎整个《刑事诉讼法》的实施。同时新法的实施仍然存在缺陷，检察机关要做好法律监督工作，执法人员更要贯彻惩罚犯罪与保障人权之间的平衡统一以促进新法的有效实施，促进社会主义和谐社会和法治社会的建设。

---

① 参见闵亚莉、苏云姝：《论暂予监外执行检察监督机制之完善》，载《西华大学学报（哲学社会科学版）》，2013 年第 2 期。

② 参见谢佑平、谢澍：《程序与实体：未成年人社区矫正机制的改造》，载《昆明理工大学学报（社会科学版）》，2012 年第 2 期。

第九章　特别程序

一　概述

新《刑事诉讼法》单设一编，专门规定了未成年人刑事案件诉讼程序，当事人和解的公诉案件诉讼程序，犯罪嫌疑人、被告人逃匿、死亡案件违法所得的没收程序以及对实施暴力行为的精神病人的强制医疗程序等四种特别程序。在这些特别程序当中，尽管有一些规定过于粗疏，如关于刑事和解的规定只有三条，还有大量的问题没有涉及；有一些规定甚至存在问题，如未成年人刑事案件诉讼程序将对已决犯进行“教育、惩罚、挽救”的实体法原则规定在了诉讼法当中，而适用于未成年人的程序法原则规定不够等。但是，从设立制度框架的立法指引功能角度来看，新增此编本身就有极大的意义，它填补了1979年和1996年《刑事诉讼法》只有普通程序没有特殊类型程序的空白，进一步细化了各类刑事诉讼程序的分工，为刑事诉讼程序进一步朝着文明化、规范化和科学化的方向发展提供了一个有益的思路。总体而言，新《刑事诉讼法》关于特别程序的规定，着眼于在控制犯罪和保障人权的价值目标之间作出平衡，是我国刑事诉讼法律制度渐趋科学完备的体现，适应了我国刑事司法发展的基本趋势，更加符合联合国刑事司法准则的要求，具有里程碑式的意义。①

在2013年年初《刑事诉讼法》正式实施后，这部法律在司法实践中的真实运行状况，就成为理论研究和司法实务部门必须高度关注的首要

---

① 参见宋英辉、茹艳红：《刑事诉讼特别程序立法释评》，载《苏州大学学报》，2012年第2期。

问题。本课题组以S省J县公检法三机关为实证调研对象，通过发放问卷等多种方式深入考察新法在司法实践中的真实运行状况，以期能够为对刑事诉讼制度理论的进一步研究提供可靠的第一手资料。

二　J县经验及实施工作的肯定之处

（一）未成年人刑事案件诉讼程序研究

通过对J县公检法三机关办理未成年人刑事案件的考察，在适用未成年人刑事案件诉讼程序中，值得肯定之处主要包括：

1. 贯彻实施合适成年人到场制度

为了更好地保障未成年犯罪嫌疑人、被告人的权益，新《刑事诉讼法》规定了有关未成年人的合适成年人到场制度。其第270条规定："对于未成年人刑事案件，在讯问和审判的时候，应当通知未成年犯罪嫌疑人、被告人的法定代理人到场。无法通知、法定代理人不能到场或者法定代理人是共犯的，也可以通知未成年犯罪嫌疑人、被告人的其他成年亲属，所在学校、单位、居住地基层组织或者未成年人保护组织的代表到场，并将有关情况记录在案。到场的法定代理人可以代为行使未成年犯罪嫌疑人、被告人的诉讼权利。到场的法定代理人或者其他人员认为办案人员在讯问、审判中侵犯未成年人合法权益的，可以提出意见。讯问笔录、法庭笔录应当交给到场的法定代理人或者其他人员阅读或者向他宣读。讯问女性未成年犯罪嫌疑人，应当有女工作人员在场。审判未成年人刑事案件，未成年被告人最后陈述后，其法定代理人可以进行补充陈述。询问未成年被害人、证人，适用第一款、第二款、第三款的规定。"

在公安机关，调查结果显示：在讯问未成年犯罪嫌疑人的过程中，其法定代理人到场的比率是55%。在未成年犯罪嫌疑人的法定代理人未到场的原因中，无法通知的情形占40%，不能到场的情形占40%，法定代理人是共犯的情形占15%，其他情形占5%。讯问未成年犯罪嫌疑人时有辩护律师到场的情形占40%，未有辩护律师到场的情形占60%。将讯问笔录交给到场的法定代理人或者其他人员阅读或向他们宣读的情形占90%，未将讯问笔录交给到场的法定代理人或者其他人员阅读或向他们宣读的情形占10%。

在检察机关，调查结果显示：在讯问未成年犯罪嫌疑人的过程中，其法定代理人到场的比率是71%。在未成年犯罪嫌疑人的法定代理人未到场的原因中，无法通知的情形占45%，不能到场的情形占30%，法定代理人是共犯的情形占15%，其他情形占10%。讯问时在未成年犯罪嫌疑人的法定代理人未到场的情形下，犯罪嫌疑人、被告人的其他成年亲属到场的占30%，所在学校、单位、居住地的基层组织代表到场的占8%，未成年人保护组织代表到场的占12%，以上人员均未到场的占50%。讯问未成年犯罪嫌疑人时有辩护律师到场的情形占29%，未有辩护律师到场的情形占71%。将讯问笔录交给到场的法定代理人或者其他人员阅读或向他们宣读的情形占90%，未将讯问笔录交给到场的法定代理人或者其他人员阅读或向他们宣读的情形占10%。

在人民法院，调查结果显示：在讯问未成年犯罪嫌疑人的过程中，其法定代理人到场的比率是65%。在未成年犯罪嫌疑人的法定代理人未到场的原因中，无法通知的情形占33%，不能到场的情形占46%，法定代理人是共犯的情形占0%，其他情形占21%。讯问时在未成年犯罪嫌疑人的法定代理人未到场的情形下，犯罪嫌疑人、被告人的其他成年亲属到场的占54%，所在学校、单位、居住地的基层组织代表到场的占16%，未成年人保护组织代表到场的占0%，以上人员均未到场的占30%。讯问未成年犯罪嫌疑人时有辩护律师到场的情形占43%，未有辩护律师到场的情形占57%。将讯问笔录交给到场的法定代理人或者其他人员阅读或向他们宣读的情形占90%，未将讯问笔录交给到场的法定代理人或者其他人员阅读或向他们宣读的情形占10%。庭审过程中到场的法定代理人或者其他人员曾提出意见认为办案人员在讯问、审判过程中侵犯了未成年人的利益的情形占56%，未提出的情形占44%。未成年被告人最后陈述后，其法定代理人进行补充陈述的情形占32%，未进行补充陈述的情形占68%。

2. 严格执行逮捕措施的适用

新《刑事诉讼法》第269条规定："对未成年犯罪嫌疑人、被告人应当严格限制适用逮捕措施。人民检察院审查批准逮捕和人民法院决定逮捕，应当讯问未成年犯罪嫌疑人、被告人，听取辩护律师的意见。对被拘留、逮捕和执行刑罚的未成年人与成年人应当分别关押、分别管理、分别教育。"

在J县公安机关，调查结果显示：对未成年犯罪嫌疑人适用逮捕措施的情形占 14%，未适用逮捕措施的情形占 86%。将未成年犯罪嫌疑人与成年人分别关押的情形占 100%，未分别关押的情形占 0%。讯问过程中对未成年人使用戒具的情形占 13%，未使用戒具的情形占 87%。在 J 县检察院，调查结果显示：对未成年犯罪嫌疑人适用逮捕措施的情形占 10%，未适用逮捕措施的情形占 90%。检察院在批准逮捕前讯问过未成年犯罪嫌疑人的情形占 85%，未讯问的情形占 15%。检察院在批准逮捕前听取过辩护律师意见的情形占 56%，未听取的情形占 44%。将未成年犯罪嫌疑人与成年人分别关押的情形占 90%，未分别关押的情形占 10%。讯问过程中对未成年人使用戒具的情形占 11%，未使用戒具的情形占 89%。在 J 县法院，调查结果显示：对未成年犯罪嫌疑人适用逮捕措施的情形占 9%，未适用逮捕措施的情形占 91%。J 县法院在决定逮捕前讯问过未成年犯罪嫌疑人的情形占 94%，未讯问的情形占 6%。J 县法院在决定逮捕前听取过辩护律师意见的情形占 57%，未听取的情形占 43%。将未成年犯罪嫌疑人与成年人分别关押的情形占 100%，未分别关押的情形占 0%。

3. 切实实行社会调查制度

新《刑事诉讼法》第 268 条规定："公安机关、人民检察院、人民法院办理未成年人刑事案件，根据情况可以对未成年犯罪嫌疑人、被告人的成长经历、犯罪原因、监护教育等情况进行调查。"

在 J 县公安机关，调查结果显示：公安机关对未成年犯罪嫌疑人的有关情况进行调查的情形占 73%，未作调查的情形占 27%。就调查的内容而言，调查成长经历的情形占 68%，调查犯罪原因的情形占 86%，调查监护教育的情形占 75%。在 J 县检察院，调查结果显示：检察院对未成年犯罪嫌疑人的有关情况进行调查的情形占 78%，未作调查的情形占 22%。就调查的内容而言，调查成长经历的情形占 79%，调查犯罪原因的情形占 77%，调查监护教育的情形占 56%。在 J 县法院，调查结果显示：法院对未成年犯罪嫌疑人的有关情况进行调查的情形占 94%，未作调查的情形占 6%。就调查的内容而言，调查成长经历的情形占 88%，调查犯罪原因的情形占 78%，调查监护教育的情形占 82%。

4. 充分保障未成年人法律援助

新《刑事诉讼法》第 267 条规定："未成年犯罪嫌疑人、被告人没有委托辩护人的，人民法院、人民检察院、公安机关应当通知法律援助机构指派律师为其提供辩护。”

在J县公安机关，调查结果显示：未成年犯罪嫌疑人委托辩护人的情形占17%，未委托的情形占83%。在未成年犯罪嫌疑人未委托辩护人的情形下，公安机关通知法律援助机构为其提供辩护的情形占100%，未通知的情形占0%。在J县检察院，调查结果显示：未成年犯罪嫌疑人委托辩护人的情形占21%，未委托的情形占79%。在未成年犯罪嫌疑人未委托辩护人的情形下，检察院通知法律援助机构为其提供辩护的情形占100%，未通知的情形占0%。在J县法院，调查结果显示：未成年犯罪嫌疑人委托辩护人的情形占34%，未委托的情形占66%。在未成年犯罪嫌疑人未委托辩护人的情形下，法院通知法律援助机构为其提供辩护的情形占100%，未通知的情形占0%。

5. 依法适用不公开审判原则

新《刑事诉讼法》第274条规定：“审判的时候被告人不满十八周岁的案件，不公开审理。但是，经未成年被告人及其法定代理人同意，未成年被告人所在学校和未成年人保护组织可以派代表到场。”对此，根据J县法院的调查结果：审判的时候被告人不满18周岁的案件，审理过程公开的情形占0%，不公开的情形占100%。审判过程中未成年被告人所在学校和未成年人保护组织派代表到场的情形占24%。未成年被告人所在学校和未成年人保护组织派代表到场经未成年被告人及其法定代理人同意的情形占56%。判决公开的情形占0%。

6. 严格实行犯罪记录封存制度

新《刑事诉讼法》第275条规定：“犯罪的时候不满十八周岁，被判处五年有期徒刑以下刑罚的，应当对相关犯罪记录予以封存。”根据J县法院的调查结果：经审判，未成年被告人符合犯罪记录封存条件的情形占67%，不符合的情形占33%。在符合条件的情形中，法院决定对相关犯罪记录予以封存的情形占100%，不予封存的占0%。

（二）违法所得的没收程序

由于S省J县法院为基层人民法院，按照我国新《刑事诉讼法》第281条的规定不能适用违法所得的没收程序。因此，本实证研究不涉及有关审判的违法所得没收程序法律规定，而只针对与公安机关、检察机关有关的规定予以考察。

新《刑事诉讼法》第280条规定：“对于贪污贿赂犯罪、恐怖活动犯罪等重大犯罪案件，犯罪嫌疑人、被告人逃匿，在通缉一年后不能到案，或者犯罪嫌疑人、被告人死亡，依照《刑法》规定应当追缴其违法所得及其他涉案财产的，人民检察院可以向人民法院提出没收违法所得的申请。公安机关认为有前款规定情形的，应当写出没收违法所得意见书，移送人民检察院。没收违法所得的申请应当提供与犯罪事实、违法所得相关的证据材料，并列明财产的种类、数量、所在地及查封、扣押、冻结的情况。"

在J县公安机关办理的适用违法所得没收程序的案件中，属于犯罪嫌疑人、被告人逃匿，在通缉一年后不能到案，依照《刑法》规定应当追缴其违法所得及其他涉案财产的情形占64%，属于犯罪嫌疑人、被告人死亡，依照《刑法》规定应当追缴其违法所得及其他涉案财产的情形占36%。写出没收违法所得意见书，并移送人民检察院的情形占92%，未写没收违法所得意见书的情形占8%。而在检察机关办理的适用违法所得没收程序的案件中，属于犯罪嫌疑人、被告人逃匿，在通缉一年后不能到案，依照《刑法》规定应当追缴其违法所得及其他涉案财产的情形占78%；属于犯罪嫌疑人、被告人死亡，依照《刑法》规定应当追缴其违法所得及其他涉案财产的情形占22%。

（三）精神病人强制医疗程序

1. 准确适用强制医疗的条件

新《刑事诉讼法》第284条规定："实施暴力行为，危害公共安全或者严重危害公民人身安全，经法定程序鉴定依法不负刑事责任的精神病人，有继续危害社会可能的，可以予以强制医疗。"

在J县公安机关办理的涉及精神病人强制医疗程序的案件中，犯罪嫌疑人全部满足新《刑事诉讼法》第284条规定三项条件的情形占87%，不能同时满足该条规定三项条件的情形占13%；由省级人民政府指定的医院进行精神鉴定的情形占78%，其他情形占22%。在J县检察院，犯罪嫌疑人全部满足新《刑事诉讼法》第284条规定三项条件的情形占93%，不能同时满足该条规定三项条件的情形占7%；由省级人民政府指定的医院进行精神鉴定的情形占72%，其他情形占28%。在J县法院，犯罪嫌疑人全部满足新《刑事诉讼法》第284条规定三项条件的情形占96%，不能同时满足该条规定三项条件的情形占4%；由省级人民政府指定的医院进行精神鉴定的情形占77%，其他情形占23%。

2. 依法实施强制医疗的移送、申请与决定

新《刑事诉讼法》第285条第1、2款规定："根据本章规定对精神病人强制医疗的，由人民法院决定。公安机关发现精神病人符合强制医疗条件的，应当写出强制医疗意见书，移送人民检察院。对于公安机关移送的或者在审查起诉过程中发现的精神病人符合强制医疗条件的，人民检察院应当向人民法院提出强制医疗的申请。人民法院在审理案件过程中发现被告人符合强制医疗条件的，可以作出强制医疗的决定。"

在J县公安机关，对于自身发现的符合强制医疗条件的案件，公安机关写出强制医疗意见书，并移送检察院的情形占90%，未写强制医疗意见书的情形占10%。在检察机关，对于公安机关移送的或者在审查起诉过程中发现的精神病人符合强制医疗条件的案件，检察院向法院提出强制医疗申请的情形占87%，未提出申请的占13%。在法院，对检察院提出的强制医疗申请，法院对法定事项予以全部审查的情形占95%，其他情形占5%。法院作出了强制医疗决定的情形占45%，未作出该决定的占55%。在作出强制医疗决定的情形中，法院在一个月以内做出决定的占81%，在一个月以上两个月以内做出决定的占16%，在两个月以上作出决定的占3%。

3. 严格适用保护性约束措施及其监督

新《刑事诉讼法》第285条第3款规定："对实施暴力行为的精神病人，在人民法院决定强制医疗前，公安机关可以采取临时的保护性约束措施。"第289条规定："人民检察院对强制医疗的决定和执行实行监督。"

在J县公安机关采取临时性保护性约束措施的情形下，持续时间为12小时以内的情形占73%，12～24小时以内的情形占16%，24～48小时以内的情形占7%，48小时以上的情形占4%。在J县检察院，发现公安机关对涉案精神病人采取临时保护性约束措施时有体罚、虐待等违法情形占46%，未发现的情形占54%。对于公安机关的体罚、虐待等，检察院提出纠正意见的情形占93%，未提出纠正意见的情形占7%。法院对强制医疗案件开庭审理的，检察院派员出席的情形占100%，不派员出席的情形占0%。在法院，最终做出强制医疗决定的情形中，对于法院的强制医疗决定，检察院提出异议的情形占21%，未提出异议的情形占79%。对于强制医疗的执行，检察院提出异议的情形占17%，未提出异议的情形占83%。

4. 强制医疗的审理

新《刑事诉讼法》第 286 条规定："人民法院受理强制医疗的申请后，应当组成合议庭进行审理。人民法院审理强制医疗案件，应当通知被申请人或者被告人的法定代理人到场。被申请人或者被告人没有委托诉讼代理人的，人民法院应当通知法律援助机构指派律师为其提供法律帮助。"《刑诉解释》第 529 条规定："审理强制医疗案件，应当组成合议庭，开庭审理。但是，被申请人、被告人的法定代理人请求不开庭审理，并经人民法院审查同意的除外。审理人民检察院申请强制医疗的案件，应当会见被申请人。"第 530 条第 2 款规定："被申请人要求出庭，人民法院经审查其身体和精神状态，认为可以出庭的，应当准许。出庭的被申请人，在法庭调查、辩论阶段，可以发表意见。"

J 县法院的调查结果显示：受理强制医疗的申请后，法院组成合议庭进行审理的情形占 100%，不组成合议庭进行审理的情形占 0%。人民法院开庭审理的情形占 83%，不开庭审理的情形占 17%。申请人、被告人的法定代理人请求不开庭审理的情形占 29%，其他情形占 71%。法院审理检察院申请强制医疗的案件，提前会见被申请人的情形占 73%，不提前会见的情形占 27%。被申请人要求出庭的情形占 41%，不要求出庭的情形占 59%。在被申请人要求出庭的情形中，法院经审查，允许被申请人出庭的情形占 68%，不允许其出庭的情形占 32%。在允许被申请人出庭的情形中，被申请人在法庭调查、辩论阶段发表过意见的情形占 77%，没有发表过意见的情形占 23%。法院通知被申请人、被告人的法定代理人到场的情形占 100%，不通知的情形占 0%。被申请人、被告人的法定代理人委托诉讼代理人的情形占 67%，未委托的情形占 33%。在被申请人、被告人的法定代理人未委托诉讼代理人的情形下，法院通知法律援助机构指派律师为其提供法律服务的情形占 100%，不通知的情形占 0%。

（四）适用当事人和解的公诉案件

1. 适用当事人和解的公诉案件类型分析

在适用当事人和解的公诉案件中，轻伤害案件和交通肇事案件是达成刑事和解的主要案件类型，其中，轻伤害案件占 36%，交通肇事案件占 27%，寻衅滋事案件占 14%，抢劫案件占 5%，窝藏、聚众斗殴、妨害公务、危险驾驶、非法拘禁、过失致人死亡等案件共占 18%。新《刑事诉讼法》规定，可适用当事人和解的公诉案件包括：因民间纠纷引起，涉嫌《刑法》分则第四章、第五章规定的犯罪案件，可能判处 3 年有期徒刑以下刑罚的；除渎职犯罪以外的可能判处 7 年有期徒刑以下刑罚的过失犯罪案件。此立案范围的规定大致与此前的司法实践和相关讨论所形成的结论相一致，即适用范围不宜过分放开，首先在小范围内予以实施。此外，我们可以看出立法者的另外一个意图，即案件能否进行和解是确定案件范围的重要考虑因素之一。

分析轻伤害案件和交通肇事案件的适用比例高的原因如下：

一是这两类案件的发案率高，属于常见的多发易发型犯罪；从性质上讲，这两类案件无疑很适宜于适用刑事和解。二是在立法之前的司法实践中，这两类案件适用刑事和解程序是实务界共识。三是这两类案件受害人明显、重复发生率低的特点，决定了其被适用和解程序优先考虑。

2. 适用当事人和解的公诉案件发生阶段分析

新《刑事诉讼法》第 279 条规定：“对于达成和解协议的案件，公安机关可以向人民检察院提出从宽处理的建议。人民检察院可以向人民法院提出从宽处罚的建议；对于犯罪情节轻微，不需要判处刑罚的，可以作出不起诉的决定。人民法院可以依法对被告人从宽处罚。”根据调查数据显示，刑事和解主要发生在侦查阶段，占 84%。未在侦查阶段达成的和解案件，24% 的和解达成于审查起诉阶段，76% 的和解达成于审判阶段。下文将对各阶段分别进行分析：

（1）侦查阶段

案件没有适用刑事和解的原因：主要事实还未调查清楚，主要证据还未完成收集和固定，不具备和解的前提。

（2）审查起诉阶段

适用刑事和解的比例较小的原因是：一方面，该阶段人民检察院做出的决定是基于刑事和解协议的达成，而非和解协议的履行，因而当事人会担心对方有可能不履行协议内容。另一方面，检察院所作出的决定仅仅是犯罪成立前的“事实上的非罪化判断”，法条中所用到的词为“可以”而非“应当”，也就是说，达成和解协议并不具有实质结果性，因而当事人对在此阶段达成和解不抱有过高期待。

（3）审判阶段

通过了解情况，该阶段适用和解的比例高的原因为：一是双方当事人在侦查和审查起诉阶段没有和解的意图，直至审判阶段才产生和解的想法。二是当事人虽然在侦查和审查起诉阶段进行过和解的尝试，但没有成功，进入审判阶段后再次萌生和解的愿望。三是相比较前两个诉讼阶段，刑事和解的效果将直接体现在审判阶段，因为只有法院具有最终审判权。另外，此阶段也是达成刑事和解在时间上的最后节点，当事人必须抓住最后的机会行使其程序选择权。而不管出于什么样的和解动机，审判阶段和解之达成，都会对当事人产生最直接和最有利的法律效果：基于和解之实现，不再继续追诉与审判，实体上产生无罪效果；或在最后的有罪判决中考虑和解达成这一重要因素，给予实体上的减刑、缓刑等利益。此次调研中，80%的和解达成于审判阶段，充分体现了法院在贯彻落实该特别程序中的重要推动作用。在以往的司法实践中，检察院在刑事和解实践中是最为主要的推动力量，经课题组调查，几乎所有的试点都首先是在检察系统开展。而从和解的适用阶段来看，也基本上是集中在审查起诉和侦查阶段。司法实践对于法院在和解实践中的角色，以及审判阶段的和解运作问题尚少有涉及。从对司法角色的影响看，一定比例的和解固然能缓释检察机关的办案压力，但是过多的和解反而会腐蚀公诉权的力量，削弱公诉权的功能，并挤压检察机关的权力空间。综合而言，检察机关促进和解的功劳不容忽视，但法院的推动力理论上不应比检察院更小。因为法院具有最终审判权，更能体现和解的最终法律效果，在审判阶段达成的和解更具有实质性的效力，从而也能够解决和解协议书属性的问题。

3. 适用当事人和解的公诉案件特别程序的实际效果分析

综合评价适用当事人和解的公诉案件的实际效果，可以从以下三个方面逐一分析：

（1）和解协议的履行

和解协议的内容多以赔偿损失和赔礼道歉为主，履行时间分为当场履行和限期履行。调查数据显示，在全部达成和解协议的案件中，和解协议均以经济赔偿为主，并书以道歉信。其中，审查起诉阶段达成和解的案件自达成协议起立即履行，审判阶段达成和解的案件有80%当庭履行完毕，20%限期履行完毕。

（2）再犯罪率的跟踪考察

此工作体现了检察机关的监督职能。本次调研设计了定期回访记录表，要求在检察机关作出不起诉决定或者法院作出判决后定期派员跟踪考察犯罪人情况。根据回访信息反馈，达成刑事和解的犯罪人均未再次实施犯罪。新《刑事诉讼法》并没有明确规定检察机关对刑事和解程序实施监督的基本方式，但在整个调研过程中，S省J县检察机关仍然在各个环节切实落实其监督职能。刑事和解贯穿于刑事诉讼的全过程，检察机关如何加强与公安机关、人民法院的联系，完善刑事和解监督机制，保证刑事和解在各个诉讼阶段遵循统一标准，防止司法腐败，是值得关注的问题。在跟踪刑事和解案件的进程中，我们发现J县检察机关的工作人员能够跟着案件走，尽可能的深入了解每个案件，以达到最好的监督效果。

（3）对当事人参与的调查

本课题组设计了当事人参与调查表，要求当事人对该种特别程序的整体满意度、和解程序的公正程度、责任承担等方面做出反馈。问卷调查结果显示，在被害人的参与方面，79%的被害人对特别程序表示满意，得到了犯罪人的道歉、赔偿；83%的被害人认为和解程序公平，保障了他们充分发表意见的权利。在犯罪人的参与方面，80%的犯罪人对特别程序表示满意，并将其视为一种人道的犯罪反应方式；73%的犯罪人认为和解程序公正，没有受到不正当的胁迫和歧视，不但可以充分表达自己的意见，而且在最终协议的达成中也体现了他们的意志。在责任承担方面，全部达成和解协议的案件都实际履行了协议的赔偿内容。

三　新法在立法及司法实践中存在的问题

从课题组有关特别程序的实证调查来看，S省J县的司法实践从总体上看具有正向效应，其所存在的一些问题的主要根源在于立法上的冲突、粗疏与缺失。

（一）未成年人刑事案件诉讼程序

1. 新《刑事诉讼法》第266条存在的问题

第266条的内容主要是关于未成年人犯罪案件诉讼程序指导性规定，包括方针、原则和权利保障要求三个部分。但这一原则的规定或多或少体现出“无罪推定”理念的缺失及“重实体，轻程序”的痕迹。首先，第266条第1款“对犯罪的未成年人……”的表述欠妥，包含了有罪推定的思想，这与现代法治下的无罪推定原则是格格不入的。在程序法中表述“犯罪的未成年人”反映的不仅仅是字面的规定，而是文字背后无罪推定理念的缺失。无罪推定被视为被告人在刑事诉讼中所应享有的基本权利保障，也是公正审判的一项基本要素。我国法律也已明确规定：“未经人民法院依法判决，对任何人都不得确定有罪。”因此，在法院依法判决前不应称被追诉人（包括犯罪嫌疑人和被告人）为犯罪人。新《刑事诉讼法》应始终遵循无罪推定原则，不该沿用“犯罪的未成年人”这一表述，而应改为“涉嫌犯罪的未成年人”较为合适。其次，实体法原则不宜规定在程序法中。第266条规定“对犯罪的未成年人，实行教育、感化、挽救的方针，坚持教育为主、惩罚为辅的原则”，“教育、感化、挽救”是实体法应该规定的内容，放在程序法中不仅仅是立法体系的混淆问题，更可能会影响到程序法的正确运行。正如樊崇义教授所讲述的那样，“应该区别开刑事诉讼的目的和刑事诉讼法的目的，刑事诉讼的目的在于惩罚犯罪，维护社会秩序和稳定；刑事诉讼法的目的在于权力制约，在于权利保障，使刑事追诉行为控制在正当程序内。刑事诉讼法的制定虽然离不开刑事诉讼目的的影响，但更应当在刑事诉讼法的目的指导下进行。”[①] 为真正实现程序法的独立价值，发挥程序的应有作用，理应树立程序意识，剔除实体性表述。

2. 新《刑事诉讼法》第267条指定辩护制度存在的问题

新《刑事诉讼法》规定了指定辩护制度并将指定辩护的时间提前至侦查和审查起诉阶段，这无疑是具有重大进步意义的。但是，不少学者的研究发现，我国指定辩护的质量参差不齐，这体现在律师的选任和律师的作为两个方面。首先，律师的选任门槛过低，不少辩护律师缺乏足够辩护经验。目前，承担法律援助义务的律师大多是新加入律师队伍的年轻律师，经验不够丰富，很多律师事务所接受法律援助机构的委托，选派年轻律师去办案其实是为了锻炼，是让他们去熟悉办案流程而已。这对未成年犯罪嫌疑人、被告人来说无疑是一种灾难。没有足够辩护经验的律师参与辩护很有可能会削弱辩方的抗辩力量，这对保护未成年人的合法权益显然是不利的。从切实保障未成年人合法利益的角度看，选拔“熟悉未成人身心特点的律师”担任法律援助任务是最为重要的举措之一。为此需要建立律师准入制度，以形成一支专门为未成年犯罪嫌疑

---

① 樊崇义：《〈刑事诉讼法〉再修改的理性思考（上）》，载《法学杂志》，2008年第1期。

人、被告人提供法律援助的律师队伍。其次，法律援助律师的积极性不高，刑事辩护质量不高。正如有学者研究的那样，实务中，大部分未成年人刑事案件案情比较简单，法律援助律师的工作模式也变得很固定：去司法机关查阅、摘抄或复印一下相关案卷材料，会见一下未成年人，听取一下有关方面的社会调查情况，庭审发表一下法律适用意见，提出的辩护意见始终是简单而固定的内容，少有针对性强、对抗性强的辩护意见。[①] 这种问题的存在和律师惩戒与激励机制的不完善是密切相关的。目前我国对于法律援助的投入虽然在不断加大，但仍难以应对案件快速增多的现实状况，短期内财政支持问题难以改善。而相关法律政策的滞后也无法形成有效的监督制约机制。最终，现实中，援助律师多凭自己的道德和责任意识支配辩护行为，除此少有行业制裁等有效保障措施。

3. 新《刑事诉讼法》第268条社会调查制度存在的问题

新《刑事诉讼法》第268条规定："公安机关、人民检察院、人民法院办理未成年人刑事案件，根据情况可以对未成年犯罪嫌疑人、被告人的成长经历、犯罪原因、监护教育等情况进行调查。"《刑诉规则》也在第486条中指出，"人民检察院根据情况可以对未成年犯罪嫌疑人的成长经历、犯罪原因、监护教育等情况进行调查，并制作社会调查报告，作为办案和教育的参考"。不难看出，现有法律规定过于宽泛，这给法律的具体适用带来不少的问题。

第一，检察机关自由裁量权过大的问题。《联合国少年司法最低限度标准规则》（以下简称《北京规则》）第16条规定："所有案件除涉及轻微违法行为的案件外，在主管当局作出判决前的最后处理之前，应对少年生活的背景和环境或犯罪的条件进行适当的调查，以便主管当局对案件作出明智的判决。"[②] 而根据新《刑事诉讼法》的规定，办案机关有权根据情况自行决定是否进行社会调查，这与国际规则所确认的"应当"调查并不一致。目前，法律并未规定当事人持不同意见时的救济措施。从长远来看，这给我国公检法三机关在办案中不采取或不认真采取社会调查埋下了隐患。建议法律再修改时借鉴《北京规则》的表述，将需社

---

① 参见罗莹：《未成年刑事被告人司法权益保护实证研究——以山东省未成年人刑事案件审判为例》，载《青少年犯罪问题》，2010年第4期。

② 参见李旭锋：《国际人权标准视野下之我国未成年人刑事案件社会调查制度》，载《求实》，2013年第1期。

会调查的案件范围予以明确。

第二，社会调查报告的法律效力的问题。新《刑事诉讼法》虽然规定了办案机关进行社会调查的职责，但未对社会调查的性质进行明确规定，这直接影响到社会调查报告的使用。目前，法学界争论的焦点在于社会调查报告是否属于证据这一命题。对于我国一直存在的关于社会调查报告性质的争论，《刑诉解释》明确规定其可以作为法庭教育和量刑的参考。同时最高人民法院有关负责人在就刑事诉讼法答记者问中明确表示："针对实践中的困惑，《解释》明确，调查报告并非证明案件事实的材料，不属于证据；但调查报告在一定程度上反映了未成年被告人的主观恶性、人身危险性和监护帮教条件，对人民法院有针对性地开展法庭教育和准确适用刑罚，有重要参考作用。"① 课题组认为，从我国现有法律规定来看，还难以将社会调查报告完全作为证据使用，不少调查报告所反映的内容具有较强的主观性色彩，并不符合证据客观性这一基本属性。不过，从长远发展来看，将社会调查报告纳入"品格证据"范畴以使其规范化运作不失为一种好的设想。从这个角度而言，我国的社会调查制度还需要不断进行完善。目前，立法者需要做的就是明确社会调查报告的性质，以推动办案机关的规范化运作。

第三，社会调查主体多元化，缺少矛盾解决机制的问题。根据新《刑事诉讼法》第268条的规定，公检法三机关均可以对未成年犯罪嫌疑人、被告人进行社会调查。甚至有学者还提出，公安机关、人民检察院、人民法院以及法院委托的社会组织团体或其他社会工作人员（如团委、妇联、基层司法助理员等），都有权进行社会调查。② 由于这些调查者所处位置不同，取证视角不同，重点不一，他们各自的调查结果极可能会出现不一致、甚至是互相冲突的情况。在这种情况下，该采纳哪个机关的调查结果，又该由谁来决定；即使是他们各自的调查结果一致，但未成年犯罪嫌疑人及其法定代理人认为这个"一致"的调查结果与事实不符，那他们又该通过什么程序进行申诉和救济，这些都是亟待解决的问题。另外，在公检法调查结果一致的情况下，也存在着明显的司法资源

---

① 参见李国莉、闫黄禹：《大庆地区少年法庭社会调查制度的运行现状及完善》，载《法制与社会》，2013年第5期。

② 参见李旭锋：《国际人权标准视野下之我国未成年人刑事案件社会调查制度》，载《求实》，2013年第1期。

浪费现象。从社会调查介入的时间来看，公安机关在侦查阶段的介入更有利于把握案情，更有利于诉讼过程中对未成年人的教育和引导。因此，社会调查报告的制作应主要由公安机关进行，并随附案卷移送。检察院和法院负有核对报告真实与否的义务。这里应坚持对未成年人“利益最大化”的原则，二者核实的内容应限于对未成年人不利的信息，当出现不一致的情形，应以有利于未成年人的材料为准。

第四，立法未明确调查方式，实践中调查方式过于简单的问题。新《刑事诉讼法》未对社会调查的方式作明文规定，相关调查机关也没有具体操作指南。在我国的实践中，社会调查机构通常指派调查人员直接到未成年人生活、学习、工作的场所或者机构进行调查，调查方式主要包括：调查问卷调查、面对面谈话、观察情况、电话采访、书面函件调查，不固定地对未成年被告人或者犯罪嫌疑人进行访谈，会见被告人的父母、监护人或工作单位的领导同事等。[①] 社会调查员一般都未经过专业的培训，对于调查报告的性质和功能缺乏深入的认识；加之社会调查的经费严重不足，法院委托社会团体组织或者个人进行调查，一般都为无偿劳动或是仅报销必要的差旅费，调查员从事调查工作的积极性不高，责任心不强，这些都导致调查报告内容过于简单和公式化，进而无法起到预期的效果。[②] 不难看出，这些调查方式具有很强的随意性和主观性，难以达到专业化、科学化、程序化的基本要求，这也很难准确掌握未成年犯罪嫌疑人或被告人的人格特征，进而准确评估和预测其之后的行为和危险性。这对调查和审判都是不利的因素。

第五，社会调查主体职业单一，专业化、公正化堪忧的问题。从我国现有法律规定来看，社会调查的主体主要是公检法三机关的办案人员。从人员素质来讲，司法办案人员只是兼职社会调查员，并无相关专业知识，缺少必要的心理学、社会学等知识的储备，不利于准确把握当事人情况。从职业本身来看，办案人员的职业行为对司法公正带来威胁，不利于司法公正，难以实现程序正义。从长远来看，借鉴西方国家的经验，应采取“渐进式”改革方式，过渡到由专门的社工担任社会调查员这一模式。专门的社工担任社会调查员具有较强的专业性和中立性，符合社

① 参见亢森森：《刍议未成年人刑事案件社会调查制度》，载《法制与社会》，2013 年第 3 期。

② 参见李国莉、闫黄禹：《大庆地区少年法庭社会调查制度的运行现状及完善》，载《法制与社会》，2013 年第 5 期。

会调查制度的目的和要求。相比当下司法办案人员的社会调查更具公正性和可信性。但是，鉴于我国社工发展落后这一现状，我国目前的社会调查主体还是应坚持向“多元化”方向发展，目的是吸引更多力量参与社会调查工作，以建立起“多层次互补，专兼职相辅”的社会调查主体模式，即既包括实践经验丰富的社区矫正机构工作人员，也包括专业功底扎实的教师、学者、社会工作者；既可以设立专职的社会调查员，也可以吸纳兼职社会调查员。①

第六，社会调查报告缺乏采信标准的问题。由于法律并未明确规定社会调查报告的性质和规范，社会调查制度的适用存在困难。就目前侦查和审查起诉阶段社会调查的内容来看，当深入学校、社区调查得到的相关材料和有关诉讼参与人的说法之间发生矛盾时，往往因没有统一、规范的采信标准，使办案人员难以舍取，左右为难。此外，社会调查报告能否交由辩护人阅看和摘抄，能否在庭上出示及质证，都对法官是否采信及司法公正带来影响。虽然官方否认社会调查报告的证据效力，但从其使用情况来看，社会调查报告无论是在定罪还是量刑环节都会对法官产生一定的主观影响，从这个角度而言，社会调查报告客观上起到了“品格证据”的作用。因此，课题组建议借鉴国外“品格证据”立法模式，即检察机关、未成年被告人提交法庭的品格证据必须经过双方质证才能成为某一案件的证据，最终由法官结合在案其他证据进行综合全面的判断并做出裁决。②

4. 附条件不起诉制度存在的问题

第一，关于所附条件问题。新《刑事诉讼法》虽然规定了附条件不起诉制度，但其第 272 条对于附条件不起诉应遵守的规定较为简单、笼统，司法实践中对于所附“条件”之内容理解也不一致，带来了法律适用混乱的问题。《刑诉规则》第 498 条对所附条件进行了相对的细化补充，这在一定程度上缓解了法律适用不统一的问题，但是从法律位阶及规定内容来看仍有较多待完善之处。目前法学界普遍认为附条件不起诉制度中的所附条件具有“准刑罚化”的属性，正如一位学者所述，“附条

---

① 参见李国莉、闫黄禹：《大庆地区少年法庭社会调查制度的运行现状及完善》，载《法制与社会》，2013 年第 5 期。

② 参见彭志刚、邢晓玲：《论品格证据在检察机关办理未成年人刑事案件中的运用》，载《湖南科技大学学报（社会科学版）》，2013 年第 4 期。

件不起诉制度实际上是以一种非刑罚化的方法让犯罪嫌疑人承担因犯罪行为而产生的责任”①。正是基于这种属性，有学者主张，要让犯罪嫌疑人有“被剥夺感”，以产生警示作用。② 也就是说，从理论上讲，附条件不起诉制度中，所附条件对于犯罪嫌疑人来说，应该具有某种“准刑罚”的属性，即以悔罪以及弥补犯罪所造成的损害为内容。课题组认为，事实上《刑诉规则》第498条规定已然具有这种“准刑罚”的性质，如完成戒瘾治疗、不得进入特定场所、不得从事特定的活动等都具有限制人身自由的功能，这种对人身自由进行限制或剥夺的规定应由法律作出明确规定，而不得任由司法机关随意设置。

从所附条件所规定的内容来看，《刑诉规则》的文字表述仍有不足之处。《刑诉规则》第498条第4款规定向被害人赔偿损失、赔礼道歉，并未规定经济“补偿”，而须知“赔偿”与“补偿”是两个内涵完全不同的法律术语。感官来说，前者强调物质的等价关系，是有所损就要有所偿的债务关系；而后者则是一种无法等价衡量的宽慰手段。因此，从司法实践来看，《刑诉规则》只规定“赔偿”而无“补偿”不利于维护被害人的合法利益。法律应明确规定，对被害人进行经济赔偿或补偿，这样就能充分考虑被害人的诉求，使被害人能从不被起诉人所履行的义务中获得精神抚慰或是经济补偿，从而重塑其对社会公义的信心及对司法体制的信任。这也能够很好地体现附条件不起诉制度修复社会关系的社会价值。此外，《刑诉规则》第498条第2款规定也存有待商榷之处，该款规定未成年人向社区或者公益团体提供公益劳动加以改造自身，该规定虽有利于未成年人通过劳动改造自己，但是也存在着公权力机关滥用权力的隐患，容易滋生腐败。此外，劳动的时间长短不仅影响着改造的质量，也关乎着未成年人的合法权益。过短的劳动时间无法达到改造效果，过长的劳动时间又是对未成年人身心的一种侵害，正所谓过犹不及。因此建议借鉴我国台湾地区“刑事诉讼法”第253条之二的规定：向公库或指定之公益团体、地方自治团体或社区提供40小时以上240小时以下之义务劳务，对劳动时间加以明确限定。

---

① 戴丽：《“以善代刑”尤可为——浅议附条件不起诉制度的价值与完善》，载《法制博览》，2012年第10期。

② 参见万伟岭、杨丽：《关于在附条件不起诉过程中适用社会调查和禁止令的思考》，载《中国检察官》，2012年第7期。

第二，关于适用范围问题。新《刑事诉讼法》将附条件不起诉制度的适用主体限定在未成年人的范围，且将适用条件限定为可能判处1年有期徒刑以下刑罚。对此，学者们也展开了讨论。法学界对于立法者所划定的范围普遍反映过于狭窄，但也有学者对此持反对意见。课题组认为，将适用对象限定于未成年犯罪嫌疑人，不符合法律面前人人平等的原则，而且对象和条件受到严格的限制后，附条件不起诉制度节约司法资源的目的将不能得以最大程度的实现，毕竟未成年人犯罪只占全部犯罪的10%以下，而且2012年全国各级人民法院共判处未成年人罪犯63782人，同比下降5.20%，连续4年呈现下降趋势，而同期全部刑事案件罪犯数量同比上升了11.67%。[①] 此外，《刑法》中“可能判处一年有期徒刑以下刑罚”的罪名极少，法定刑为1年有期徒刑以下刑罚的罪名只有两个，宣判刑在1年以下的也缺少普适性。如不能扩大附条件不起诉制度的适用范围，将使该制度节约司法资源的效能大大降低，难以发挥应有的作用。因此，为真正实现法律面前人人平等的原则，同时能够最大程度发挥附条件不起诉制度的优势，应扩大该制度的适用范围，不应从犯罪主体和刑罚年限上予以限定。但是考虑到附条件不起诉制度的引入还处于起步阶段，作为一个新的程序理应有一个循序渐进的完善过程，如直接不限定主体和刑罚年限将带来起诉的裁量权过大的问题，尤其是在现有救济与监督机制不够完善的情况下更容易滋生腐败。因此，课题组认为，在将来一段时间内对附条件不起诉的可能刑罚条件可以予以适度放宽，对于可能判3年以下有期徒刑，同时又能满足其他条件的犯罪嫌疑人，均可以适用附条件不起诉。这将与我国其他法律规定相协调。我国《刑法》第72条规定，对于被判处拘役、3年以下有期徒刑且符合一定条件的犯罪分子可以适用缓刑。诸如此类的规定体现了刑事法律对3年以下的犯罪较为宽和的处理原则，也符合宽严相济的刑事政策的基本精神。虽然，根据《刑法》关于对已满14周岁不满18周岁的人犯罪应当从轻或减轻处罚的规定，未成年人经过依法减轻可能被判处有期徒刑3年刑罚的，其犯罪原本所对应的刑罚可能会在有期徒刑7年以上，这么重的犯罪不起诉，也会引发社会争议。[②] 但是，课题组认为，只要建立包

① 参见马剑：《2012年人民法院审理未成年人犯罪情况分析》，载《法制资讯》，2013年第2期。

② 参见王尚新：《〈中华人民共和国刑事诉讼法〉修改要点导读》，载《刑事诉讼法修改前后条文对照表》，人民法院出版社，2012年版，第17页。

括听证程序在内的一套完整的正当程序予以保证，人民群众是会信服和支持的。

第三，关于监督、救济机制缺乏的问题。目前，根据法律规定做出附条件不起诉决定以及监督执行的主体同为人民检察院，也就是说，检察官集追诉、社会调查、裁断、执行四重职能于一身。对于这种设置，立法者考虑的更多的可能是权力与职责的统一，但是从监督角度来讲，法律对检察院在决定与执行等环节明显缺乏有力的监督措施。这主要体现在以下两个方面：其一，检察机关的自由裁量权缺乏有效制约。新《刑事诉讼法》规定符合起诉条件，但有“悔罪表现”的，可以附条件不起诉。但对于何为“悔罪表现”，法律并没有明确细化。这就意味着检察机关在衡量犯罪嫌疑人是否符合这一适用前提时有着很大的裁量余地。同时，即便是符合上述前提的，由于法律规定是“可以”适用，所以检察机关也可以做出起诉决定。显然这种自由裁量权根据目前的规定缺乏相应的制约机制，有可能会阻碍附条件不起诉制度的合理适用。而经过考验期后，无论检察机关最终对犯罪嫌疑人做出不起诉或者起诉的决定，同样缺少相应的机制来对该决定适当与否进行有效监督。[①] 其二，犯罪嫌疑人救济途径缺乏。新《刑事诉讼法》规定在适用附条件不起诉制度时要进行一定期间的严格审查，如上文所分析，所附条件本身是具有“准刑罚”属性的，换言之，犯罪嫌疑人在被考察期间是被施加了行为或经济上的负担的，当犯罪嫌疑人与检察机关对其是否已经履行了义务存在争议时，根据权利义务相一致的原则，理应赋予犯罪嫌疑人进行救济的权利，因此立法应明确规定犯罪嫌疑人对撤销附条件不起诉决定可以提出申诉的救济程序。否则，当犯罪嫌疑人确实在考验期内履行了规定的义务，而检察机关对收集到的监督信息作出误判而撤销附条件不起诉决定时，一定会招致犯罪嫌疑人的强烈不满，但犯罪嫌疑人却又没有救济的途径，这无疑将会引起犯罪嫌疑人对司法公信力的质疑。[②] 基于上述分析不难看出，新《刑事诉讼法》在关于附条件不起诉制度的监督及救济程序方面的规定还存在较多不足，如何加以完善将成为下一步法学界研

---

① 参见戴丽：《“以善代刑”尤可为——浅议附条件不起诉制度的价值与完善》，载《法制博览》，2012 年第 10 期。

② 参见吴青泽、刘艳红：《对未成年人附条件不起诉自由裁量权监督救济机制的完善》，载《法制与社会》，2013 年第 1 期。

究的重点和方向，这也是立法者应当着重思考的领域。课题组对此建议：

首先，应加强对检察院的监督，通过立法形式明确规定“悔罪表现”界定或参考标准，防止司法机关恣意判断，以致出现同案不同判现象；同时施行决定与执行分开制度，具体可参考一位学者之研究，即借鉴国外观护制度实施的经验，在检察院的监督指导下，交由社区执行并配有专门的观护人以帮助观察管束被观护者，促进其尽快回归社会；① 此外，应强化外部监督制约因素，坚持多方参与，做到多方制约。具体而言，检察机关在做出不起诉决定前应进行公开听证，邀请包括犯罪嫌疑人及其辩护人、被害人及其代理人、公安机关在内的各方参加，使各方面的利益诉求能得以充分表达，在此基础上进行公正、合理裁决。

其次，应明确附条件不起诉的法律效果，规定包括出具正式决定文书在内的正当程序，无论检察院做出不适用决定、适用决定以及中途取消适用决定都应出具正式法律文书并应详细阐述理由，这是正当程序运作的重要条件和保障；立法者应当明确：对于决定提起公诉的，犯罪嫌疑人已履行的义务是否能要求返还，最终作出的不起诉决定是否为终局决定，能否产生不得因同样事实和证据再行起诉之法律效果。

再次，应完善司法救济措施，公安机关、被害人以及犯罪嫌疑人在对附条件不起诉的决定不服的情况下，均可以提出复议或者申述；立法上也应进一步明确，检察机关应当进行审查、复核，发现附条件不起诉错误的，应当由做出决定的检察机关自行纠正，或由上一级检察机关责令纠正。

5. 第275条关于犯罪记录封存制度存在的问题

新《刑事诉讼法》第275条规定的未成年人轻罪犯罪记录封存制度是我国未成年人刑事司法制度的重要发展，对未成年犯复学、升学、就业以及顺利回归社会具有积极的现实意义。但是，该规定不仅过于笼统，缺乏可操作性，而且适用对象过窄、对适用主体和适用程序也都未作任何规定。这些都严重影响该制度的运作和实施效果。对此，学者们也从不同角度就行了论证和分析。

第一，犯罪记录封存制度适用范围有待扩充。从横向上来讲，附条件不起诉制度应与犯罪记录封存制度实现有效对接。根据新《刑事诉讼

---

① 参见王雪梅：《再论少年观护制度之建构——兼议〈刑事诉讼法修正案〉附条件不起诉的规定》，载《中华女子学院学报》，2012年6月第3期。

法》第275条的规定，犯罪记录予以封存的条件有：①犯罪的时候不满18周岁；②被判处5年有期徒刑以下刑罚。但是立法者未明确未成年人犯罪嫌疑人的相对不起诉以及被附条件不起诉记录是否可以参照适用未成年人轻罪犯罪记录封存。附条件不起诉对被执行者进行了一段时间的考察，这具有刑罚的性质；更为重要的是，附条件不起诉制度以存在违法犯罪事实为前提，如不予以封存无疑是将违法犯罪事实公布于众，这显然是与保护未成年人利益背道而驰的。

从纵向上来讲，犯罪记录封存制度适用的对象需面对所有未成年犯。犯罪记录封存制度的出发点是防止未成年人背负犯罪人标签，以使其尽快重返社会，而我国犯罪记录封存制度则根据行为的危害程度以及行为人的人身危险性决定是否要封存，这与犯罪记录封存制度的出发点是不一致的。此外，根据《北京规则》及法国、德国等大陆法系国家，日本、韩国等亚洲国家与我国港澳台地区的规定，在未成年人犯罪记录消灭制度上，虽以罪行轻重作为区别对待的重要标准，但这只是反映在销毁其犯罪记录时的考验期限不同，而非对适用主体的有条件选择。[1] 因此，从设立犯罪记录封存制度的初衷来看，理应将适用范围扩充至所有未成年人，而不是只是犯轻罪的未成年人。

第二，对犯罪记录封存制度适用主体未作明确规定。现行法律并未对犯罪记录封存制度适用主体作出明确规定，只是笼统规定需要封存。目前，仅有《刑诉规则》中规定了对此检察院要建立专门的未成年人犯罪档案库予以保管，其他机关则未见明文规定。有学者认为，立法部门之所以作出上述修改主要因为司法实践中知晓未成年人犯罪记录的主体较为复杂，立法上难以准确概括。[2] 但是，这种立法状况难以真正保障未成年人的合法权益，也容易造成法律条文的虚置。因此，为真正达到保护未成年人的目的，法律应明确规定所有知晓未成年人犯罪记录的机关、单位以及个人都应是未成年人轻罪犯罪记录封存的适用主体。这里既应包括人民法院、人民检察院、公安机关以及未成年犯管教所，也应包括知晓未成年人犯罪记录的有关组织或者单位、当事人、辩护人、诉讼代

---

① 参见张丽丽：《从“封存”到“消灭”——未成年人轻罪犯罪记录封存制度之解读与评价》，载《西北政法大学学报（法律科学）》，2013年第2期。

② 参见张丽丽：《从“封存”到“消灭”——未成年人轻罪犯罪记录封存制度之解读与评价》，载《西北政法大学学报（法律科学）》，2013年第2期。

理人以及其他知悉未成年人犯罪记录的个人。

第三，未规定前科消灭制度。对相关犯罪记录予以封存，并未规定予以销毁，不利于未成年人尽快回归社会。现有法律只是笼统地规定“司法机关为办案需要或者有关单位根据国家规定进行查询”，并未明确规定犯罪记录查询主体。根据2012年5月10日“两高三部”印发的《关于建立犯罪人员犯罪记录制度的意见》，我们也只能从犯罪记录查询事由中初步推测出法律认可的犯罪记录查询主体，即主要包括国家安全机关、公安司法机关、党政机关的纪检部门等办案机关、政审部门、用人单位、辩护律师及本人。[①] 不难看出，犯罪记录一日不除，违法犯罪的未成年人就要面临就业、入学时的曝光危险，这对于其重返社会无疑是不利的，而这也直接导致了犯罪记录封存制度的虚置。《北京规则》第21条对此作了明确的规定：“对少年罪犯的档案应严格保密，不得让第三方利用。应仅限于与处理手头上的案件直接相关的人员或其他经正式授权的人员才可以接触这些档案。少年罪犯的档案不得在其后的成人诉案中加以引用。”《联合国保护被剥夺自由少年规则》中第四部分涉及少年设施管理中（Λ）19条规定：“所有报告包括法律记录、医疗记录和纪律程序记录以及与待遇的形式、内容和细节有关的所有其他文件……应封存，并在适当时候加以销毁。”而本条仅规定封存、保密，未规定销毁这一较为彻底的措施，与国际司法规则存在差距，建议增加销毁这项规定，其具体设计可参照德国、法国两国模式，建立依职权或依申请而进行前科消灭的制度。[②]

第四，缺乏相应的救济手段。在程序法领域，人们普遍认同无救济则无权利这一道理。没有救济的权利往往会使法律成为一纸空文，不仅威胁当事人的合法权利，也会严重影响司法的权威性。新《刑事诉讼法》虽然规定了“犯罪记录封存制度”，但对相关单位或责任人不遵守的后果

---

① 参见高一飞、高建：《犯罪记录查询模式比较研究》，载《西部法学评论》，2013年第2期。

② 参见《德国少年法院法》第97条规定：“少年法官确信，被判刑少年行为无可挑剔，证实已具备正派品行时，少年法官可依其职权，或经被判刑少年、其监护人或者法定代理人的申请，宣布消除前科记录。亦可经检察官申请，或被判刑人在提出申请时尚未成年，经少年法院帮助机构的代表申请，宣布消除前科记录。”《法国刑事诉讼法典》在第770条规定：“对未满18周岁的未成年人作出的裁判决定，在此种决定作出后三年期限届满后，如该未成年人已经得到再教育，即使其已经达到成年年龄，少年法庭得应其本人申请、检察机关申请或依职权，决定从犯罪记录中撤销与前项裁判相关的登记卡；经宣告撤销犯罪记录登记卡时，有关原决定的记述不得留存于少年犯罪记录中；与此裁判相关的犯罪记录登记卡应销毁。”

未作出确切的规定，也未对被侵害人的救济途径加以明确；如果仅仅规定义务，而没有未尽义务时相应应负的责任作为后盾，结果将是使义务失去约束力，义务性规定成为空洞抽象的口号，义务的遵守将成为小概率的例外。[①] 这就可能会导致允许查询从例外变成常态，使未成年人犯罪记录封存制度失去存在的价值。

因此，有必要明确规定责任以及相应的救济途径。从我国现有法律构成来看，可充分发挥民事和刑事法律的调节作用。这是因为，从保护轻微违法犯罪未成年人的角度考虑，他们的犯罪记录符合“隐私”的特征，所以，我国也可以运用隐私权保护轻微违法犯罪未成年人的犯罪记录。[②] 只要恶意泄露被封存的犯罪信息，造成严重后果，就已经侵犯了他们的人身权利，同时也损害了国家对个人信息的管理秩序。致害人的行为已经符合我国《刑法》第 253 条之一的规定，构成出售、非法提供公民个人信息罪。[③] 该学者也指出：应当指出的是，犯罪记录与其他隐私之间存在一定差异：隐私一般是由权利主体自己掌控的秘密，但是犯罪记录是由公权力机关掌控而权利主体又不愿意他人知悉的信息，这实际上是公权为保护私权而进行的一次主动介入的尝试。[④]

（二）违法所得的没收程序

第一，违法所得的赃款赃物都应该收归国库，但是由于公检法机关都与赃款赃物的处理有着利益上的牵连，实践中经常出现经过几个弯后变为了公检法机关的办案经费，如何避免这种现象的出现成为一个问题。而且由作为贪污、贿赂案件的侦查机关的检察机关启动违法所得没收程序，也有违客观中立的理念。

第二，犯罪嫌疑人、被告人逃匿或者死亡时，法院如何确定其为犯罪人的问题。我国法律规定了被告人不得被缺席判决有罪，被告人死亡的案件应当立即终止审理，如此当一个人没有经过审判而被宣告为犯罪人时，“犯罪所得的赃款赃物”也就无从谈起。

---

① 参见黄媛媛：《对新刑事诉讼法确定的未成年人前科封存制度的思考》，载《法制与社会》。

② 参见高一飞、高建：《犯罪记录封存的制度安排与实施机制》，载《南通大学学报（社会科学版）》。

③ 参见高一飞、高建：《犯罪记录封存的制度安排与实施机制》，载《南通大学学报（社会科学版）》。

④ 参见高一飞、高建：《犯罪记录封存的制度安排与实施机制》，载《南通大学学报（社会科学版）》。

第三，违法所得没收程序牵涉到公民财产权利的剥夺，需要建立严格诉讼程序，应该明确区分合法所得和违法所得，区分是本人财产还是共同居住人的财产，否则利害关系人的合法权利得不到切实的保障。①

第四，我国《刑法》总则第四章第一节“量刑”中规定的追缴和没收违法所得，是在量刑环节对已经定罪案件而言的，并未规定尚未定罪案件的没收违法所得问题。新《刑事诉讼法》对尚未定罪案件的没收违法所得，要求“依照刑法规定”，是否依照《刑法》第64条关于定罪案件没收违法所得的规定，还有待明确。

第五，对特定案件违法所得的没收程序的操作性有待加强。比如，如果恐怖活动犯罪嫌疑人潜逃的，案件处于公安机关侦查阶段或者法院审判阶段，要求检察院向法院提出没收违法所得的申请，如何具体操作成为问题。②

（三）精神病人强制医疗程序

虽然新《刑事诉讼法》及相关司法解释都对强制医疗程序作出了或多或少的规定，但这些规定还不全面，相应的配套机制或措施尚未跟上，这给办案工作带来了很大的压力和困难。

第一，强制医疗中的证明标准不明确。精神病人的供述能否采信，是否应当与普通刑事案件的采信标准有所区别，并作为强制医疗“暴力行为”的依据，有诸多不明确之处，给司法认定带来了困难。

第二，“继续危害社会”的判定标准不明。有“继续危害社会可能的”是审查通过强制医疗申请的条件之一，但是作为“暴力行为”的实施者——精神病人，即便通过治疗或者约束暂时没有危害性，也无法确定今后不会再有危害社会的可能。在没有判定标准的情况下，鉴于维护社会稳定压力和责任倒查的现实，不少办案人员认同“走程序”移送裁决，这容易导致审查走过场。

第三，强制执行机关不明，导致精神病人随案“流转”。新《刑事诉讼法》没有规定强制医疗的执行机关，《刑诉解释》《刑诉规则》和《公安部规定》也仅明确各自在强制医疗中的职责，均回避这一新制度带来

---

① 参见陈瑞华：《刑事诉讼法修正案之隐忧》，载《南方周末》，2011年9月1日第A03版。

② 参见栗峥、杨雄、陈学权、孙远等：“中国刑事诉讼法学研究会2011年年会综述”，来源于“四川省高级人民法院网”，http：//www.sccourt.gov.cn/achievements/201112/5504.html，最后访问时间：2015年3月1日。

的额外“执行负担”，造成精神病人随案件“流转”，同时也可能造成法院的强制医疗决定没有机关来执行的局面。

第四，强制医疗机构、经费不明，导致精神病人救治难。新《刑事诉讼法》和《刑诉解释》《刑诉规则》和《公安部规定》没有涉及强制医疗救治机构，也没有对强制医疗经费作出规定，在实践中出现“保护性约束措施”由精神病人家庭代为执行，经费自理的情形；司法机关自行采取的，也靠政法机关临时协调资金维持救治。今后，还有可能出现精神病人的暴力行为地与户籍地不在同一地，家属提出回原籍医治而政府财政部门提出属地救助等情况，涉及医疗和审查的冲突及经费保障问题，这些不利于办案，更不利于精神病人的救治。①

（四）适用当事人和解的公诉案件

1. 适用当事人和解的公诉案件数量少

通过对2013年、2014年S省J县公安机关、法院、检察院所处理的公诉案件总量与适用当事人和解的公诉案件数量进行比较，后者所占比例仍然较小。分析原因如下：

（1）与所在地区的外部客观因素相关

本次课题选取的S省J县公安机关、法院、检察院受地域限制，所受理的案件总基数小，受理案件类型相对少，办案人员人数不足、缺乏及时的业务培训等都影响着特别程序的实施效果。相比较全国范围内新《刑事诉讼法》实施情况而言，北京、上海、浙江、江苏等地区的实施效果都排在前列，这很大程度上缘于这些地区的经济发展水平相对发达和社会文化建设水平相对较高。资讯的发达使得这些地区较早地接触新理念；较高的物质与文化水平使这些地区意识较为开放，容易接纳新事物；法学界与司法机关间的互动更为紧密，学术活跃必然易于启发司法机关的司法创新。

（2）从特别程序与现行诉讼体制的关系分析

从诉讼程序的角度来看，特别程序和现行诉讼体制应该是一种“整合性安排”，处于一种融合关系状态。传统诉讼体制起着解决刑事纠纷的主要作用，特别程序补充着诉讼体制的不足。可以说，特别程序依赖于诉讼体制而存在，虽彼此具有相对独立的运作空间，但均为整体纠纷解决机制中的一环。就适用当事人和解的公诉案件这一特别程序而言，它

① 参见崔洁、肖水金：《精神病人强制医疗难题不少》，载《检察日报》，2013年5月22日第5版。

的存在相当于在诉讼体制中设置了一个出口，将案件从诉讼程序中转出来。一旦和解协议达成，整个诉讼进程就可能由此改变甚至终结；而一旦没有达成最终的和解，案件又会重新回到诉讼体制内部。

2. 刑事和解具体工作流程不明确

新《刑事诉讼法》并没有对该特别程序具体工作流程予以细化规范，导致了司法实践中仍然没有规范可依。根据J县实际情况，各部门的工作仍然以以往经验为主要参考，个案处理，还没有形成统一规范的办法文件，故在立法前的质疑仍没有得到解决：

（1）因赔偿不同而区别对待问题

适用当事人和解的公诉案件中，犯罪人赔偿能力差别很大：有的经济条件优越，不仅可以足额赔偿受害人合理损失，还可以额外作出经济补偿；但有些犯罪人经济状况不佳，无力赔偿受害人损失，最终因未获受害人谅解而未获从轻处理。这就导致了相同的犯罪情节，可能因犯罪嫌疑人经济差异而最终处罚结果不同，有人据此认为刑事和解有悖于公平正义，并进一步担忧刑事和解削弱刑罚威慑力。

在刑事和解中，由于经济补偿与从轻处罚存在一定的因果关系，以赔偿是否实现来衡量刑事责任，虽然也与犯罪人的财产状况密切相关，但是却并非以犯罪人的财产多少为量刑标准，而是根据犯罪人是否对被害人的损失进行了赔偿来决定量刑的轻重和是否免除的。案件与案件之间绝非完全类同，所以无法确定一个统一的赔偿基准。之所以要考虑行为人的经济状况，是因为同样的赔偿数额，对于不同犯罪人的剥夺感受、责任唤醒之力度不相同。这主要体现了刑事和解的恢复性司法的理念，即对个别预防效果的保障。虽然不能够对赔偿基准作出一个定量，但可以在经验累积到一定程度时，参考判例寻求一个合理而公正的平均值，或者在不起诉决定书、判决书中明确说明理由，通过结合案件情况、当事人情况等综合因素，做到以理服人。

（2）是否需要中立机构协助刑事和解的实现

就我国目前的司法实践来看，我们主要依靠正式司法机构的工作人员实现刑事和解。而正式司法机构如果既充当和解程序的中介者，又充当其后追诉程序中的追诉者和审判者，就必将产生角色之混乱。在和解程序中，司法人员提出和解方案，对于当事人有不可忽视的分量。在和解中，司法人员不仅具有上述影响力，而且也倾向于运用此种影响力。

从某种程度上来看，当事人的自愿性就成了刑事和解的主要核心问题，即如何保证当事人的自愿。特别是，当当事人反复多次协商而无法形成合意时，司法人往往会施加各种压力，而当事人又不得不考虑他们的意见。虽然法条规定了要对刑事和解协议书进行自愿性审查，审查主体却依然是主持和解的司法人员，这无疑不可能保证完全公正。

四 对立法及相关司法制度的完善建议

（一）未成年人刑事案件诉讼程序

未成年人刑事案件诉讼程序（以下称未成年人特别程序）是修改后《刑事诉讼法》新增的特别程序，为保障其实施效果可以考虑围绕以下几个方面进行变革：

第一，未成年人附条件不起诉的范围限定在可能判处 1 年有期徒刑以下，范围过窄。从《刑法》规定来看，可能判处 1 年有期徒刑以下刑罚的罪名很少，如果将附条件不起诉限定在 1 年有期徒刑以下的案件，在实践中就很难把握，效果也不会明显。因此，建议扩大到可能判处 3 年有期徒刑以下刑罚的案件。

第二，对于未成年人犯罪问题，许多国家建立了前科消灭制度。我国新《刑事诉讼法》中的犯罪记录封存制度距离前科消灭制度可能还存在一定距离，难以实现消除未成年人犯罪污点的初衷。[①] 建议将前科记录封存的范围扩大到所有未成年人犯罪，并逐步设立前科消灭的完整程序。

第三，针对检察机关行使附条件不起诉职能缺乏公开透明度，存在权力被滥用的问题，应当引入人民监督员监督制度，以此规范检察官自由裁量权的行使，实现阳光司法。

第四，将未成年犯罪嫌疑人作为教育对象的做法违背无罪推定原则，侵犯未成年犯罪嫌疑人的合法权益。因此，不能在尚未证明未成年人负有刑事责任时就对其进行帮教矫治，以免造成错案发生。[②]

（二）违法所得的没收程序

新《刑事诉讼法》已较为全面地规范了我国潜逃或死亡的犯罪嫌疑人、被告人违法所得没收程序制度，但由于该制度的创设并非十全十美，

---

① 参见汪建成：《刑事诉讼特别程序的建立与完善》，载《中国社会科学报》，第 226 期。

② 参见张伯晋：《多项制度为未成年人提供司法保护》，载《检察日报》，2013 年 11 月 14 日第 3 版。

有关规定还比较原则化，相关条款仅四条，不能涵盖司法实践可能出现的所有情形，未来的司法实践中面临一系列法律问题的挑战。因此，课题组认为，“两高”应当尽快制订相关实施细则，出台相关的司法解释，确立相关司法规则，以增强该程序的实用性和可操作性。主要内容包括：

第一，明确规定举证责任倒置的原则。举证责任是确立违法犯罪所得没收特别程序的基础性条款。由于该程序的没收是在犯罪嫌疑人不到庭的情况下，人民法院对其违法所得及其他涉案财产进行特别处置的活动，对这类只针对“物”的案件进行特别程序的审理，与对追究“人”的刑事责任为基础的案件进行普通程序的审理是不同的，其举证责任也与后者也有明显的区别。在国际上，多数国家和地区在确立此种没收程序制度时，均确立了“证明责任倒置”的原则，如美国、英国、澳大利亚、德国、法国、丹麦、比利时、希腊、爱尔兰、新西兰、新加坡和瑞典等国以及我国香港地区。一些国家和地区还明确规定，适用民事诉讼的“谁主张谁举证”原则，要求那些声称对财物享有合法权利的人员承担相应的证明责任。《联合国反腐败公约》认可了这一举证责任原则。该公约第 31 条第 8 款规定“缔约国可以考虑要求由罪犯证明这类所指称的犯罪所得或者其他应当予以没收的财产的合法来源”。这一规定可以有效地防止犯罪嫌疑人、被告人的近亲属和其他利害关系人利用普通诉讼程序中的举证责任对抗特别程序制度：一是为潜逃的犯罪嫌疑人和被告人开脱罪责；二是利用犯罪嫌疑人、被告人不到案，侦查机关无法穷尽犯罪所得的举证责任，人为地设置人民法院依法审理没收犯罪所得的法律障碍。

第二，明确规定人民法院可以裁定没收境外犯罪所得。鉴于我国潜逃境外的犯罪嫌疑人主要是通过洗钱等非法途径将大量赃款赃物转移到境外的现实情况，经研究国际刑事司法协助制度，并考察重点国家犯罪所得没收追缴的立法与司法实践经验，许多国家（如美国、英国、澳大利亚等）法律均规定了通过承认和执行外国没收判决或裁定，与其他国家开展追赃国际合作。因此，建议我国的法律或司法解释作出明确规定，人民法院在有充分证据证明境外犯罪所得时应当作出没收裁定，并将该没收裁定作为与相关国家开展追赃国际合作的依据。《联合国反腐败公约》亦认可这一制度，该公约第 54 条第 1 款第 1 项规定：“采取必要的措施，使其主管机关能够执行另一缔约国法院发出的没收令。”

第三，明确规定对拥有合法财产权利的利害关系人的保护原则。违法所得特别程序的设定，还应当体现对合法财产权利的保护。合法财产权保护主要体现在两个方面：一是关于被害人（单位）合法财产权的保护。新《刑事诉讼法》第282条第1款明确规定，“人民法院经审理，对经查证属于违法所得及其他涉案财产，除依法返还被害人的以外，应当裁定予以没收”，从而确认了违法犯罪所得首先返还被害人的原则。二是关于利害关系人和其他任何人合法财产权的保护。对于由人民检察院申请没收或经利害关系人对没收申请提出异议的案件，经人民法院审理查证不属于违法犯罪所得，也应当体现平等保护财产合法所有人权利的原则。可能会出现四种情形：①财产属于提出异议的利害关系人合法所有；②财产属于提出异议的利害关系人以外的任何其他人（包括犯罪嫌疑人、被告人近亲属）合法所有；③不应当被裁定没收，而应当返还被害人（单位）的合法财产；④不应当返还被害人（单位），而应当没收归国库所有。而新《刑事诉讼法》第282条第1款规定的“对不属于应当追缴的财产的，应当裁定驳回申请，解除查封、扣押、冻结措施”和第283条第2款规定的“没收犯罪嫌疑人、被告人财产确有错误的，应当予以返还、赔偿”，均较为原则化，不够具体完善。而实际上“不属于应当追缴”或不能认定为违法所得的情况较为复杂。

第四，明确诉讼案件的溯及力问题。鉴于违法所得特别没收程序的确立是基于我国贪污贿赂等腐败犯罪嫌疑人携款外逃突出的现实状况的考虑，是为了解决以往职务犯罪嫌疑人向境外大量转移赃款赃物而专门设置的法律制度，而目前外逃的职务犯罪嫌疑人转移到境外的犯罪资产数额一般又特别巨大，如果新《刑事诉讼法》相关规定不能适用于这些人的追逃追赃工作，无疑对我国预防与惩治这类犯罪和履行《联合国反腐败公约》义务是极其不利的，并且有可能产生负面影响。如果明确了在刑事诉讼追诉期内，人民检察院可以对新《刑事诉讼法》实施前的诉讼案件依据特别程序提起违法所得没收申请，将有利于新《刑事诉讼法》的有效实施：一是可以全面清理新《刑事诉讼法》实施前贪污贿赂犯罪、恐怖活动犯罪的潜逃或死亡的嫌疑人或被告人已被侦查机关查封、冻结或扣押的犯罪资产。符合没收条件的，人民检察院应当向人民法院提出没收申请，人民法院应当依法审理并作出没收裁决，除应当返还被害人外，其他没收财产归国库所有。二是积累诉讼经验，为今后出现的类似案件的处理提供指导判例。三是适时对被犯罪嫌疑人、被告人转移到境外的犯罪资产作出刑事没收裁决，并通过刑事司法协助的渠道请求外国承认与执行我国法院的刑事没收裁决。①

第五，扩大没收违法所得的犯罪种类。具有违法所得的犯罪形态范围很广，绝不仅仅限于贪污贿赂犯罪和恐怖活动犯罪。因此，建立一个具有普遍适用性的犯罪违法所得没收程序，而不是仅限于这两类案件的违法所得没收程序更为合理。②

（三）精神病人强制医疗程序

强制医疗作为新《刑事诉讼法》设定的新生事物，对于办理案件中遇到的法律适用焦点、难点问题，急需出台配套措施、办案指南等规定，统一执法标准、尺度，理清法律适用的边界。课题组提出四点建议：

第一，借鉴刑事立案方式，明确启动程序和办理期限。借鉴刑事立案的程序，规定侦查人员要先撤销刑事案件，对司法鉴定意见、行为人实施暴力行为的材料、有继续危害社会可能的相关材料进行初步取证并审查、批准后，可以“强制医疗立案决定书”的形式宣告强制医疗程序的正式启动，以“决定书”的签发日期为强制医疗程序的起算点。同时还应明确规定各个审查、审理节点办案期限，明确案件的诉讼进程，强化案件流程监督。

第二，突出程序设置的目的性，明确强制医疗适用标准。强制医疗的主要目的是让国家和政府为精神病人提供有效治疗，防止产生社会危险，而非对精神病人的一种惩罚性措施。因此，在制定“继续危害社会可能”的评判标准时，可以引入公众参与评判法，在承办单位收集鉴定人、周围邻居、家属的证言进行审查的基础上，召开听证会，由相关听证人员按评判标准判定精神病人是否具有继续危害社会的可能性。

第三，强化制度顶层设计，明确强制医疗的执行机关。基于公安机关的警力和设备配置能够预防和应对涉案精神病人可能发生的暴力行为，而其他司法机关的人力物力难以适应实际需要的原因，应当明确在裁定生效前公安机关为执行机构。同时，强化顶层制度设计，根据分工负责、相互配合、相互制约的司法运行原则，鉴于司法行政部门已经担负了社

① 参见陈雷：《论我国违法所得特别没收程序》，载《法治研究》，2012年第5期。

② 参见汪建成：《刑事诉讼特别程序的建立与完善》，载《中国社会科学报》，第226期。

区矫正工作，形成的社会网络便于在强制医疗的家庭、个人和社会间沟通，并能够适时改变治疗方式，促进被强制对象早日回归社会，因此，应当明确生效的强制医疗措施的执行机构以司法行政部门为宜。

第四，整合社会资源，解决机构和经费问题。将已建成的及规划中的安康医院和精神疾病医院一同纳入强制医疗机构，根据被强制人的病情以及家属意见，允许对医疗机构或者场所进行选择。如选择回原籍地进行治疗的，精神病人的医疗费用还可以直接与当地社会保障综合体系挂钩，减轻国家强制医疗费用支出负担，解决强制医疗对象无人愿意接收的现实问题，保证该项司法制度顺利实施。在经费问题上，政府单独编制强制医疗经费预算，鼓励社会统筹，实施统一拨付、分级管理，确保救治措施及时落实。①

第五，进一步明确被强制医疗者及其监护人的程序参与权，保障被强制医疗者的监护人发表意见的权利，并细化对不当强制医疗申请救济的制度安排。②

（四）适用当事人和解的公诉案件

由于立法审慎的态度，新《刑事诉讼法》关于这一程序的设置非常单薄，对公诉案件当事人和解的适用条件、案件范围、和解协议的形成、和解协议的法律效果等方面仅有三条原则性规定。所以对于此部分立法的最大的完善建议无疑就是做出更详尽的规定。课题组认为应首先着重解决以下几个问题：

1. 应当发挥人民调解员、民间调解组织和律师在当事人和解程序中的作用

《刑诉规则》第514条规定："双方当事人可以自行达成和解，也可以经人民调解委员会、村民委员会、居民委员会、当事人所在单位或者同事、亲友等组织或者个人调解后达成和解。"《刑诉解释》第496条第2款规定："根据案件情况，人民法院可以邀请人民调解员、辩护人、诉讼代理人、当事人亲友等参与促成双方当事人和解。"我们认为，应当鼓励律师和人民调解员或其他民间调解组织如社工机构的介入，帮助双方当事人促成和解，使得司法官处于中立位置，防止司法腐败。在司法实践中，人民检察院、人民法院应当与人民调解组织积极沟通、密切配合，

---

① 参见崔洁、肖水金：《精神病人强制医疗难题不少》，载《检察日报》，2013年5月22日第5版。

② 参见汪建成：《刑事诉讼特别程序的建立与完善》，载《中国社会科学报》，第226期。

建立工作衔接机制，及时告知双方当事人申请委托人民调解组织调解，支持配合人民调解组织的工作，或者指派法律援助方面的律师帮助当事人和解。此外，对于有司法社工介入对当事人双方考察帮教的案件，也可以鼓励由司法社工促成当事人双方和解。

2. 关于主持制作和解协议书行为的性质

对于双方自愿和解，内容合法，而且符合法律规定的可以适用当事人和解程序的案件，根据案件所处阶段的不同，主持的主体也不尽相同。新《刑事诉讼法》规定公安机关、人民检察院、人民法院都可以主持制作和解协议书，但是没有明确规定在主持制作的时候应当以怎样的身份表明立场。实践中，当事人大都希望由案件办理机关主持调解，但反对者认为检察机关主持调解，一旦双方不履行协议，会给司法机关带来不必要的麻烦。新《刑事诉讼法》使用的是“主持制作和解协议书”的表述，主持制作和解协议书不同于主持调解，但主持制作和解协议书中的很多行为，本身就有实施调解、促进和解的作用。如对双方当事人晓以利害，说明和解的条件、范围和方式等。

我们认为，主持制作和解协议书和主持调解的区别在于前者是在双方有和解意愿的前提下进行，只是尚未制作和解协议书，双方当事人希望在司法机关主持下制作和解协议书；主持调解则意味着双方尚未有和解意愿，比如嫌疑人、被告人一方尚不愿意对被害人赔礼道歉，赔偿损失，被害人一方可能还对嫌疑人、被告人一方心存怨气，在双方当事人仍处于“怨偶”状态的情况下，通过主持调解，化解双方当事人紧张关系，促使双方当事人生成和解意愿，从而最终达到和解的目的，司法机关扮演的是调停人的角色。但是，主持制作和解协议书并不妨害公安机关、检察机关前期可以通过建议和解、告知权利义务、提供法律咨询的方式促使双方当事人形成和解意愿。

3. 关于办案人员是否在和解协议书上签字的问题

《刑诉规则》第 516 条第 3 款规定，检察人员不在当事人和解协议书上签字，也不加盖人民检察院印章；《刑诉解释》第 501 第 2 款规定，和解协议书应当由双方当事人和审判人员签名，但不加盖人民法院印章；而《公安部规定》第 325 条不太明确，只是说由双方当事人及其他参加人员签名。我们认为，《刑诉规则》采取如此审慎的态度，似乎认为只要检察人员签了名，就会对检察机关产生约束力，这种担忧大可不必。《刑诉规则》已经明确表明双方当事人仅就赔偿损失、赔礼道歉等民事责任进行和解，追究刑事责任方面的意见对检察机关没有约束力；既然是在检察机关主持下制作的和解协议书，检察人员在和解协议书上作为主持人签字只是一种形式上的知晓或见证，见证双方当事人已经就赔偿损失、赔礼道歉等民事责任达成和解事项，见证被害人对此案建议从宽处理的态度，仅此而已。如果当事人反悔或者不履行且无法另行达成和解的话，检察机关应当依法作出起诉或不起诉的决定。

五　小结

刑事特别程序是当今世界刑事诉讼制度的一大发展趋势。近年来，无论是判例法传统的英美法系国家，还是成文法传统的大陆法系国家，都在刑事诉讼法律规范中通过单行法或者修改刑事诉讼法典的方式积极增设特别程序，应对特殊类型案件的挑战。与我国刑事诉讼法规定的特别程序相似，《德国刑事诉讼法典》“特别程序种类”一编中规定了针对精神病人保安处分的审理程序、没收扣押财产程序等特别程序；《俄罗斯刑事诉讼法典》中的“刑事诉讼的特别程序”分别规定了精神病人强制医疗、对议员、法官、检察官、律师等特殊职业人员的追诉程序等；日本《刑事诉讼规则》专编规定了少年案件特别程序；《法国刑事诉讼法典》第 11 编对军事犯罪、危害国家利益的犯罪比如恐怖犯罪、法人犯罪、有组织犯罪、性犯罪等规定了特别程序。可以说，创设特别程序是包括中国在内的世界主要国家的刑事司法程序的共同发展方向，是回应社会治理、犯罪控制工作日益复杂、多元的挑战所作出的必要调整，是刑事司法治理过程逐步走向专业化、精密化的表征。刑事特别程序使刑事司法系统能够更加积极、有效地回应司法实践的调整与诸多社会问题，因而也是一项非常值得鼓励的探索，值得进一步研究和推动。①

---

① 参见陈卫东：《构建中国特色刑事特别程序》，载《中国法学》，2011 年第 6 期。

第十章　法律监督程序

一　概述

《宪法》第129条宣告了人民检察院作为法律监督机关的宪法地位，党的十八大报告中更是将法律监督作为健全权力运行制约和监督体系的一个重要方面。[①] 这一原则性的规定落实到司法实践中，需要细密化的规则予以配合。遗憾的是，在上位法层面，法律监督的规定仍较匮乏，只是在《宪法》《人民检察院组织法》中对检察机关的法律监督职能、工作内容进行了简要概括，更多的内容散见于三大诉讼法，以及《看守所条例》《监狱法》《海关法》和《人民警察法》等相对孤立的原则性规定之中，而三大诉讼法均没有也无法以专章或专节形式规定检察机关的法律监督权。"名不正则言不顺"，作为法律监督主体的检察机关在行使法律监督职能时也遇到了掣肘问题，十几年来各地检察机关一直积极推动法律监督的地方立法活动，正如浙江省检察院的陈云龙检察长在2010年两会时提出"法律监督法"立法议案的初衷，法律监督统一立法的目的就在于解决法律监督概念缺位、法律监督权限设定薄弱、手段不足、法律监督后果规定缺位等现实问题。[②] 此次《刑事诉讼法》的修改也着重加强了作为法律监督机关的人民检察院对刑事诉讼活动的法律监督。

---

① 参见胡锦涛在中国共产党第十八次全国代表大会上的报告：《坚定不移沿着中国特色社会主义道路前进　为全面建成小康社会而奋斗》，2012年11月8日。

② 参见陈云龙："关于提出《制定〈中华人民共和国法律监督法〉立法议案》的说明"，来源于"正义网"，http://www.jcrb.com/zhuanti/szzt/lianghui2010/jjjch/gzh/201004/t20100402_339602.html，最后访问时间：2013年6月23日。

（一）新《刑事诉讼法》对法律监督的相关修改

新《刑事诉讼法》进一步增加和完善了检察机关法律监督内容。首先，进一步完善了监督范围，规定检察机关依法对指定居所监视居住的决定和执行，对羁押执行情况，对查封扣押冻结等侦查措施，对阻碍辩护人、诉讼代理人行使诉讼权利的违法行为，对非法取证行为，对强制医疗的决定和执行，对法院量刑活动、简易程序审理活动、死刑复核程序等有权进行监督。其次，进一步丰富了监督手段，规定检察机关可以采取审查卷宗、听取有关机关和人员意见、调查核实、启动职务犯罪立案侦查等监督措施和手段。再次，进一步完善了监督程序，规定被监督对象可以申请复议等。这些规定，为消除实践中监督者与被监督者之间关于监督范围、方式、程序等的认识分歧、全面强化检察机关诉讼监督职能提供了法律依据。

1. 受理针对执法司法机关阻碍行使诉讼权利的申诉或控告

新《刑事诉讼法》第 47 条规定："辩护人、诉讼代理人认为公安机关、人民检察院、人民法院及其工作人员阻碍其依法行使诉讼权利的，有权向同级或者上一级人民检察院申诉或者控告。人民检察院对申诉或者控告应当及时进行审查，情况属实的，通知有关机关予以纠正。"新《刑事诉讼法》第 115 条规定："当事人和辩护人、诉讼代理人、利害关系人对于司法机关及其工作人员有下列行为之一的，有权向该机关申诉或者控告：（一）采取强制措施法定期限届满，不予以释放、解除或者变更的；（二）应当退还取保候审保证金不退还的；（三）对与案件无关的财物采取查封、扣押、冻结措施的；（四）应当解除查封、扣押、冻结不解除的；（五）贪污、挪用、私分、调换、违反规定使用查封、扣押、冻结的财物的。受理申诉或控告的机关应当及时处理。对处理不服的，可以向同级人民检察院申诉；人民检察院直接受理的案件，可以向上一级人民检察院申诉。人民检察院对申诉应当及时进行审查，情况属实的，通知有关机关予以纠正。"①

2. 对侦查违法取证的监督权

新《刑事诉讼法》第 55 条规定，人民检察院接到报案、控告、举报

① 此外，侦查行为有一些强制性规定，如犯罪嫌疑人的权益保障，录音录像全程、完整等，间接地属于侦查监督的内容。

或者发现侦查人员以非法方法收集证据的，应当进行调查核实。对于确有以非法方法收集证据情形的，应当提出纠正意见；构成犯罪的，依法追究刑事责任。第 171 条规定，人民检察院认为公安机关存在以非法方法收集证据情形的，可以要求其对证据收集的合法性作出说明。

3. 对指定居所监视居住的监督权

新《刑事诉讼法》第 73 条第 4 款规定，人民检察院对指定居所监视居住的决定和执行是否合法实行监督。具体涉及监督指定居所监视居住的范围、对象条件是否合法、对执行机关是否遵守相关通知、告知义务进行监督等四个方面。

4. 羁押必要性审查

新《刑事诉讼法》第 93 条确立了捕后羁押必要性审查制度，并赋予人民检察院对继续羁押必要性的审查权、建议释放或者变更强制措施的权力以及对整个过程的法律监督权。根据新《刑事诉讼法》规定，犯罪嫌疑人、被告人被逮捕后，人民检察院仍应当对羁押的必要性进行审查。对不需要继续羁押的，应当建议予以释放或者变更强制措施。有关机关应当在十日以内将处理情况通知人民检察院。这开创了羁押必要性审查制度，并将审查职责赋予了检察机关。这一规定，在某种意义上确立了羁押独立性的原则，将羁押视为独立于拘留、逮捕等强制措施的刑事诉讼制度，规定了独立的程序和内容，改变了我国刑事羁押制度附庸化、碎片化的状态，对于我国刑事审前制度改革具有里程碑式的意义，也被认为是新《刑事诉讼法》修改的亮点之一。鉴于第 93 条只是初步的、原则性的规定，《刑诉规则》从第 616 条至 621 条对检察机关捕后羁押必要性审查进行了细化。《刑诉规则》在第 14 章“刑事诉讼法律监督”中单设专节对羁押必要性审查制度进行了规定，即在第六节“羁押和办案期限监督”中构建了该制度的框架，对审查主体、启动方式、审查内容、审查方式、审查程序、法律监督方式等进行了规定。

5. 审判监督

新《刑事诉讼法》进一步扩大了审判监督的范围，如第 210 条第 2 款规定了简易程序检察机关应当派员出庭，第 224 条规定检察机关对提出抗诉的案件或者第二审人民法院开庭审理的公诉案件均应派员出席法庭，第 245 条第 2 款规定检察机关派员出席再审开放审理的案件，第 240 条第 2 款规定了对死刑复核程序的监督。并增加第 246 条第 2 款规定审判监督程序中原判决、裁定的中止执行制度："人民法院按照审判监督程序审判的案件，可以决定中止原判决、裁定的执行。"

6. 执行监督

第一，刑罚的执行监督。一方面是在监督对象方面进一步明确。一是明确了判决交付执行的时间以及留所服刑的刑期，明确了交付执行法院应在判决生效后十日内送达执行机关，看守所留所服刑的条件趋向严格，剩余刑期由原先的一年改为现在的三个月。二是对监外执行的范围予以扩大，但明确了违法获得监外执行的后果。规定符合暂予监外执行条件的无期徒刑罪犯亦可以适用监外执行，即扩大到被判处无期徒刑的罪犯中怀孕或者正在哺乳自己婴儿的妇女，不符合暂予监外执行条件的罪犯通过贿赂等非法手段被暂予监外执行的，在监外执行的期间不计入执行刑期，罪犯在暂予监外执行期间脱逃的，脱逃的期间不计入执行刑期。三是完善未成年人分管分押制度，规定被拘留、逮捕和执行刑罚的未成年人应与成年人分押、分管、分别教育。

另一方面对监督渠道和手段也进行了完善。一是监狱、看守所提出暂予监外执行的书面意见的，应当将书面意见的副本抄送人民检察院。人民检察院可以向决定或者批准机关提出书面意见。二是减刑假释建议书副本抄送人民检察院，人民检察院可以向法院提出书面意见。三是在对未成年犯罪嫌疑人决定附条件不起诉的考验期内，由人民检察院对被附条件不起诉的犯罪嫌疑人进行监督考察。四是人民检察院对强制医疗的决定和执行实行监督。五是《刑法修正案（八）》的刑罚种类增加了社区矫正的规定，据此，关于社区矫正的判决生效后人民法院也应在判决生效后十日内将有关法律文书送达公安机关、监狱或者其他执行机关。

第二，对财产执行的监督。新《刑事诉讼法》规定对于人民法院裁定没收犯罪嫌疑人、被告人违法所得财产的，犯罪嫌疑人、被告人的近亲属和其他利害关系人或者检察院可以提出上诉、抗诉。

（二）实施概况

第一，立案监督。2013 年、2014 年 J 县检察院共成功监督立案 13 件，成功监督撤案 14 件，要求说明不立案理由 10 件；侦查机关主动立案 13 件，要求说明立案理由 14 件，公安机关主动撤案 14 件，监督成功率 100%。

第二，侦查活动监督。2013 年、2014 年 J 县检察院共发出纠正违法通知书53件次。其中，纠正侦查措施违法18件次，纠正办案期限违法35件次。2014年纠正侦查措施违法情况更加多样化，如纠正侦查取证违法2件次，纠正侦查措施违法2件次，纠正强制措施违法4件次。2013年、2014年办理审查逮捕案件中开展羁押必要性审查分别为1人、2人，均变更强制措施。

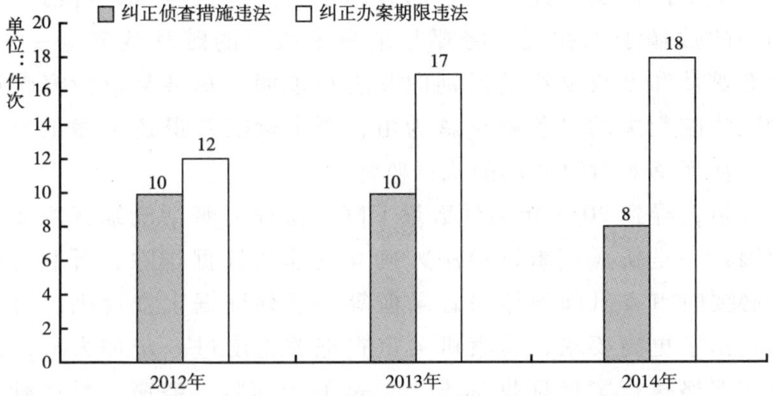

图9 2012年、2013年、2014年J县检察院侦查活动监督情况图

第三，审判活动监督。2013年、2014年J县检察院共提起抗诉9件，与2011~2012年同期保持数量相当，但2014年抗诉数量较之2013年出现大幅下滑，2013年为7件、2014年为2件。

第四，羁押和办案期限监督。案管办实时监测有无案件超期或期限即将届满情况，及时发出超期预警，保证所有案件均在法定期限审结，无违法超期办案情形发生。

第五，刑事判决、裁定执行监督。2012年，J县检察院在审查减刑、假释、暂予监外执行提请和裁定中，发现和纠正不当裁定5件，2013年为1件。在监外执行、社区矫正检察监督方面，2013年有监外执行人员222人，2014年增加到349人，其中有社区矫正人员332人。2012年监督纠正各种违法情况4人，2013年为2人。2013年监所检察部门受理职务犯罪案件线索1件1人，已初查并立案，与2012年1件1人持平。2014年受理羁押必要性审查12人，其中，提出释放或变更强制措施建议3人，采纳建议3人。

第六，积极探索实践财产刑执行监督工作，针对信访中反映出的刑罚执行问题，进一步加强监督力度。如上访人郑某某原系J县城关供销社主任，1997年5月因涉嫌职务侵占被J县检察院立案侦查，后被县法院以职务侵占罪判处有期徒刑7年，并处没收财产人民币15万元。郑某某刑满释放后，以检察院追缴其赃款82980元未随案移送，致使未能冲减法院判处其没收财产15万元为由，多次到检察院上访，要求依法退还此款。控申部门核实上述赃款中部分属于欠款、借款等，对已在办案过程中归还的数额予以扣减，将郑某某尚未缴纳的赃款数额进一步明确，并对追缴赃款和没收财产的区别向其进行说明，郑某某以检察院追缴赃款应冲减法院判决的没收财产款为由，要求检察院退还追缴的赃款，于法无据，从而落实对财产刑的执行监督。

经分析，导致2013年案件数量下降、法律监督活动缩减主要有四方面的原因：一是新《刑事诉讼法》确立的非法证据排除、听取辩护律师意见、必要时审查讯问原始录音录像等一系列证据审查规则，对证据审查能力提出了更高要求，检察机关审查把关力度进一步加大，促使公安机关更加严格执行案件证据标准。二是关于诈骗、盗窃、敲诈勒索、寻衅滋事等常见多发罪名出台了新的司法解释，适当提高了刑事案件的入罪门槛，导致一部分轻微刑事案件作除罪化处理，对保持刑法谦抑性，准确贯彻落实宽严相济刑事政策起到了积极作用。三是加大了羁押必要性审查力度，公安机关对没有羁押必要性的轻微刑事案件不再报捕，直接取保候审，造成报捕案件数量下降。同时取保候审案件办案周期较长，移送审查起诉时间较为滞后，又造成了公诉部门收案数下降。四是公安机关自身也加强了对办案质量的审查，不再过于强调办案数量，立案侦查的刑事案件基数也明显下降。

二　J县经验及实施工作的肯定之处

本部分主要介绍J县在新《刑事诉讼法》实施的两年中的优秀经验和值得肯定的地方，以及新《刑事诉讼法》实施带来的积极意义。

（一）诉讼监督力度加大、效果突出

2013年以来，J县检察院认真贯彻实施修改后的《刑事诉讼法》，以刑事抗诉工作为诉讼监督重点，认真研究解决不敢抗、不善抗、抗不准、抗不赢等问题，取得明显成效。一方面，在转变执法观念上下功夫，亮明“敢抗”的态度。从维护司法公正、维护群众合法权益的高度，引导

公诉人员充分认识刑事抗诉的必要性和重要性，着力纠正“抗诉伤和气、胜诉伤感情、败诉丢面子”的错误思想。严格按照上级检察院关于抗诉工作的规定和标准，对法院判决在认定事实、采信证据和适用法律上有明显错误或严重违反法定诉讼程序的案件，作为抗诉重点，发现一件抗诉一件。另一方面，还要在完善抗诉机制上下功夫，提升“善抗”的本领。一是完善审查程序。落实承办人审查、部门负责人审核、主管检察长审定的三级负责程序。对拟提出抗诉的案件，坚持“主诉检察官审查、公诉部门讨论、检委会研究或检察长决定”制度，层层把关。二是强化案件质量保障措施。加强公诉引导侦查、量刑建议等工作，提高公诉人员审查判断证据的能力、分析论证能力，从源头上抓好案件质量。三是主动争取支持配合。积极争取上级院支持和党委、人大、政法委等的重视，对于拟抗诉案件，积极同上级院联系沟通，汇报案情，听取指导意见。

另外，还要在把握抗诉条件上下功夫，聚焦“抗准”的节点。一是对抗式审查发现“抗点”。指定一人与案件原承办人共同对判决裁定进行审查，一人从支持抗诉角度审查抗诉的事实、证据和法律依据，另一人从辩护角度提出不利于抗诉的问题和理由，全面判断判决裁定是否正确，是否符合抗诉条件。二是交叉评析法律文书发现“抗点”。在收到判决后二日内，对判决书进行交叉评析，重点评析诉判是否一致、诉讼程序是否合法等问题，拓宽发现抗诉案件的途径。三是量刑分类对比审查发现“抗点”。对案件进行分类，对同类案件明确专人进行审查，总结归纳类案判决中可能出现的“抗点”，提高审查针对性。对于被害方提出抗诉申请的，只要符合抗诉条件和标准的，坚决予以支持。

最后，要在提高抗诉实效上下功夫，追求“抗赢”的效果。一是加强与法院的协调沟通。抗诉后，积极与法院沟通协调，力求在证据认定、法律适用等方面达成一致意见，同时通过检察长列席审委会等方式，监督促进公正审判。二是落实宽严相济刑事司法政策。对于被告人罪行严重的，该从重的坚决从重，对具有可从轻处罚情节的，依法建议从轻处罚。三是强化对发回重审案件的监督。指定专人盯紧重审案件诉讼进度，对发回重审后，法院在没有新事实证据的情况下作出与一审一致判决的，经研究后认为符合抗诉条件的，坚决再次提出抗诉。

（二）加强人权保障，认真落实羁押必要性审查监督

新《刑事诉讼法》将“尊重和保障人权”写入法律，并赋予检察机关继续羁押必要性审查职能。公诉案件羁押率过高一直是我国刑事司法领域的一大顽疾，实施继续羁押必要性审查，对在押犯罪嫌疑人继续羁押必要性和适宜性进行审查，有利于客观情况发生变化或确有悔罪表现的在押犯罪嫌疑人维护自己的合法权利。

2013 年、2014 年，J 县检察院共对 12 名轻微刑事犯罪的在押犯罪嫌疑人开展了继续羁押必要性审查工作，其中，建议侦查机关改变强制措施 3 件，切实保障了犯罪嫌疑人的人身权利，降低了审前不必要羁押率，收到了良好的法律效果和社会效果。如牛某某涉嫌拐卖妇女一案，J 县检察院对合谋出卖智障且生活不能自理的梁某某儿媳的牛某某等人做出批准逮捕决定后，进行继续羁押必要性审查时，发现犯罪嫌疑人牛某某被关押期间患上突发性心脏病，身体、精神状况极差。由于犯罪嫌疑人牛某某社会危害性和人身危险性相对较低，加上家庭变故、健康情况恶化，即便采取非羁押性强制措施，其再犯罪的可能性也较小，J 县检察院建议公安机关对犯罪嫌疑人牛某某改变强制措施，现在牛某某已被取保候审。

三　新法在立法及司法实践中存在的问题

（一）刑事立案监督中存在的问题

一是立案监督线索来源有限。现行的通报方式存在着滞后性和片面性。部分受害人对刑事司法活动缺乏了解，部分线索消失在刑事司法程序的视野之外。在收到的申诉线索中，有相当一部分线索为经济纠纷，鲜有刑事立案价值。二是立案监督后存在消极侦查的情况。立案监督线索的完善在取证方面本身就具备一定难度，公安机关侦查精力有限，在大量现案侦查工作的同时，立案监督案件的取证工作往往一推再推，公安机关个别同志存在抵触情绪。

第一，对不立案监督的方式及途径规定不明确。《刑诉规则》554 条规定："人民检察院控告检察部门受理对公安机关应当立案而不立案或者不应当立案而立案的控告、申诉，应当根据事实和法律进行审查，并可以要求控告人、申诉人提供有关材料，认为需要公安机关说明不立案或者立案理由的，应当及时将案件移送侦查监督部门办理。"立法对控申部门对案件进行形式审查还是实体审查没有明确规定。在目前实际操作中，控申部门通常拿不到公安机关卷宗材料等，仅根据当事人提供的文书材料，很难判断是否"需要公安机关说明不立案或者立案理由"。而且目前的统一应用办案系统中没有相关的操作平台，这种审查过程应该如何体现？建议在修改中予以明确是否应当对公安机关卷宗等材料进行审查，且应该明确通过何种途径取得审查材料。

第二，立案监督案件的受理、分流及办理不规范。立案监督案件由控申部门受理，侦监部门办理。最高人民检察院在《人民检察院信访规定》中规定承办部门应当在收到本院控告申诉检察部门转送的信访事项之日起60日内办结；情况复杂，逾期不能办结的，报经分管检察长批准后，可适当延长办理期限，并通知控告申诉检察部门。延长期限不得超过30日。法律、法规另有规定的，从其规定。也就是说按照上述规定侦查监督部门办理立案监督案件最长不能超过90日。但是《刑诉规则》对侦监部门办理立案监督案件，在未向侦查机关发出要求说明不立案理由通知书之前是没有规定具体办理期限的，由此导致在实际办案过程中，侦查监督部门办理立案监督案件的期限具有一定的随意性。由此导致立案监督案件的控告人询问案件办理的具体期限时，控申部门往往不能明确答复。

第三，对撤案监督案件的受理、分流及办理规定不明确。《刑诉规则》规定，在侦查过程中不应当撤案而撤案的，检察院应当进行监督，但却没有规定具体的程序，也没有正式的法律文书。而控告人到基层检察院来控告公安机关不应撤案而撤案的行为，基层检察院答复控告人后，控告人到上一级检察院去控告，而控告人又没有正式的法律文书，上级院还可能将控告信转交下级院办理，基层院控申部门对该类举报控告线索分流较难，往往做存查处理。

第四，对自侦部门不立案或立案理由成立的案件的答复问题规定不明确。《刑诉规则》558条规定侦监部门认为公安机关不立案或者立案理由成立的，应当由控申部门将立案或不立案的理由和根据告知被害人及其法定代理人、近亲属或者行政执法机关。但是侦监部门认为自侦部门不立案理由成立的，应当由谁告知，没有明确。而且这种告知，是书面还是口头的？如果是书面告知，是否应当由侦监部门出具相关文书？

（二）侦查活动监督中存在的问题

目前，检察机关对扣押冻结款物的监督审查主要通过书面审查进行，属于无实物监督，且判断有无查封、扣押、冻结必要的标准尚不明确，承办人对此类情况掌握相对薄弱。侦查监督部门除对侦查阶段的羁押必要性进行审查有一定进展外，其他如对指定居所监视居住决定进行监督、对查封、扣押、冻结等强制性侦查措施的监督、非法证据的排除等，尚没有深入地展开。公安机关的主要问题是侦查行为不规范，如期间计算、填写错漏，辨认见证人不适格，扣押未及时进行等。对此类侦查活动，检察机关往往通过发出检察建议、纠正违法通知书、情况通报和召开联席会议等多种形式进行侦查监督，但监督手段的软性化，导致公安机关的回复模式化、形式化，并不能真正地解决侦查中的问题。

（三）刑事执行监督中存在的问题

第一，死刑临场监督。死刑临场执行监督原由公诉部门负责，按照《刑诉规则》规定改为监所检察部门负责，虽然J县目前不承担死刑立场监督执行工作，但从全国试行的情况来看，实践中遇到的问题主要包括：

一是羁押场所派驻检察机构与公诉部门分属于不同检察机关，到底是由派驻监所检察部门执行监督还是由原承办案件单位的监所部门承担监督，语焉不详。《刑诉规则》仅规定由监所检察部门负责死刑罪犯执行的临场监督，但是没有明确由哪一检察机关的监所检察部门负责。实践中，人民法院会将执行死刑的通知告知公诉部门所在的人民检察院，而有时该检察院监所部门并未在该罪犯所在羁押场所设置派驻机构，导致实际派驻检察部门对死刑罪犯和案件的情况一无所知，甚至难以确定死刑罪犯的主体身份，如果死刑执行监督流于形式，必然会影响监督质量。

二是与其他单位和部门沟通机制尚不完善。与羁押监管部门沟通不畅。罪犯知道即将被执行死刑后情绪往往会失控并会迸发出强烈的求生意识，一些罪犯可能会喊冤，或是放下心理包袱揭发检举他人重大违法犯罪行为或有其他重大立功表现，在这一阶段对死刑罪犯进行讯问必不可少。实践中，羁押监管部门常以死刑罪犯情绪激动，以防止其闹监、维护监管秩序稳定为由不同意对临刑罪犯进行讯问，这有碍于监督权的行使和对罪犯合法权益的维护。以北京市为例，北京市人民检察院第二分院（以下简称“二分院”）共派驻北京市三家看守所，分别为北京市第一看守所、第二看守所和第三看守所。其中，第一看守所关押的是全市检察机关受理的拟判处无期徒刑以上的犯罪嫌疑人；第二看守所关押的是全市危重病犯罪嫌疑人。即第一看守所、第二看守所的犯罪嫌疑人的原承办部门可能是全市任意一个检察机关，但第一看守所、第二看守所的派驻检察任务只是由二分院监所部门承担，看守所对其他分院监所部门人员不了解，工作上无接触，因此除二分院监所人员外，三家看守所均拒绝原承办单位的监所检察官提押犯人交付执行，要求必须协同原公诉承办人才可交付犯人，因此有些分院进行死刑临场执行监督要求公诉部门派人一起监督。此外，由于公诉部门作为审查起诉部门全程参与案件的公诉和审判，对死刑罪犯的个人情况、涉及案情等十分了解，且长期以来，由公诉部门进行死刑执行临场监督的模式已经固定，人民法院常以监所检察部门不了解死刑罪犯的情况或对案情不知晓等为由，抵触监所检察部门参与死刑执行临场监督，使《刑诉规则》在落实的过程中遇到阻碍。

三是监督内容和流程尚需明确。《刑诉规则》条文过于笼统、原则化，实践中缺乏可操作性。首先，对公诉部门向监所检察部门“移交案件材料”的范围不清。《刑诉规则》规定“必要时，监所检察部门应当在执行前向公诉部门了解案件有关情况，公诉部门应当提供有关情况”。该条款对什么情况为“必要时”、什么情况是“有关情况”未予明确，对公诉部门何时将案件材料移交监所检察部门、移交哪些材料，监所检察部门何时审查、如何审查、如何出具报告意见等也无明确规定。加之有时监所检察部门与公诉部门缺乏沟通，了解案情渠道不畅，在执行监督权的过程中遇到了难题。其次，验明正身环节是否属于临场监督内容未予明确。对于验明正身是独立于临场执行之外的独立环节还是属于临场执行的环节之一，新旧法律对此均未加以明确。另外在验明正身环节，监督部门往往只是被动地聆听人民法院对死刑罪犯的讯问，一般不会提出异议，不能主动参与讯问环节，无法进行实质、有效地监督。再次，是否需对被执行完毕的死刑罪犯的尸体或尸体器官的处理和利用进行监督没有明确规定。法律规定人民检察院临场监督部门对执行死刑的活动是否合法进行监督，对侵犯被执行死刑罪犯人身权的情形予以纠正，但是未明确执行活动和对人身权的保护是否包含对死刑罪犯尸体或尸体器官的处理，也没有明确检察机关如何介入对死刑罪犯尸体及尸体器官的处理和利用的监督，监督缺位必然导致权力滥用。1984 年 10 月 9 日，两高、公安部、司法部、卫生部、民政部共同颁布了《关于利用死刑罪犯尸体或尸体器官的暂行规定》，但是人民法院在实际工作中并未严格按照规定执行，加之该规定制定时间久远，一些条款不能完全适应现在经济社会的发展需要，具有一定的滞后性。最后，是否要对执行进行全程监督包括熟悉案情尚无规定。由于公诉部门了解案情，对于死刑罪犯临场喊冤以及举报等情节能够从容应对，但对于监所检察干警来说，因为没有具体办理案件，所以全面熟悉案情并做到内心确信必然会有相当的难度。

第二，余刑在一年以下的罪犯在交付执行时，存在监狱拒绝收监的情况。新《刑事诉讼法》施行后，对减刑、假释的条件进行了严格要求，截至 2014 年 12 月，J 县看守所符合新《刑事诉讼法》留所服刑条件的罪犯只有 8 名，比新《刑事诉讼法》实施前人数减少了约 50%，工作压力不大，但从全国的范围来看，留所服刑和交付执行仍是刑罚执行监督的一个难题。如某地关于一年以下罪犯的交付执行工作仍未出台与新《刑事诉讼法》配套的相关工作规定，看守所分所仍在按旧有的规定完成罪犯收监工作，因此，仍存在拒收病犯和年纪在 65 岁以上罪犯的情况。

第三，减刑、假释、暂予监外执行的监督。监所检察部门未能与社区矫正部门实现信息化共享，对矫正人员的监督无法有效开展。财产刑执行监督效果不理想，主要原因一是在刑事诉讼中，财产刑与民事赔偿并行，优先执行民事赔偿，被执行人无财产可执行或被执行财产难以查明，财产刑难以得到执行。二是法院刑庭习惯采取现场代为收缴，而执行庭由于考核等因素的影响，对于有难度的执行案件拒绝立案，从而也导致财产刑执行难、监督更难。如果是外省市人员，法院需委托其住所地法院执行，但异地法院执行力度更弱，委托法院收到回函即为结案，而对异地法院是否采取执行措施、措施是否到位等具体执行情况并不关注。三是部分法院对检察机关财产刑执行监督存在抵触情绪，难以获得记载关于财产刑信息的刑事判决，导致监督无法开展。

第四，指定居所监视居住的执行监督。新《刑事诉讼法》第 73 条规定，检察院对指定居所监视居住的决定和执行是否合法实行监督，《刑诉规则》第 120 条明确指定居所监视居住执行监督由监所检察部门负责。但目前由于公安机关对适用指定居所监视居住持消极态度，适用率极低，且场所分散，执行天数仅为一或二天，使得执行监督工作不好入手，需要公安机关从执法理念上发生转变，从场所建设上投入资金规范硬件设施。

第五，社区矫正的检察监督。一方面，人户分离使社区矫正人员的矫正工作名存实亡，在人户分离的情况下，将社区矫正人员移交给实际居住地的司法所进行矫正更为有利，但在实践中，由于细则中对于社区服刑人员符合“居住地”的条件进行了特别严格的规定，一般很少接收外省市户籍的监外执行罪犯，社区矫正名存实亡。另一方面，法院二审案件交付执行文书超期送达，导致社区矫正工作无法有效衔接，如果罪犯被判决几个月刑期，其刑期已经届满或即将届满，司法所无法执行矫正，实际上已经造成漏管。

（四）羁押必要性审查中存在的问题

第一，变更强制措施的案件比例较低。从实际效果来看，部分检察机关因案件量大、启动羁押必要性审查影响效率，对于一些需要采取羁押必要性审查的轻微刑事案件，仍然选择快速起诉，而不是启动羁押必要性审查。

第二，羁押必要性审查启动及具体程序尚无明确规范可循。

第三，证据采集、和解程序占用审查时限长。此类案件一般为轻微刑事案件，要求承办人在审查案件的同时做好调取品格证据、刑事和解、适用取保候审、风险评估等工作，严重挤压案件审查时间。

第四，替代羁押方式单一。新《刑事诉讼法》规定对变更强制措施的犯罪嫌疑人可采用取保候审、监视居住两种强制措施。实践中，针对犯罪嫌疑人的条件不适于取保候审、可以变更为监视居住的情况，由于无相关配套规定可以适用，影响了变更强制措施的准确性。

第五，羁押必要性审查的履职部门过于分散，将新《刑事诉讼法》第93、94、95条规定的三种情况均混同理解为羁押必要性审查。新《刑事诉讼法》第93条规定：“犯罪嫌疑人、被告人被逮捕后，人民检察院仍应当对羁押的必要性进行审查。对不需要继续羁押的，应当建议予以释放或者变更强制措施。有关机关应当在十日以内将处理情况通知人民检察院。”《刑诉规则》第617条对其进行了细化，但是对监所检察部门究竟是有权进行全程审查还是无审查权只提出一些建议，认识上存在分歧。按照高检院出台的《关于人民检察院监所检察部门开展羁押必要性审查工作的参考意见》之规定，监所部门可以全程进行羁押必要性审查，这将导致审查权的重合和意见不一。侦监、公诉、监所均承担羁押必要性审查职责，而监所部门由于不直接承办案件，不了解案情，无法对其犯罪情节和人身危险性、再犯可能性作出判断，仅能对在押人员的身体情况是否适于羁押作出审查，导致审查工作过于分散，降低效率。

第六，自侦案件考虑到侦查需要往往不愿意变更逮捕强制措施，且由哪一级侦监部门启动审查也不明确，因此实践中几乎没有启动羁押必要性审查并变更的情况。

第七，《刑诉规则》对检察机关提出变更强制措施建议而有关机关置之不理的没有后续制约手段。第621条规定："人民检察院向有关办案机关提出对犯罪嫌疑人、被告人予以释放或者变更强制措施的建议的，应当要求有关办案机关在十日以内将处理情况通知本院。有关办案机关没有采纳人民检察院建议的，应当要求其说明理由和依据。"实践中，有关办案机关既不理会更不采纳的，规定中没有后续措施，无法制约。

（五）刑事审判监督尤其是量刑程序监督中的问题

这主要体现在检察机关的量刑建议与法院最终量刑结果的衔接问题上。一是量刑情节易发生变化，量刑建议准确性面临挑战。量刑建议是否准确，受到检法认识差异、侦查水平、公诉人能力、被告人及家属的后期行为等主观和客观因素影响和制约，如法院调节双方达成和解协议，被告人获得谅解、当庭认罪态度发生变化等。二是量刑证据收集审查不到位，量刑建议和裁判易发生偏差。三是在量刑建议只能提出一种主刑的前提下对于拘役和有期徒刑的合理选择。四是针对全部罪名提出量刑建议仍有一定障碍和难度。课题组成员通过调研发现，检察机关提出量刑建议很大程度上是参照《人民法院量刑指导意见（试行）》，但其仅规定了15种常见犯罪的量刑，造成司法实践中绝大多数罪名的基准刑的依据难以确定。并且量刑情节幅度过大，没有细化操作标准，这也给准确量刑造成了很大困难。五是缩小量刑建议刑期幅度、进一步提高量刑建议准确性仍存在一定困难。对此，可以参考北京市检察机关根据《人民法院量刑指导意见（试行）》出台的量刑建议审核表，对检察机关的量刑进一步精细化管理，审核表中最终量刑幅度要求在宣告刑的上下幅度20%，由于没有一个建立在大量数据基础上的量刑情况数据库，精细化要求提高了量刑难度。在下一步工作中，检察机关的量刑采纳率很可能下降，也将影响检察机关的执法公信力。

四　对立法及相关司法制度的完善建议

（一）完善沟通协调与监督机制

一是加强内外沟通协调机制。推动刑事案件信息共享平台建设，完善侦、捕、诉相互制约和有效衔接机制，积极协同公安、法院等部门共同研究解决新《刑事诉讼法》实施中出现的问题，进一步统一法律适用标准，减少不必要的分歧和矛盾，共同提高案件质量。

二是加大内外部监督力度。以案件管理机构和检委会办事机构为平台，以办案情况定期分析、疑难案件定期会诊、案件质量综合分析等机制为载体，强化案件质量管理和流程监控。牢固树立“监督者更要接受监督”的理念，主动接受人大、政协、律师及当事人的外部监督，深入推进检务公开，积极开展接受投诉、听取律师意见等工作，健全不捕、侦查监督、不诉、不抗诉释法说理等制度，通过阳光执法等途径提升执法公信力。

（二）提高办案人员的职业素养和执法能力，切实保障办案质量

2013 年，最高人民法院公布了《关于建立健全防范刑事冤假错案工作机制的意见》（以下简称《意见》），从司法理念、证据审查、案件审理、审核监督等方面要求法院严格依法履行职责，坚守防止冤假错案的底线，切实维护司法公正。其中，《意见》进一步明确了应当排除的非法证据的范围以及定罪证据不足的案件应当坚持疑罪从无的原则，依法宣告被告人无罪，不得降格作出“留有余地”的判决。检察机关要牢固树立案件质量就是生命线的理念，依托高检院统一业务应用系统，要进一步规范案件流程管理，加强案件质量动态监督，确保依法按程序办案。要进一步发挥案件质量月报、季报、年报、案件质量督导报告对办案程序、办案规范、办案质量方面的监督与管理作用。通过多种形式的教育培训和岗位练兵，切实提高办案人员审查把关证据的意识和能力，要引导办案人员时刻紧绷证据合法这根弦，能够做到及时发现并排除非法证据；切实提高办案人员分析、判断和运用证据的能力，严格执行法定证明标准，对证据不足的案件，依法作出不起诉处理。提高办案人员的运用法律政策能力、释法说理能力、化解社会矛盾的能力、发现和纠正违法能力、运用科技手段调取证据的能力等，确保办案人员素质和能力符合新《刑事诉讼法》对执法办案提出的各项新要求。

（三）修改完善新《刑事诉讼法》和《刑诉规则》的意见建议

1. 羁押必要性审查的集中管理问题

羁押必要性审查工作涉及的部门有侦查监督、公诉和监所部门，虽各部门分阶段开展，但工作中仍然存在的交叉和重复工作现象。建议

《刑诉规则》中对新《刑事诉讼法》第93条规定的羁押必要性审查的建议权归口于一个部门集中行使，统一掌握，其他部门依据职责相关配合。《刑诉规则》第617条规定了侦查阶段的羁押必要性审查由侦查监督部门负责等，但现有的法律、司法解释关于羁押必要性审查制度仅有一些较为笼统、模糊的规定，还缺乏操作性较强的细则，包括受理、审批、期限等内容，因此建议细化。此外，关于羁押必要性的定位尚需进一步明确，从其隶属于逮捕权的特性来看，由侦监部门实施似乎较为妥当，但实践中侦监部门的批捕工作以卷宗审查为主，无法实时跟踪被羁押人的羁押状态，倒是监所部门通过驻所监督提出了很多改变羁押状态的意见，取得了较好的效果。

（1）建立案情及时通报制度

案件办理过程中，若出现犯罪嫌疑人、被告人成为生活不能自理人的唯一抚养人、怀孕、哺乳、重病等情形或案件事实或证据发生变化时，监所、公诉、侦监等部门之间应互相及时通报，确保相关信息的交流和共享，通过规范办案程序和案件流转来提高羁押必要性审查的质量和效率。

（2）建立有效的内外部沟通协调机制

检察机关内部要建立各部门工作联动协作机制，确保相关信息共享，进一步规范审查程序，提高羁押必要性审查的质量和效率。对外要加强与公安机关、人民法院的沟通联系，畅通信息交流渠道，就捕后出现影响定罪量刑情节要及时通报，及时掌握案件的进展情况。

（3）增加是否具有社会危险性评价的客观性

羁押必要性审查中一个必要环节就是对犯罪嫌疑人、被告人的羁押必要性进行评估，评估内容的选择、评估标准的设定是否科学决定评估结论是否具有客观性。可以对犯罪嫌疑人社会危险性的种类和大小进行分类量化，评估体系内容包括刑法、刑事诉讼法所规定的所有影响逮捕的条件和情节，用具体分值法作为有无羁押必要性的参考。

2. 法院因再审检察建议启动再审程序的出庭支持公诉部门需明确

《刑诉规则》明确规定按照审监程序提出抗诉的申诉案件由刑申部门派员出庭，但对于法院启动再审的案件，在检察院内部由哪个部门出庭未予明确。在《最高人民检察院关于办理不服人民法院生效刑事裁判申诉案件若干问题的规定》中也未作具体规定。建议由同级检察院刑申部门派员出席法庭，理由如下：一是法院启动再审程序的案件，绝大部分来源于申诉，这也是检察院刑申部门管辖的案件范围。二是刑申部门没有参与原诉讼过程，处于客观中立的地位，更有利于履行对再审活动的监督职责。三是由一个部门统一与法院沟通，便于案件及时分送和通知出庭。

3. 完善刑罚执行的监督

新《刑事诉讼法》第256条规定："人民检察院认为暂予监外执行不当的，应当自接到通知之日起一个月内将书面意见送交决定或者批准暂予监外执行的机关，决定或者批准暂予监外执行的机关接到人民检察院的书面意见后，应当立即对该决定进行重新核查。"但新《刑事诉讼法》对检察机关不同意看守所提出暂予监外执行的书面意见后，或者不同意决定或者批准暂予监外执行的机关对人民检察院认为暂予监外执行不当的书面意见重新核查的结果，应该如何处理未做具体规定，这在实践当中难以操作。

对是否具有社会危险性认定标准不统一导致出现再犯罪高危群体。新《刑事诉讼法》第254条规定暂予监外执行的条件的同时，也规定对适用保外就医可能有社会危险性的罪犯，不得保外就医。但是，司法实践中，对"是否具有社会危险性"的认定标准不一。比如因从事毒品犯罪被判处有期徒刑但身体有病的罪犯，因看守所、监狱拒绝接收，法院不得不决定暂予监外执行，而这些罪犯大都既吸又贩，放在社会上执行刑罚很容易"旧病复发"，社会危险性极大。

法律法规的完善是确保监所检察工作开展的前提和基础。没有配套的法律法规，就会使监所检察失去法律依据。现行的监所检察规定大部分是检察系统内部的规定，对外的权威性难以得到保障。因此，法律法规应明确检察建议和纠正违法通知书等监所检察法律文书在检察监督中的法律强制力；对监督权如何具体行使以及对拒不接受监所检察部门监督的行为如何制裁，法律应做出明确的规定，从根本上提高监所检察部门监督的效益和质量。

4. 完善看守所执法活动的监督

主要是监所检察部门难以及时获取监督信息。获取监督信息，如看守所在押人员的诉讼环节变动情况、案件延期审理情况以及监管场所信息等，是监所检察工作开展的前提，但在实际的检察监督工作中，监所检察工作获取所需信息的渠道极为不畅。办案单位不执行换押制度，换押文书以及案件延期审理文书等根本不送达看守所和驻所检察室；逮捕证、执行通知书、判决书等相关法律文书，办案机关只送达看守所而不送达驻所检察室；监管机关实行24小时轮岗值班，节假日也不例外，而驻所检察实行的是每周5天每天8小时工作制，在这种情况下驻所检察不可能保证每天24小时不间断开展监督。

5. 细化受理辩护人、诉讼代理人控告申诉的规定

新《刑事诉讼法》《刑诉规则》的规定比较原则，不好操作。结合各地在办理此项工作中的经验得失，明确和细化规定审查核实的方法、取证方式的准用、重要环节的工作程序等，规范此项工作的开展，促进对辩护人、诉讼代理人的权益保护和刑事诉讼活动的顺利开展。同时对于检察机关纠正公安机关、法院侵犯辩护人、诉讼代理人诉讼权利的应当增加救济措施，即明确公安机关、法院不纠正错误时可以采取的措施，增强检察机关在执行该规定上的刚性，避免良好的立法意图在实践中得不到实现。

6. 异地侦查监督的落实

课题组成员通过调研发现检察机关对异地公安机关发出的纠正违法通知书难以落实，致使公诉部门在工作过程中作出监督无法转化为实效。建议在《刑诉规则》修订时增入异地法律监督协调机制，保障法律监督效果。

7. 细化强制性侦查措施的操作规范

建议修改《刑诉规则》第565条的内容，将其中与高检院侦监厅《关于进一步规范书面纠正违法适用工作的通知》内容不一致的地方，加以协调。如删去第16项、第17项、第19项等。目前第565条规定了对查封、扣押、冻结等强制性侦查措施的监督，但是，监督渠道的不畅，客观上造成了检察机关难以监督的局面。检察机关无法及时获得侦查活动的违法信息，强制性侦查措施的采用并无完善的法定程序，许多强制性侦查措施是否依法进行也不容易反映在侦查卷宗之中，检察机关事实上很难通过立案监督、审查批捕环节真正有效地对强制性侦查措施的使用实施监督，因此建议细化。

8. 完善《刑诉规则》中的死刑临场监督，解决目前监所临场监督的弊端

首先，执行监督的管辖不应受审判阶段诉讼管辖的限制，宜规定死

刑执行临场监督统一由死刑罪犯羁押场所的派驻检察机构所属的监所检察部门负责。对于公诉部门与负责执行监督的监所检察部门分属不同检察机关的，可由与公诉部门同一检察机关的监所检察部门予以辅助监督。对于罪犯被羁押在由基层人民检察院进行派驻检察的羁押场所的，应当由该基层人民检察院将相关材料层报至上级人民检察院，由上级人民检察院进行法律监督，保证死刑执行同级监督的对等性。其次，应明确两项监督内容。一是明确验明正身程序是死刑临场执行环节之一，属于临场监督的内容。为了充分尊重和保障死刑罪犯的人权，执行机关不仅应于执行前于看守所内对死刑罪犯验明正身，在罪犯到达刑场后，执行机关仍然应当再次对被执行者验明正身。两次验明正身均应由监所检察部门进行全程监督，发现有违法违规情况应当立即予以纠正，发现有法律规定应当停止执行的情形应当立刻建议停止执行。二是明确规定对死刑罪犯的尸体和尸体器官的处理属于死刑执行临场监督的内容。死刑执行完毕后，确认罪犯已死亡不应视作监督工作的终点，监所检察部门仍应对罪犯的尸体和尸体器官的利用情况进行法律监督。鉴于当下关于利用死刑罪犯的尸体和尸体器官的立法尚未修改完善，监所检察部门仍应依照现有规定履行监督职责，对违法情况予以纠正，需要追究相关人员法律责任的，依法追究其法律责任。

五　小结

最高人民检察院曹建明检察长在工作报告中曾指出：检察机关“法律监督职能作用发挥得还不充分，不敢监督、不善监督、监督不到位的现象仍然存在。”① 基于此，一方面，刑事诉讼法旨在进一步加大法律监督力度的条文设计还需要检察机关的深刻理解和落实，同时也需要被监督对象的密切配合，检察机关应当加强自身建设，切实提高法律监督能力。要提升检察队伍的整体素质，做到严格、公正、文明、清廉执法，正确行使法律监督职权，进一步加强诉讼监督意识、进一步突出诉讼监督重点、进一步健全诉讼监督机制、进一步提高诉讼监督能力。②

---

①　参见曹建明：2010年全国两会《最高人民检察院工作报告》，来源于“新华网”，http：//www.xinhuanet.com/2010lh/100311a/wz.htm，最后访问时间：2013年6月23日。

②　参见北京市人民检察院检察长慕平2008年9月在北京市第十三届人民代表大会常务委员会第六次会议上所作的《北京市人民检察院关于开展诉讼监督工作情况的报告》。

另一方面，我们也要看到，立法者和最高司法机关对法律监督问题的重视和强调并不能必然带来法律监督能力的提升。新《刑事诉讼法》实施一年中各项法律监督数据的不升反降，反映出我们的法律监督工作设计与司法实践尚有一段距离，条文的粗疏、具体规则的缺失，加之司法者法律监督理念的不端正、不确实，从里到外都在制约着法律监督效果的提升。

《宪法》总则规定的地位无上性，与法律监督细则的分散性、无序性，造成了实践中对法律监督的有用性、效用性的种种质疑，就像当前正在热议的宪政问题一样，法律监督怎样才能从一个 txt 文件，变成一个 exe 文件，不仅仅是一个法制宣传、严格执法的问题，更重要的是对法律监督的立法进行统一、细化。这是一个任重道远的过程，所幸，我们在路上。

附　录

“新刑事诉讼法实施状况实证研究”项目启动情况

2012 年 12 月 4 日，由中国社会科学院法学研究所与中共 S 省 J 县政法委员会、S 省 J 县人民法院、S 省 J 县人民检察院、S 省 J 县公安局、S 省 J 县司法局联合举办的“新刑事诉讼法实施状况实证研究”项目启动仪式在法学研究所隆重举行。中国社会科学院法学研究所及国际法研究所联合党委书记、国务院学位委员会学科评议组法学组成员陈甦教授，中国刑事诉讼法学研究会副会长、中国社会科学院法学研究所教授委员会主席、研究员王敏远教授，中国刑事诉讼法学研究会顾问、中国社会科学院法学研究所研究员肖贤富教授，中国社会科学院法学研究所法治国情调研室主任、研究员田禾教授，中国社会科学院法学研究所刑法室主任、研究员刘仁文教授，中国社会科学院法学研究所法治国情调研室副主任、副研究员吕艳滨副教授，中国社会科学院法学研究所诉讼法室副研究员祁建建副教授等法学所专家，原中共 S 省 J 县县委常委、政法委书记肖继民，政法委常务副书记祝令华，县人民法院院长程相锋，县人民检察院检察长周文伟，县公安局局长李昌柱和县司法局局长姚朝磊等同志，《人民日报》、人民网、《法制日报》《中国审判》《人民法院报》《检察日报》《人民公安报》、正义网以及 S 省 J 县电视台等多家媒体记者参加了项目启动仪式。课题主持人、中国社会科学院法学研究所研究员、中国社会科学院研究生院法学系常务副主任冀祥德教授主持项目启动仪式。

陈甦书记在致辞中指出，2012 年刑事诉讼法的修改其进步之处是显

项目启动仪式在北京举行

而易见的，在保障人权与惩罚犯罪方面体现出法治的不断发展。然而“法律的生命在于实践”，新刑事诉讼法在实施过程中是否能够达到期望的效果，还要通过实践来检验，需要理论与实践的有效结合。对此，陈甦书记充分肯定了“新刑事诉讼法实施状况实证研究”项目对于推动刑事法治发展与司法实践进步的重要意义，并对本课题项目的成功开展充满了信心。

原J县政法委书记肖继民在致辞中主要介绍了J县的特殊地理、人文、经济与社会环境，对J县各个政法部门在县政法委的组织领导下，

法学研究所与国际法研究所联合党委书记陈甦教授（左二）致辞

积极发挥主观能动性，配合做好本次课题项目的调研活动，并在此基础上形成在全国具有示范意义的新刑事诉讼法实施“J县经验”，表明了决心。

原S省J县政法委书记肖继民（左一）致辞

随后，课题组对“新刑事诉讼法实施状况实证研究”项目作了介绍。课题主持人冀祥德教授介绍该项目旨在对新刑事诉讼法从2013年1月1日至2014年12月31日在S省J县的实施状况进行实证研究，总结经验，发现问题，提出对策，并介绍了对课题项目的规划方案和实施计划。S省J县人民法院、人民检察院、公安局、司法局负责同志分别对本部门如何落实项目规划方案和实施计划作了表态发言。

在项目的专家评议论证阶段，课题组顾问王敏远教授提出“不但要总结经验，而且不要回避问题”的期待。课题组顾问肖贤富教授认为该课题十分具有前瞻性，是落实“依法治国”方略的务实之举。课题组顾问田禾教授提出课题研究成果的创新不仅在于新刑事诉讼法实施的J县实践，更重要的在于“公、检、法、司（律）联合对新刑事诉讼法的试错”。刘仁文教授希望与课题组密切交流，通力合作。吕艳滨副教授对实证研究的问卷设计提出了中肯意见。祁建建副教授谈了实证研究中应当关注的几个焦点。马可博士后、石岩博士后等课题组成员，分别就课题项目相关内容发表了意见。

课题主持人冀祥德教授介绍课题研究计划

法学研究所王敏远研究员（右一）主题发言

法学研究所肖贤富研究员（左一）主题发言

法学研究所法治国情调研室主任田禾研究员主题发言

法学研究所刑法室主任刘仁文研究员（右一）主题发言

法学研究所法治国情调研室副主任吕艳滨副研究员主题发言

法学研究所祁建建副研究员（右一）主题发言

《人民日报》、人民网、《中国审判》、正义网等媒体记者在听完课题组的介绍和专家评议之后，积极发言，对“新刑事诉讼法实施状况实证研究”项目表示高度关注，并表示将持续关注项目的相关进展。

“新刑事诉讼法实施状况实证研究”课题组赴S省J县调研情况

2013年1月22日，“新刑事诉讼法实施状况实证研究”社科院课题组全体成员在课题主持人冀祥德教授率领下赴S省J县，全面启动对J县实施新刑事诉讼法状况的实证调研工作。原中共S省J县县委常委、政法委书记肖继民，政法委常务副书记祝令华，县人民法院院长程相锋，县人民检察院检察长周文伟，县公安局政委刘兴臣和县司法局局长姚朝磊带领J县政法系统的同志以及律师同仁们积极参与配合，进行了项目培训、考察访问、交流访谈等调研活动。

项目培训会议在S省J县召开

2013年1月23日上午，在J县政法委的组织协调下，社科院课题组面向J县公、检、法、司、律系统有关人员，召开“新刑事诉讼法实施状况实证研究”项目实施培训启动会议。会议由原政法委书记肖继民主持，公、检、法、司四长出席。冀祥德教授对2012年刑事诉讼法的修改进行了系统解读，对调研课题规划做了介绍，对新刑事诉讼法实施中可能出现的问题做了预测，并剖析了课题组重点关注的问题。祁建建副研究员也从课题研究的角度，就新刑事诉讼法值得高度关注的问题为参会人员作了说明。最后，肖继民书记强调了课题组在J县调研的意义，对各政法部门如何配合课题组展开调研工作进行了部署。J县公、检、法、司、律系统专门成立课题组与社科院课题组对接，参与课题工作。

2013年1月23日下午至24日上午，按照计划，在J县政法委常务副书记祝令华、办公室主任沈卫峰与祁建建副研究员、刘晨琦博士的具体组织下，社科院课题组成员与J县课题组有关人员进行了“新刑事诉讼法实施状况实证研究”调查问卷交流培训。在交流会上，社科院课题组成员就调查问卷的内容，分阶段、有针对性地向有关人员集中介绍了实证研究方法、调研问卷的设计宗旨、依据以及填写方法、注意事项等。双方课题组成员就辩护制度、证据制度、强制措施制度等制度及立案、侦查、审查起诉、审判、执行、特别程序等程序中的重点和疑难问题进行了交流探讨。

社科院课题组还先后考察访问了看守所、刑侦大队办案区、检察院及法院，旁听了刑事案件庭审活动，与实务部门同志进行了交流。本次调研培训活动实现了预期目标，为课题的顺利推进奠定了良好基础。

课题组成员考察J县看守所（一）

课题组成员考察J县看守所（二）

课题组成员参加J县刑事案件庭审

课题组成员访谈J县法官、检察官

课题组成员访谈J县公安局警官

课题组成员阅读J县刑事案件卷宗

"新刑事诉讼法实施状况研讨会"召开情况

2014年4月26日,"新刑事诉讼法实施状况研讨会"在中国社会科学院法学研究所举行。除全体课题组成员外,来自全国人大法工委、中央政法委、最高人民法院、最高人民检察院、公安部、司法部、中华全国律师协会,以及中国社会科学院法学研究所、北京大学、清华大学、中国人民大学、中国政法大学、中国人民公安大学、北京师范大学、中国青年政治学院等单位的60多位专家学者与会。

新刑事诉讼法实施状况研讨会在北京举行

会议开幕式由课题主持人冀祥德教授主持。冀教授先用陆游的"小楼一夜听春雨"、韩愈的"天街小雨润如酥"等赞美春雨的诗句,表达雨后空气清新、令人心旷神怡的心情。他还改编杜甫的《春夜喜雨》,介绍在故宫旁、红墙边、沙滩法鼎下"晓思中国梦,尽抒法治情"的意义,然后介绍了新刑事诉讼法实施状况实证研究课题的开展情况及结项成果。

中央政法委司法体制与工作机制改革办公室副主任黄太云,中国社会科学院法学研究所、国际法研究所联合党委书记陈甦,S省J县县委常委、县纪委书记兼政法委书记李海鹰分别致开幕词。黄太云对J县政法委发挥宏观统领作用,组织政法机关参与课题活动表示肯定与支持,对法学所课题研究团队"接地气"的研究方法与独具特色的研究成果表示

课题主持人冀祥德教授主持研讨会

赞赏与祝贺。陈甦充分肯定课题组实证研究的“田野调查法”，他诙谐地说，J县就是一个巨大的田野，课题组在这个巨大的田野上获得了巨大的收获。李海鹰代表J县县委和政法机关对能够与法学研究的国家最高学术殿堂——中国社会科学院法学研究所开展课题研究合作表示荣幸与感谢，认为此次课题研究活动的进行，对于提高J县政法队伍素质，进一步贯彻落实新刑事诉讼法，发挥了很大的作用。

中央政法委司法体制与工作机制改革
办公室副主任黄太云教授致开幕词

法学研究所与国际法研究所联合
党委书记陈甦教授致开幕词

S省J县县委常委、县纪委书记兼政法委书记李海鹰致开幕词

会议第一单元由中国刑事诉讼法学研究会副会长、中国社会科学院法学研究所教授委员会主席、研究员王敏远教授主持。祁建建副研究员代表课题组介绍了“新刑事诉讼法实施状况实证研究”项目成果。J县公安局局长李昌柱、J县人民检察院纪检书记董文宏、J县人民法院院长程相锋、J县司法局局长姚朝磊分别介绍了他们实施新刑事诉讼法的基本情况。

法学研究所王敏远研究员主持会议

J县公、检、法、司负责人分别主题发言

随后，会议以审前程序与强制措施制度、辩护制度、证据制度、审判程序与执行程序、特别程序、法律监督等刑事诉讼法的主要制度与程序为主题分单元进行研讨。中国刑事诉讼法学研究会常务副会长、中国人民大学诉讼制度与司法改革中心主任陈卫东教授，公安部监所管理局局长赵春光，最高人民检察院检察理论研究所所长王守安，中国社会科学院法学研究所法治国情调研室主任、研究员田禾教授，中国社会科学院法学研究所研究员肖贤富教授，全国人大常委会法制工作委员会刑法室处长黄永，中华全国律师协会刑事专业委员会副主任、北京市德恒律师事务所副主任李贵方，清华大学法学院副院长张建伟教授，北京师范大学刑事法律科学研究院证据法研究所所长刘广三教授，国家法官学院副院长郝银钟教授，司法部社区矫正司司长姜爱东，中国人民公安大学法学院樊学勇教授，中国青年政治学院法学院副院长孙远教授，北京市尚权律师事务所主任常铮等30余位与会代表先后发言。

中国人民大学诉讼制度与司法改革中心主任陈卫东教授主题发言

公安部监所管理局局长赵春光教授主题发言

与会专家学者一致认为，“新刑事诉讼法实施状况实证研究”课题组选择在苏、鲁、豫、皖四省交界的J县进行“解剖麻雀”式的实证调研，具有典型性。调研方法先进、科学，调研目标明确、清晰，调研成果全面、客观、深入。通过课题组一年的努力，不仅总结提炼出了新刑事诉讼法实施的J县经验，而且调查发现和分析了立法、执法与司法的不足，并提出了有针对性的对策建议。希望课题组进一步完善调研成果，争取将成果早日提交国家有关部门并出版发行。

最高人民检察院检察理论研究所所长王守安教授主题发言

全国人大常委会法制工作委员会刑法室处长黄永博士主题发言

本次会议严格按照中央“八项规定”的要求，与会代表就在会议室吃盒饭，午餐加休息时间共计 40 分钟。尽管会议研讨时间超出原计划的 80 分钟，但与会代表依然意犹未尽。在会议闭幕式上，中国法学会副会长、中国社会科学院学部委员、中国社会科学院法学研究所所长李林研究员发表了精彩致辞，他对“新刑事诉讼法实施状况实证研究”课题取得的成果及其价值表示充分肯定，对与会专家的献计献策表示衷心感谢，对课题组成员推动中国刑事法治发展、推进法律有效实施的责任感和使命感表示赞赏。

课题组负责人冀祥德教授表示，课题结项只是一个研究阶段的结束，课题组将会在已有研究成果基础上，继续关注新刑事诉讼法的实施情况，并予以持续性研究，为法治中国建设作出应有的贡献。

北京市德恒律师事务所副主任李贵方主题发言

清华大学法学院副院长张建伟教授主题发言

北京师范大学刑事法律科学研究院证据法研究所所长刘广三教授主题发言

国家法官学院副院长郝银钟教授主题发言

司法部社区矫正司司长姜爱东主题发言

中国人民公安大学法学院樊学勇教授主题发言

中国青年政治学院法学院副院长孙远教授主题发言

北京市尚权律师事务所主任常铮主题发言

中国社会科学院法学研究所所长李林研究员致闭幕词

冀祥德教授与J县政法委以及公、检、法、司负责人合影留念

部分与会学者与课题组成员合影留念